Dominik Grafs *Die geliebten Schwestern* zwischen Biopic und Filmessay

Dominik Grafs
Die geliebten Schwestern zwischen Biopic und Filmessay

Mit Abdruck des Originaldrehbuchs

Herausgegeben von
Markus May und Friedrich Vollhardt

DE GRUYTER

ISBN 978-3-11-099880-1
e-ISBN (PDF) 978-3-11-098759-1
e-ISBN (EPUB) 978-3-11-098766-9

Library of Congress Control Number: 2024936297

Bibliografische Information der Deutschen Nationalbibliothek
Die Deutsche Nationalbibliothek verzeichnet diese Publikation in der Deutschen Nationalbibliografie;
detaillierte bibliografische Daten sind im Internet über http://dnb.dnb.de abrufbar.

www.degruyter.com

Inhalt

Teil II: DIE GELIEBTEN SCHWESTERN: Drehbuchfassung von Dominik Graf

Markus May, Friedrich Vollhardt
DIE GELIEBTEN SCHWESTERN: Annäherungen an einen Klassiker des Literaturfilms

Vorwort

Nicht jede Lücke muss notwendigerweise entsetzlich sein, befeuern doch Lücken in verfügbaren Quellen bisweilen die künstlerische Imagination, die daraus ihre Berechtigung ableitet, sich eines fragmentarisch tradierten Stoffes anzunehmen. Wirklich interessant werden Lücken erst dadurch, dass sie Möglichkeitsräume eröffnen, die in unterschiedlicher Weise besetzt werden können, indem bestimmte Szenarien auf die eine oder andere Weise durchgespielt werden – ein Umstand, der in der Fiktionstheorie spätestens mit Leibniz' Postulat der „möglichen Welten" eine zentrale Rolle erhalten hat.

Eine solche Lücke klafft im Überlieferungszusammenhang von Friedrich Schillers Biographie, und sie hat die Lust zum Spekulieren angefacht. Sie betrifft die Anfänge und die Art der Beziehung des jungen Autors zu den beiden Töchtern der verwitweten Louise von Lengefeld, Caroline und Charlotte, die Schiller durch die Vermittlung seines Freundes Wilhelm von Wolzogen, eines Verwandten der Schwestern, im Dezember 1787 in Rudolstadt kennenlernt. Beide jungen Damen machen einen äußerst vorteilhaften Eindruck auf Schiller, wie er in einem Brief an seinen Freund Körner zum Ausdruck bringt: „Beide Geschöpfe sind, ohne schön zu seyn, anziehend und gefallen mir sehr. Man findet hier viel Bekanntschaft mit der neuen Litteratur, Feinheit, Empfindung und Geist. Das Clavier spielen sie gut, welches mir einen recht schönen Abend machte."[1] Schiller verbringt dann den Frühling und Sommer 1788 in der Gesellschaft der Damen in Rudolstadt und im benachbarten Volkstedt, wo er zunächst Quartier bezogen hat. Wie sich aus dem in der Folge entspinnenden regen Briefverkehr der drei entnehmen lässt, ist Schillers Zuneigung zwischen der ledigen einundzwanzigjährigen Charlotte und der dreieinhalb Jahre älteren Caroline, die mit dem Legationsrat Friedrich Wilhelm Ludwig von Beulwitz in einer vor allem aus finanziellen Nöten geschlossenen Konvenienzehe lebt, verteilt. Die genaue Natur dieser Dreiecksbeziehung hat immer wieder Anlass zu Spekula-

---

1 Schillers Briefe 17.4.1785–31.12.1787, in: *Schillers Werke. Nationalausgabe*, Bd. 24, begründet von Julius Petersen, fortgeführt von Lieselotte Blumenthal und Benno von Wiese, hg. im Auftrag der Stiftung Weimarer Klassik und des Schiller-Nationalmuseums Marbach von Norbert Oellers, Stuttgart/Weimar 1989, S. 181f.

https://doi.org/10.1515/9783110987591-001

tionen geboten, trotz des Umstands, dass Schiller 1790 schließlich Charlotte heiratet, während Caroline sich im selben Jahr von ihrem Gatten trennt, um nach der 1794 erfolgten Scheidung von Beulwitz dann Schillers Freund Wilhelm von Wolzogen zu ehelichen. Die Verbindung zu seiner literarisch ambitionierten Schwägerin pflegt Schiller bis zu seinem Tod 1805, was sich u. a. in der Biographie niederschlägt, die Caroline 1830 unter dem Titel *Schillers Leben, verfaßt aus Erinnerungen der Familie, seinen eigenen Briefen und den Nachrichten seines Freundes Körner* bei Cotta veröffentlicht.[2] Die Darstellung der Rudolstädter Zeit in dieser Biographie hat maßgeblich an der Vorstellung eines Dreierbundes zwischen Schiller, Charlotte und Caroline mitgewirkt. Ebenso hat der Umstand, dass Emilie von Gleichen-Rußwurm, die Tochter des Dichters und seiner Gemahlin, in ihrer Ausgabe der frühen Briefe ihrer Eltern manche redaktionelle Auslassung vorgenommen hat, weitere Insinuationen begünstigt.[3] So tauchte erst zu Beginn des 21. Jahrhunderts ein Billet an Caroline wieder auf, das erneut die Frage aufwirft, wie nahe der Autor seiner späteren Schwägerin in jenem Sommer der Möglichkeiten denn gekommen sein mag.[4] Gerade dieses Billet verdeutlicht, dass bei allem Bemühen um eine Rekonstruktion dieses „schwierige[n] Dreiecksverhältnis[ses]"[5] die Quellenlage eine wirklich gesicherte, präzise Einschätzung der tatsächlichen Gegebenheiten kaum zulässt, da immer mit Informationsdefiziten gerechnet werden muss, die durch spätere, keineswegs vorurteilsfreie oder unparteiische Zuschreibungen, etwa in der Schiller-Biographie Carolines, überlagert worden sind. Das Interesse an dieser Konstellation musste vor allem durch die Wandlungen begünstigt werden, die im Zuge der feministischen Neubeurteilung und Aufwertung schreibender Frauen Eingang in den gesellschaftlichen Diskurs gefunden haben, womit auch die beiden Lengefeld-Schwestern stärker aus dem übermächtigen Schatten Schillers heraustraten, in den Fokus des Interesses gerieten und an eigener Kontur gewannen. Zwar drehen sich zahlreiche Publikationen, die um die Schiller-Jubiläumsjahre 2005 und 2009 veröffentlicht wurden, um die noch heute an den Grenzen der Konventionen rüttelnde präsupponierte *ménage à trois*,[6] doch ver-

---

2 Vgl. Caroline von Wolzogen, *Schillers Leben, verfaßt aus Erinnerungen der Familie, seinen eigenen Briefen und Nachrichten seines Freundes Körner*, Stuttgart/Tübingen 1830.

3 Vgl. *Schiller und Lotte. 1788. 1789.*, hg. von Emilie von Gleichen-Rußwurm und Heinrich Hennes, Stuttgart/Augsburg 1856.

4 Siehe dazu den Beitrag von Gaby Pailer im vorliegenden Band.

5 So Peter-André Alt, *Schiller. Eine Biographie*, Bd. 1: 1759–1791, München 2009, S. 641.

6 Exemplarisch hierfür Ursula Naumann, *Schiller, Lotte und Line. Eine klassische Dreiecksgeschichte*, Frankfurt a. M./Leipzig 2004; Kirsten Jüngling/Brigitte Roßbeck, *Schillers Doppelliebe.*

suchen vor allem auch ernsthafte wissenschaftliche Studien, das literarische Schaffen von Caroline und Charlotte stärker auf eigenständige Konzepte weiblicher Autorschaft hin zu untersuchen und zugänglich zu machen.[7]

Diese gewandelten historischen Bedingungen mussten zudem den Anreiz verstärken, die Beziehung zwischen den Lengefeld-Schwestern und Schiller, in der so viel an genuin modernen Momenten hinsichtlich der Ansprüche des sich eben erst in der „Sattelzeit" um 1800 entfaltenden Subjekts enthalten ist, mit den Mitteln des Films zu durchleuchten und auf ihren historischen Gehalt wie auf ihre Aktualität hin zu untersuchen. Dominik Grafs Die Geliebten Schwestern von 2014 unternimmt nicht allein den enorm ambitionierten Versuch, diese Konstellation in ihren historischen Bezügen, in der Sensibilität der Epoche mit all ihren Widersprüchen zu verorten und mit ihren medienspezifischen Mitteln zu untersuchen, sondern bemüht sich zugleich, die eigene, heutige Perspektive mit einzubeziehen, um so ein autoreflexives Werk des Kinos zu schaffen. Dabei bedient Graf sich Stilmitteln, die u. a. auf die Tradition des deutschen Autorenfilms verweisen. Das gilt zum einen hinsichtlich der ästhetischen Durchgestaltungen der Erzählweise mit der Stimme des Autor-Regisseurs aus dem Off, zum anderen hinsichtlich der Schlusseinstellung, die das Schillerhaus in Weimar, den Sterbeort seines Protagonisten, in der Gegenwart zeigt – nebst vorübergehenden oder -radelnden Passanten. Der Kontrast des geschäftigen, aber flüchtigen Treibens zur alle historischen Wechsel überdauernden statuarischen Architektur des Gebäudes wirkt fast wie eine ‚kinofizierte' Allegorie der Zeit, die daran gemahnt, wie die Gegenwart auf die Vergangenheit bezogen bleibt, auch wenn es ihr nicht immer bewusst ist. Monumente sind also keine Markierungen des ein für alle Mal Vergangenen, sondern wollen auf diese Vergangenheit hin befragt werden, und dies von jeder Generation neu. Grafs den gesamten Film begleitende und damit auch als narrative Instanz quasi ‚auktoriale' Stimme aus dem Off[8] liefert biographische Informationen und Kontexte, agiert aber auch kommentierend und deutend. Auf diese illusionsbrechende Weise werden die Grenzen zwischen traditionellem Biopic und filmischem Essay fließend; zudem wird durch die visuell abwesende, aber auditiv dominant anwesende Erzählinstanz ein medienreflexiver Rekurs auf die Erzählweise des Romans, des neuen

---

Die Lengefeld-Schwestern Caroline und Charlotte, Berlin 2005; Joseph Kiermeier-Debre, *Schillers Frauen. 42 Porträts aus Leben und Dichtung*, München 2009, S. 169–175 und 189–201.

7 So z. B. die Edition der Werke von *Charlotte Schiller, Literarische Schriften*, hg. von Gaby Pailer/Andrea Dahlmann-Resing/Melanie Kage, Darmstadt 2016.

8 Dieses Verfahren erinnert an den Off-Erzähler in Rainer Werner Fassbinders Fontane Effi Briest von 1974.

Leitmediums der dargestellten Epoche, etabliert. Der Thematik des Sujets entsprechend stehen natürlich die Begehrens-, Geschlechter- sowie Familienstrukturen und -verhältnisse im Vordergrund und auf dem Prüfstand. Doch ebenso verdichtet der Film in der Darstellung des Beziehungsgeflechts der drei Hauptfiguren kultur- und sozialgeschichtliche Konstellationen mit ihren virulenten Problematiken: Zu nennen wäre etwa die literarhistorische Gemengelage dieser Umbruchszeit, die sich naturgemäß vor allem in Schillers anbahnender und nie ganz unbelastet bleibender Beziehung zu Goethe manifestiert,[9] aber auch die Positionierung zur vorausgegangenen Generation der Aufklärer, wie sich in Schillers nicht ganz ohne Hintergedanken vorgebrachten Eloge auf das Wirken und die Schriften des Lengefeld-Vaters zeigt. Wesentlich ist ebenso die soziohistorische Gender-Problematik gegen Ende des 18. Jahrhunderts, einer Zeit, in der früher erreichte aufklärerische Positionen in Sachen rechtlicher, aber auch intellektueller Gleichberechtigung der Frauen um 1800 graduell wieder zurückgenommen werden: Sie wird in den GELIEBTEN SCHWESTERN – neben ihrer Manifestierung in Carolines Kampf um einen selbstbestimmten Lebensentwurf – vor allem an der Frage der weiblichen Autorschaft hinsichtlich ihres Romans *Agnes von Lilien* festgemacht. Die redaktionelle Betreuung (um es freundlich zu formulieren) seitens Schillers erscheint in ihrer ganzen Ambivalenz hinsichtlich männlicher Suprematieansprüche angesichts weiblichen Schöpfungs- und Kunstwillens, aber auch einer Intimität, die die Liebesbeziehung zu einer gemeinsamen Arbeit am Text sublimatorisch verschiebt. Daran zeigt sich, wie Zeugungsakte sexueller oder textueller Natur sein können, was als ein weiterer Kommentar zur Natur dieser Dreiecksbeziehung vor der historischen Gender-Problematik und unserer heutigen Sicht darauf verstanden werden kann. Dabei bettet der Film dies stets ein in die soziopolitischen und -ökonomischen Verhältnisse der zu ihrem Ende gelangenden Ständegesellschaft, wie in den Rekursen auf revolutionäre Umbrüche in Frankreich und der Reaktion Schillers in seiner Jenaer Antrittsvorlesung, die aufeinander bezogen werden, erkennbar ist. Dem korrespondiert, dass unter dem Einfluss einer neuen, rousseauistisch geprägten Auffassung von Natur (etwa in der Szene am Rheinfall von Schaffhausen) nun auch ein Anspruch von Natürlichkeit des Subjekts sich artikuliert. Die Dreieckskonstellation wird so zum paradigmatischen Fall, anhand dessen das Verhältnis von natürlicher Regung und sozialer Konvention in den kommunikativen Prozessen der Zeit mit ihren eminent dynamischen Energien neu verhandelt wird. Auf diese Weise gelingt dem Regisseur nicht nur eine ebenso atmosphärisch dichte wie intime Darstellung der Epoche, aber auch eine heutige

---

9 Siehe dazu den Beitrag von Frieder von Ammon im vorliegenden Band.

Perspektivierung und ein reflexiver Blick auf die Problematik dieses Beziehungsgeflechts. Dem Reichtum der Bezüge, die der Film entfaltet, versuchen die einzelnen Beiträge dieses Bandes analytisch nachzuspüren.

Gaby Pailers Beitrag „Wechselnde Gefährt*innen: Der Brief als Genre, Medium und Objekt im Film und im Leben der GELIEBTEN SCHWESTERN" geht zunächst von jenem lange Zeit verschollenen Billet aus, dessen Wortlaut die Spekulationen um ein mögliches Dreiecksverhältnis zwischen Schiller und den Lengefeld-Schwestern überhaupt instigiert und befeuert hat: „gestern Abend blieb ich nicht Herr meines Thuens und heute bin ich auf einem eingeladnen folglich späten und langen Diner, werde mich aber wegzustehlen suchen."[10] Bezugnehmend auf die mit Caroline von Wolzogens Schiller-Biographie von 1830 einsetzende Stilisierung des Verhältnisses zwischen Schiller, seiner späteren Frau und deren Schwester verfolgt Pailer mit stetem Blick auf die Quellenlage die Entwicklung dieses spekulativen Narrativs durch die entsprechende Schiller-Literatur bis hin zur Darstellung in Grafs Film. Dabei spielen auch die je zeittypischen Projektionen der Vorstellungen von Liebe und Partnerschaft eine nicht zu unterschätzende Rolle, die sich bisweilen von den gesellschaftlichen Realitäten um 1800 doch auch entfernen. Zugleich wird deutlich, inwieweit gerade die briefliche Kommunikation mit evidenten Anklängen an das Genre des Briefromans, der auch in historischer Hinsicht als ein dezidiertes Beispiel für weibliche Schreibformen angesehen werden kann, die GELIEBTEN SCHWESTERN prägt.

Die Darstellung eines Dichters im Film – eines so wohlerforschten wie Schiller zumal – sieht sich immer dem kritischen Blick des Philologen ausgesetzt, der mit faktengesättigtem Wissen um Biographie und Werk ausgestattet die Distanz zwischen dem Bild des Dichters im Kunstwerk und dem in der Forschung auszumessen versucht ist. Dass dies nicht immer vorurteilsbelastet zugunsten der Wissenschaft ausfallen muss, zeigt der Aufsatz „Der wohltemperierte Dichter. Das Bild Schillers in Dominik Grafs DIE GELIEBTEN SCHWESTERN" von Hans Richard Brittnacher. Nachdem Brittnacher zunächst die Abwesenheit jener Konstellation der im Film durchgespielten *ménage à trois* im Werk des Dramatikers Schiller im Gegensatz zu dem Goethes konstatiert und auch die wenig schmeichelhaften Überlieferungen der amourösen Persönlichkeitszüge des vormaligen Regimentschirurgs rekapituliert, macht der Autor deutlich, dass sich Schillers davon abweichendes „temperiertes" Film-Porträt als rousseauistisch liebender, freilich

---

10 Gaby Pailer, „Geliebte Schwestern, getäuschte Bräute: Charlotte Schiller als Dramatikerin", in: *Charlotte Schiller als Dramatikerin, Übersetzerin und Leserin Goethes*, hg. von Silke Henke/Nikolas Immer, Weimar 2016, S. 30.

noch in den Gender-Konventionen der Zeit verfangener Vertreter einer neuen Sensibilität nicht zuletzt auch von dem anderen Fokus her verstehen lässt, der die Lengefeld-Schwestern, und nicht den zum Klassiker erhobenen Autor, zum eigentlichen Zentrum des Film erhebt.

Es gehört zu den Herausforderungen eines Films über Schiller – sofern man sich dieser denn auch stellen mag und das Thema nicht gänzlich vermeidet –, eine ästhetisch überzeugende Gestaltung seines Verhältnisses zu Goethe, dem anderen der Weimarer „Dioskuren", zu entwerfen. Frieder von Ammon demonstriert in seinem Beitrag mit dem Titel „Anwesende Abwesenheit. Goethe in DIE GELIEBTEN SCHWESTERN", auf welch raffinierte Weise Graf diese Herausforderung angenommen und künstlerisch eindrucksvoll bewältigt hat. Nachdem der zunächst abwesende, da in Italien weilende Goethe durch die Reaktionen der tragisch liebenden Frau von Stein auf dessen Brief nur durch mediale Stellvertretung in die Diegese geholt wird, erscheint das Aufeinandertreffen der beiden Dichter wie eine „Metaoper". Bewirkt wird dieser Eindruck durch den Einsatz der Musik Rameaus und die Konzentration auf das Publikum der Szene, das sich im Lippenlesen versucht, während der Dialog der Autoren nicht wiedergegeben wird – eine ironisch kommentierende Brechung des Klassikerkults. Goethe, der in zwei Szenen von unterschiedlichen Schauspielern verkörpert wird, ist dabei nie von vorne zu sehen. Auf diese Weise exemplifiziert Graf die Ungreifbarkeit des Genies – jenes „ineffabile", um dessen Problematik Goethes Werk bei allem Hang zu klassizistischer Klarheit kreist. Und zugleich ist dieses Zeigen und doch nicht Zeigen ein hochgradig selbstreflexives Spiel mit dem Medium Film.

Der „Interieurs. Beobachtungen zum Verhältnis von bildender Kunst und Film" betitelte Beitrag von Friedrich Vollhardt geht den möglichen historischen Referenzen und Allusionen im Bereich der bildenden Kunst nach, die Grafs Film aufruft. Dies geschieht freilich nicht zum Zweck einer historistisch anmutenden Authentifizierung, sondern ganz im Sinne des im Film selbst entworfenen ästhetischen und geschichtskritischen Programms, wie Vollhardt unter Rekurs auf die Porträtkunst Anton Graffs, die Interieurs Georg Friedrich Kerstings und Samuel van Hoogstratens sowie die Philosophie der Farben um 1800, etwa in Goethes *Farbenlehre*, nachweist. Denn der Autor und Regisseur Graf nutzt die kunsthistorisch belegten Traditionen, um sie dem Zeichencode seines Filmkonzepts einzuschreiben und dadurch eine Gesellschaft zu zeigen, bei der sich die Epochensignaturen des Umbruchs auf allen Ebenen – im Privat-Intimen, im Ästhetischen, im Philosophischen, im Sozialen, im Politischen, im Medialen etc. – manifestieren.

Die medienspezifische Darstellung der Kommunikation im Film nimmt der Aufsatz von Markus May in den Blick. Unter dem Titel „Kommunikative Energien: Zu medien- und geschichtsreflexiven Dimensionen filmischen Erzählens in Dominik Grafs DIE GELIEBTEN SCHWESTERN" werden Aspekte der Inszenierung der medialen Bedingungen von Kommunikation analysiert, wobei der Film ein ganzes Arsenal von miteinander verschränkten und sich wechselseitig kommentierenden medialen Kommunikationsformen entfaltet: von Gesprächen über Briefe und Billets, Buchdruck, Porträts, Karten, tableaux vivants etc. bis hin zur Erzählerstimme – Grafs eigener Stimme – aus dem Off. Dabei wird deutlich, dass Graf damit nicht allein die gesellschaftliche und ideengeschichtliche Signatur der Epoche im Blick hat, sondern dass er durch die medienreflexive Perspektive seines filmischen Erzählens eine hochkomplexe Auseinandersetzung mit den Möglichkeiten und Grenzen historischer Annäherung und ästhetischer Anverwandlung im eigenen Kunstwerk zu leisten vermag. Die historische Codierung einer Liebesutopie wird in einen Film inkorporiert und reflektiert, der wie der Roman – das angehende Leitmedium des ausgehenden 18. Jahrhunderts – die Wirklichkeitserfahrung eben durch das ausgebreitete Spektrum seiner vielfältigen kommunikativen Formen poetisch zu integrieren vermag. Dadurch, und nicht allein durch ihren thematischen Gehalt um den Aufbruch in das Zeitalter der Moderne in der sogenannten „Sattelzeit" (Reinhart Koselleck), rückt die Geschichte an die Gegenwart heran.

Jana Pipers Beitrag „Drucken, kopieren und kopulieren. Technische, humane und geistige Reproduktionen in DIE GELIEBTEN SCHWESTERN" geht anhand eindringlicher Szenenanalysen den Verflechtungen der Ebenen der Reproduktionstopik in Grafs Film nach. Indem biologische Fortpflanzung mit der Problematik von männlicher und weiblicher Autorschaft, insbesondere am Beispiel der Genese des Romans *Agnes von Lilien*, verknüpft wird, liefert das filmische Porträt einen genderkritischen Kommentar nicht allein zu gesellschaftlichen Vorurteilen der Epoche. Denn durch die metareflexive Perspektive auf Medialität, die der Film mittels eines ganzen Ensembles von Kunstgriffen ebenso wie durch die Vermischung von Genres und Zeiten durchspielt, eröffnet sich ein ganzes Feld von sich einander wechselseitig durchdringenden Bezügen.

In ihrem Beitrag „Zwischen Propaganda und innerer Emigration – Intermediale Schiller-Rezeption vor 1945" widmet sich Astrid Dröse historischen filmischen Anverwandlungen des Autors und fokussiert sich dabei vor allem auf die Analyse von Herbert Maischs Film FRIEDRICH SCHILLER – DER TRIUMPH EINES GENIES von 1940. Zwar soll bereits der Titel in Anlehnung an Leni Riefenstahls berühmt-berüchtigten Streifen TRIUMPH DES WILLENS eine propagandistische Vereinnahmung des Klassikers im Sinne der NS-Ideologie suggerieren, doch gelingt es Dröse nachzuweisen, dass dieses Biopic durchaus von Ambivalenzen und Widersprüchen durchzogen ist, zumal der Film sich auf Schillers Zeit in der Karlsschule, der herzoglichen Militärakademie, sowie auf sein dramatisches Debut *Die Räuber* konzentriert. Diese Epoche in Schillers Leben ist vom Konflikt mit den Autoritäten gekennzeichnet, und dieser Konflikt kommt auch im Film intensiv zum Tragen, ebenso wie das sich aus den schmerzhaften Erfahrungen entwickelnde unbedingte Streben nach Freiheit, das sich schon in den *Räubern* mit dem Motto „In tyrannos" Bahn bricht. Es ist bemerkenswert, dass Maischs Film gerade die jugendliche Revolte des Karlsschülers ins Zentrum stellt und nicht die Hinwendung zur Ideologie des Klassischen des gereiften Autors – was einmal mehr als Beleg dienen kann, dass sich eine Persönlichkeit wie die Schillers nicht hinsichtlich ihrer Biographie und schon gar nicht hinsichtlich ihres Werks für propagandistische Vereinnahmungen eignet. Diese Widerständigkeit weist Dröse en detail in ihrer Untersuchung des Films nach.

Der vorliegende Band ist aus einem Kolloquium hervorgegangen, das am 8. und 9. Januar 2018 im Filmmuseum München und in der Monacensia im Hildebrandhaus abgehalten wurde. Unser Dank gilt unseren dortigen Kooperationspartnern sowie der Münchner Universitätsgesellschaft für die finanzielle Unterstützung der Veranstaltung sowie des vorliegenden Bandes. Des Weiteren gebührt Magdalena Specht großer Dank für Ihre Arbeit an der Erstellung des Typoskripts. Stella Diedrich und Elisabeth Stanciu vom De Gruyter Verlag gilt unsere Wertschätzung für die unermüdliche Unterstützung bei dieser Aufgabe sowie für die finale Überarbeitung. Ganz besonders bedanken möchten wir uns beim Autor und Regisseur Dominik Graf sowie bei der Produzentin der GELIEBTEN SCHWESTERN, Uschi Reich, für die Zurverfügungstellung des Originaldrehbuchs zum Film sowie bei der Leitung der Bavaria Media GmbH, die uns die Genehmigung zum Abdruck erteilt hat.

Teil I: DIE GELIEBTEN SCHWESTERN: Aufsätze

Gaby Pailer
Wechselnde Gefährt*innen: Der Brief als Genre, Medium und Objekt im Film und im Leben der GELIEBTEN SCHWESTERN

1 Rheinfall und Billet

Als zwei junge Frauen, die vor der Naturkulisse des Rheinfalls von Schaffhausen in früher Jugend miteinander einen ‚Lebensbund' eingehen, der auch ihrer beider spätere Beziehung zu Friedrich Schiller einschneidend prägen soll, werden Charlotte von Lengefeld und ihre Schwester Caroline, verh. von Beulwitz und spätere von Wolzogen, in Dominik Grafs Spielfilm DIE GELIEBTEN SCHWESTERN dargestellt.[1] Dieser setzt ein mit dem Anspruch, beide heranwachsenden Frauen im Kontext der rigiden Geschlechter- und Standesvorgaben des späten 18. Jahrhunderts mit ihren Vorstellungen von persönlicher Freiheit und Entfaltung zu zeigen. Im Mittelteil des Films erwächst daraus unversehens und spielerisch das ‚Liebesdreieck' – im Volkstädter Sommer, mit gewechselten Briefen und Notizen, sogenannten ‚Billets' –, bis hin zum Plan, Friedrich Schiller als Gatten für die noch unverheiratete Charlotte zu gewinnen, in den die standesbewusste Mutter schließlich einwilligt, sodass es zur Heirat, dem Umzug nach Jena und Schillers Antrittsvorlesung kommt. Die weiteren Filmkapitel konzentrieren sich auf die aus dieser arrangierten Heirat des Dichters mit einer der beiden Schwestern erwachsende Problemkonstellation: dass Schillers ‚leidenschaftliche Liebe' der älteren, indessen bereits mit Friedrich von Beulwitz verheirateten Caroline gegolten, während er für die jüngere Charlotte eine ‚Herzensneigung' empfunden habe. Symbol hierfür ist das tête-à-tête zwischen Schiller und Caroline bei Kerzenschein im Hinterzimmer – Filmort ist das Rudolstädter Schloss (00:50:22): Beide berauschen sich am Punsch, sprechen über eine erste Novelle, die Caroline veröffentlichen konnte, und kommen sich näher als erlaubt. Nächsten Tags erhält Caroline ein Billet des Wortlauts (im Film als ‚voiceover' gesprochen):

---

1 DIE GELIEBTEN SCHWESTERN. SCHILLERS GEHEIMNISVOLLE LEIDENSCHAFT. Director's Cut. Reg.: Dominik Graf. Bavaria Film, DE/AUT 2014, 00:09:15–00:09:30. Im Folgenden werden die Time Codes im Fließtext angegeben.

https://doi.org/10.1515/9783110987591-002

Heute Nacht, oder vielmehr heute Morgen, war ich nicht Herr meines Tuns, und am Abend bin ich zwar eingeladen auf einem lange geplanten, spät beginnenden Diner, bei [...] dem Arzt, der mich hier behandelt, aber ich werde mich dennoch nachher zu Ihnen wegzustehlen suchen. (00:57:45–00:57:66)

Dieses Billet findet am Filmende erneut Erwähnung und wird dort als einziges ,echtes' Requisit der ansonsten hauptsächlich im poetischen Sinn ,wahrscheinlichen' Handlung zitiert. Verbürgen soll es, dass, trotz Carolines Versuch, in ihrer Darstellung von *Schillers Leben* (1830) das Dreiecksverhältnis zu vertuschen, ein einziges Indiz der Nachwelt erhalten geblieben sei. Das zitierte Billet, als Teil der Volkstädter Korrespondenz zwischen Schiller, Charlotte und Caroline überliefert, erschien 1890 im Rahmen einer Jubiläumsschrift zur „Schillerlitteratur" des Bibliothekars Paul Schwenke.[2] In dem entsprechenden Band der *Nationalausgabe* von Friedrich Schillers Werken entschied der Herausgeber Eberhard Haufe indessen, das bei Schwenke aufgeführte Billet nicht in die laufende Korrespondenz der Jahre 1788 und 1789 zwischen den Briefen Nr. 75 und 76 einzuordnen, sondern es lediglich im Kommentar wiederzugeben, da die Handschrift Schillers bereits um 1890 als unsicher gegolten habe und überdies das Original verschollen sei.[3] Erst im beginnenden 21. Jahrhundert wurde es wiederentdeckt, und zwar im Nachlass Caroline von Wolzogens, der über ihre Gesellschafterin Wilhelmine Schwenke und deren Enkel Paul Schwenke an Professor Peter Boerner vererbt wurde und so nach Bloomington, Indiana, gelangte.[4] Dieses Original-Billet, das mit Bestimmtheit nicht die Handschrift Friedrich Schillers trägt, lautet ebenso kurz wie enigmatisch: „gestern Abend blieb ich nicht Herr meines Thuens und heute bin ich auf einem eingeladnen folglich späten und langen Diner, werde mich aber wegzustehlen suchen."[5] Wer Adressant oder Adressantin bzw. Adressat oder Adressatin sind, in welchem Kontext das Billet verfasst wurde, auf welchen Vorfall es sich bezieht, ist völlig ungewiss. Die Handschrift weist Ähnlichkeit mit der von Wilhelm von Wolzogen auf; aber auch die von Friedrich von Beulwitz ist nicht auszuschließen; möglich wäre weiter, dass es von einer Frau verfasst worden ist,

---

2 Paul Schwenke, „Kleinere Beiträge zur Schillerlitteratur", in: *Festgruß Herrn Geheimen Staatsrath Dr. jur. Julius Schomburg* ..., dargebracht von der Familie Schomburg; hg. von Paul Schwenke, Göttingen 1890, S. 16.

3 Vgl. Friedrich Schiller, *Schillers Werke. Nationalausgabe*, hg. von Norbert Oellers u. a., Bd. 25, hg. von Eberhard Haufe, Weimar 1979, S. 535.

4 Vgl. Gaby Pailer, „Geliebte Schwestern, getäuschte Bräute: Charlotte Schiller als Dramatikerin", in: *Charlotte Schiller als Dramatikerin, Übersetzerin und Leserin Goethes*, hg. von Silke Henke und Nikolas Immer, Weimar 2016, S. 11–34.

5 S. ebd. das von Nancy Boerner bereitgestellte Faksimile des Billets auf S. 30.

da der Ausdruck „Herr meines Thuens" zur damaligen Zeit (wie noch heute oft) als *gender*-indifferent angesehen wurde.[6]

Im Film wird das im Original in jeder Hinsicht rätselhafte Billet vereindeutigt und zum Leitmotiv gemacht. Erstmals kommt es, wie bereits erwähnt, zum Einsatz nach der ersten Liebesnacht zwischen Friedrich Schiller und Caroline von Beulwitz; Schiller wird schreibend, Caroline lesend gezeigt. Dies wird am Filmende erneut aufgenommen, visuell geht die Szene über in die heutige Zeit, man sieht das Weimarer Schillerhaus mit auf der ‚Schillerstraße' flanierenden Tourist*innen. Der im ‚voiceover' gesprochene Text leitet über zum Abspann unter abschließender Einblendung des Schriftstücks. Gerahmt wird die Filmhandlung also durch die Eröffnungsszene, den Treueschwur der Schwestern am Rheinfall von Schaffhausen, der sich durch Schillers Eintreten in ihr Leben zum zunehmend konfliktbeladenen Dreiecksverhältnis erweitert, bis hin zum Abspann und dem Billet als schriftlichem und bildlichem Zeugnis.

Beide Frauen sind inszeniert als – archivalisch und editionswissenschaftlich gesprochen – ‚Umgebungsfiguren' Friedrich Schillers. Dies hat vor allem mit dem Einsatz von Briefen und anderen Schriftstücken als Requisiten zu tun, die im Verlauf der Handlung verfasst, versandt, empfangen, in einem Fall sogar (in lustspielhafter Manier) konterfeit werden: Charlotte von Lengefeld, die dem bestehenden Liebesverhältnis Schillers mit Charlotte von Kalb ein Ende machen will, fabriziert einen der Konkurrentin in die Feder gelegten Brief und schickt ihn an sich selbst (01:17:15–01:17:42). Und in der Tat ist im ersten Teil des Films die Handlungskonstellation, besonders durch das Motiv der gewechselten Briefe und das Arrangement der Heirat Charlotte von Lengefelds mit Friedrich Schiller, lustspielhaft. Angeregt ist dies wohl durch Veröffentlichungen des 19. Jahrhunderts zum Briefwechsel zwischen *Schiller und Lotte*, der übrigens 1891 auch als Theaterstück präsentiert wurde.[7]

Wird im Film Charlotte überwiegend als Briefschreiberin und -empfängerin gezeigt, so werden Caroline zumindest schriftstellerische Ambitionen eingeräumt, indem ihr Roman *Agnes von Lilien* im Entstehen und in der Redaktion durch Friedrich Schiller thematisiert wird. Doch selbst hier ist Schiller – so legt die Filmhandlung nahe – derjenige, der ihn letztendlich fertig schreiben muss

---

6 Billets recht ähnlicher Art erhielt Charlotte Schiller beispielsweise von der Weimarer Prinzessin Caroline, verh. Großherzogin von Mecklenburg-Schwerin, Goethe- und Schiller-Archiv Weimar, Signatur: GSA 83/1789,3.

7 Wilhelm Henzen, *Schiller und Lotte. Lustspiel in 4 Aufzügen*, Leipzig 1891; es basiert vermutlich auf der ersten Briefausgabe *Schiller und Lotte. 1788. 1789*, hg. von Emilie von Gleichen-Rußwurm, Stuttgart/Augsburg 1856.

(„Soll ich schreiben?", 02:05:35), da Caroline zu unstet, exaltiert und zu sehr mit ihrem amourösen Leben beschäftigt ist, um ein solches Werk selbstständig zu vollenden. Bemerkenswert ist dies angesichts der Erfolgsgeschichte dieses zunächst anonym erschienenen Romans. In Band 16 der Schiller-*Nationalausgabe*, herausgegeben von Hans Heinrich Borcherdt (1954), wurde erwogen, Caroline von Wolzogens *Agnes von Lilien* (ebenso wie die französischen Erzählungen Charlotte Schillers) als von Friedrich Schiller bearbeitetes Werk vollständig wiederzugeben; dieser Plan wurde indessen mit der Begründung aufgegeben, Schillers Korrekturen erwiesen sich „als so unerheblich, daß sich ein Abdruck nicht lohnt".[8] Der im Film vermittelte Eindruck geht wohl auf einen Brief Goethes an Schiller vom 3. Februar 1798 zurück, den Borcherdt im Kommentar anführt. Übersehen wurde indes Schillers drei Tage darauf gesandte Antwort:

> Sie scheinen mir auf das Produkt meiner Schwägerin einen größern Einfluß einzuräumen, als ich mir gerechter weise anmassen kann. Plan und Ausführung sind völlig frei und ohne mein Zuthun entstanden. Bei dem ersten Theil habe ich gar nichts zu sprechen gehabt, und er war fertig, eh ich nur seine Existenz wußte. Bloß dieses dankt er mir, daß ich ihn von den auffallenden Mängeln einer gewißen Manier in der Darstellung befreite, aber auch bloß solcher, die sich durch Wegstreichen nehmen liessen [...] – Bei dem zweiten Theil war an nichts zu denken als an das Fertigwerden, und bei diesem habe ich nicht einmal mehr auf die Sprache Einfluß gehabt. Wie also der 2te Theil geschrieben ist, so kann meine Schwägerin völlig ohne fremde Beihülfe schreiben.[9]

2 *Schillers Leben* und die Folgen

So ist es denn Caroline von Wolzogen, die auch die erste aus dem persönlichen Umfeld Friedrich Schillers entstandene Biographie veröffentlicht, *Schillers Leben verfaßt aus Erinnerungen der Familie, seinen eignen Briefen und den Nachrichten seines Freundes Körner* (1830),[10] auf welche das Filmende explizit Bezug nimmt. In ihrer Darstellung ordnet Wolzogen ihre Schwester dem Typus der treu sorgenden Hausfrau und Mutter zu, sich selbst dagegen entwirft sie als schöngeistige

---

8 Schiller, *Nationalausgabe* (s. Anm. 3), Bd. 16, hg. von Hans Heinrich Borcherdt, Weimar 1954, zu „Karoline von Wolzogens Agnes von Lilien", S. 456f.
9 Friedrich Schiller an Johann Wolfgang von Goethe, 6. Februar 1798, in: Schiller, *Nationalausgabe*, Bd. 25 (s. Anm. 3), S. 200. Vgl. Kommentar in Borchert, Schiller, *Nationalausgabe*, Bd. 16 (s. Anm. 8), S. 457.
10 Caroline von Wolzogen, „Schillers Leben verfaßt aus Erinnerungen der Familie, seinen eignen Briefen und den Nachrichten seines Freundes Körner", in: *Gesammelte Schriften*, mit einem Nachwort von Peter Boerner, Bd. 2, Hildesheim 1990 [Stuttgart/Tübingen 1830].

Gesprächspartnerin des männlichen Genies.[11] Entsprechend vollzieht Heinrich Döring in seiner Schilderung von *Schiller's Familienkreis* (1852) eine scharfe Trennung zwischen der häuslich-mütterlichen Charlotte und der dichterisch begabten Caroline.[12] Karl Fuldas *Leben Charlottens von Schiller, geborene von Lengefeld* (1878) entwickelt mit nationalem Impetus das Bild der idealen deutschen Gattin, sei es als Versorgerin im Krankheitsfall, sei es als geistige Partnerin.[13] Hermann Mosapps *Charlotte von Schiller. Ein Lebens- und Charakterbild* (1896) vergleicht Caroline mit einem „bunten Falter", Charlotte hingegen mit der „ernsteren Honigbiene".[14] Biographien des 20. Jahrhunderts – genannt sei etwa *Schillers Lotte* von Joachim Kiene (1984) – setzen diese Tendenz fort.[15] Zu Schillers 200. Todesjahr erscheint Eva Gesine Baurs „*Mein Geschöpf musst du sein*" (2004)[16], das bereits einleitend klärt, dass Schillers kreuzbrave Gattin weder schreiben wollte, konnte, noch durfte, und im Übrigen die Verhältnisse um Schiller im Kolumnenton präsentiert. Ursula Naumanns *Schiller, Lotte und Line* (2004) verfolgt die These, dass die ältere, unglücklich verheiratete Caroline die Regie im Dreiecksverhältnis führte und ihre eigene Neigung zu Schiller pflegen konnte, indem sie diesem die Ehe mit der jüngeren Charlotte nahelegte;[17] was Jörg Aufenangers *Schiller und die zwei Schwestern* (2005) romanhaft präsentiert.[18] Mit kriminalistischem Eifer ermitteln Kirsten Jüngling und Brigitte Roßbeck in Sachen *Schillers Doppelliebe* (2005),[19] kulminierend in Mutmaßungen über seine potenzielle Vaterschaft von Carolines Sohn Adolf.[20] Vor allem letztere sind offenbar in den Plot des Films

---

11 Vgl. Georg Kurscheidt, „„…das geistige Leben mehr im Idealen halten', Anmerkungen zu Caroline von Wolzogens Schillerbiographie", in: *Caroline von Wolzogen 1763–1847*, hg. von Jochen Golz, Weimar/Marbach am Neckar 1998, S. 63–80 u. 152–156.
12 Heinrich Döring, *Schiller's Familienkreis. Supplementband zu Fr. v. Schillers sämmtlichen Werken*, Grimma/Leipzig 1852.
13 Karl Fulda, *Leben Charlottens von Schiller, geborene von Lengefeld*, Berlin 1878.
14 Hermann Mosapp, *Charlotte von Schiller. Ein Lebens- und Charakterbild*, 2., verm. Aufl., Stuttgart 1902 [1896], S. 40.
15 Hansjoachim Kiene, *Schillers Lotte. Porträt einer Frau in ihrer Welt*, Frankfurt a. M. 1996 [Düsseldorf 1984]. Für weitere biografische Darstellungen vgl. Einleitung und bibliografischen Anhang in: Gaby Pailer, *Charlotte Schiller. Leben und Schreiben im klassischen Weimar*, Darmstadt 2009.
16 Eva Gesine Baur, „*Mein Geschöpf musst du sein". Das Leben der Charlotte Schiller*, 2. Aufl., Hamburg 2005 [2004].
17 Ursula Naumann, *Schiller, Lotte und Line. Eine klassische Dreiecksgeschichte*, Frankfurt/Leipzig 2004.
18 Jörg Aufenanger, *Schiller und die zwei Schwestern*, München 2005.
19 Kirsten Jüngling/Brigitte Roßbeck, *Schillers Doppelliebe. Die Lengefeld-Schwestern Caroline und Charlotte*, Berlin 2005.
20 Vgl. ebd., S. 179f.

eingeflossen, insofern der am Ende für sein Alter zu große, von Caroline heimlich in der Schweiz geborene und von Wilhelm von Wolzogen als eigen ‚angenommene' Sohn die Katastrophe heraufbeschwört. Der Film endet mit Charlottes wutentbranntem Zerbrechen des Familienporzellans angesichts der ihr erst jetzt klarwerdenden erotischen Dimension des ‚Liebesdreiecks'.

Doch zurück zu Wolzogens Schiller-Biographie, die nicht nur inhaltlich, sondern auch der Form nach für zahlreiche weitere Darstellungen prägend war. Tatsächlich handelt es sich um eine Kompilation von Briefen, die mit dem im 18. Jahrhundert entstehenden Genre des Briefromans Überschneidungen aufweist. Unter den neueren Darstellungen lässt sich ein ähnliches Verfahren bei Naumann erkennen, in dem sich Dokumentarisches – also ausgedehnte Briefzitate – mit Erzählkommentaren mischt. Der Briefwechsel 1788/89, so schreibt sie, lese sich „wie eine klassische Komposition, ein Trio, dessen Stimmen harmonisch aufeinander bezogen sind, sich ineinander verflechten, aufeinander eingehen, als Echo einander nachahmen, Themen variieren."[21] Wenn Naumann von diesem Briefwechsel als einer ‚Komposition' spricht (an der sie selbst unmerklich weiterkomponiert),[22] setzt sie im Grunde das ‚komponierende' Verfahren von Caroline von Wolzogen fort, deren 1830 geschaffenes Narrativ zur triangulären ‚Brautzeit' in alle Darstellungen eingehen sollte, bis eben hin zum Film Die Geliebten Schwestern von Dominik Graf. Die jüngste Schillertochter Emilie von Gleichen-Rußwurm sammelt den schriftlichen Nachlass ihrer Mutter, gibt den frühen Briefwechsel zwischen *Schiller und Lotte* (einschließlich der Briefe Carolines) erstmals heraus, der später von ihrem Nachkommen Alexander von Gleichen-Rußwurm 1908 neu ediert wird.[23] Dieser zieht einen Vergleich zum Genre des ‚psychologischen Romans':

> Der Briefwechsel zwischen Schiller und Charlotte von Lengefeld birgt einen psychologischen Roman in seinen vergilbten Blättern. [...].
> Durch das Zusammenlaufen verschiedener Fäden aus Schillers Jugendzeit und durch das Hineinspielen der unglücklichen Ehe Karolinens, der Schwester Charlottens, erweitert sich die Liebesidylle zum Roman [...].[24]

---

21 Naumann, *Schiller, Lotte und Line* (s. Anm. 17), S. 93.
22 Ebd. Naumann behandelt im Kapitel „Drei Kreuze" (S. 143–151) Schillers Verhältnis zu Charlotte von Kalb, indem die Chiffrierungspraktiken des briefschreibenden Trios hervorgehoben werden – an dieser Stelle scheint die Mischung aus Briefzitaten und Erzählkommentar die direkte Vorlage für den Spielfilm zu bilden.
23 *Schiller und Lotte*, hg. von Alexander von Gleichen-Rußwurm, 2 Bde., Jena 1908.
24 Ebd., Bd. 1, S. 1.

Die im 19. Jahrhundert sukzessive entstehenden Werk- und Spezialeditionen zu Charlotte Schillers Briefwechsel stellen gleichfalls, wenn auch philologisch deutlicher getrennt, Kompositionen aus Dokumentarischem und Erzählkommentar dar. Die erste dreibändige ‚Werkausgabe' *Charlotte von Schiller und ihre Freunde* (1860–1865) von Ludwig Urlichs[25] enthält nur wenige literarische Texte im ersten Band; im zweiten und dritten Band überwiegt die von Charlotte Schiller empfangene Korrespondenz (*an*-Briefe) die von ihr verfasste (*von*-Briefe). Heinrich Düntzers Spezialedition der *Briefe von Schiller's Gattin an einen vertrauten Freund* (1856)[26] präsentiert Briefe von Karl Ludwig von Knebel und dessen Schwester Henriette. Eine weitere Spezialedition stellt J. H. Hennes' *Fischenich und Charlotte von Schiller* (1875) dar.[27] Hierbei handelt es sich um Charlotte Schillers Briefwechsel mit dem Kölner Juristen Bartholomäus Fischenich, der in den 90er Jahren dem Jenaer Kreis um Schiller angehörte und mit dem sie in der Napoleonischen Zeit viel korrespondierte.

Nicht nur Wolzogens erste ‚Schiller-Brief-Roman-Biographie', und auch nicht allein die *Schiller und Lotte*- bzw. in neuerer Zeit *Schiller, Lotte und Line*-Darstellungen, grenzen deutlich an das epistolare Erzählgenre, auch die Briefeditionen im 19. Jahrhundert sind dem Genre des Briefromans strukturähnlich, insofern narrative Rahmenteile und Fußnoten die Auswahl und Zusammenstellung der Korrespondenz kommentieren.[28] Die in der Mythenbildung um Friedrich Schiller und die von ihm ‚geliebten Schwestern' mitschwingende Vorstellung, dass Frauen der Gattung Brief (und Briefroman) besonders affin seien, ist ein Konstrukt des 18. Jahrhunderts, das bereits Silvia Bovenschen in ihrer Studie *Die imaginierte Weiblichkeit* (1979) als „trojanisches Pferd" bezeichnet.[29]

Charlotte Schillers bisher bekannte Korrespondenz umfasst rund 5000 Briefe (2000 *von*-Briefe / 3000 *an*-Briefe). Ihre Hauptkorrespondent*innen sind: Charlotte von Stein, Friedrich von Stein, Henry Heron, Karl Ludwig von Knebel, Prinzessin Karoline, Herzogin von Mecklenburg-Schwerin, Caroline von Wolzogen, Wilhelm

---

25 *Charlotte von Schiller und ihre Freunde*, hg. von Ludwig Urlichs, 3 Bde., Stuttgart 1860–1865.

26 *Briefe von Schiller's Gattin an einen vertrauten Freund*, hg. von Heinrich Düntzer, Leipzig 1856.

27 *Fischenich und Charlotte von Schiller. Aus ihren Briefen und anderen Aufzeichnungen*, hg. von J. H. Hennes, Frankfurt a. M. 1875.

28 Zur Verschränkung der Genres Briefedition und Briefroman am Beispiel Schillers s. ausführlicher Gaby Pailer, „Frauen – Brief – Literatur: Charlotte Schiller als Korrespondentin und Autorin", in: *„...nur Frauen können Briefe schreiben". Facetten weiblicher Briefkultur nach 1750*, Bd. 1, hg. von Renata Dampc-Jarosz/Pawel Zarychta, Berlin et al. 2019, S. 108–126.

29 Silvia Bovenschen, *Die imaginierte Weiblichkeit. Exemplarische Untersuchungen zu kulturgeschichtlichen und literarischen Präsentationsformen des Weiblichen*, Frankfurt a. M. 1979, S. 200–220, hier S. 200.

von Wolzogen, Johann Wolfgang von Goethe, Friedrich Schiller, Germaine de Staël, Johann Friedrich und Wilhelmine von Cotta sowie Bartholomäus Fischenich.[30] Mehrere von diesen treten im Film als Nebenfiguren auf. Im Folgenden sollen drei von diesen im Verhältnis dazu als ‚Umgebungsfiguren' Schillers – im archivalischen und editionswissenschaftlichen Sinn – in den Blick genommen werden.

3 Wechselnde Gefährt*innen

Henry Heron (?–1790) erscheint im Anfangsteil des Films als eine sich aufdrängende Heiratspartie für die junge Charlotte von Lengefeld. Tölpisch radebrechend wirbt er um sie im Salon der Frau von Stein (Schauplatz im Film ist das Weimarer Wittumspalais, 00:07:49–00:08:07), dann aber verkündet ein Brief seine plötzliche Abreise. Die im angrenzenden Kabinett geweinten Tränen der jungen Frau gelten indes nicht dem Verlust des ‚Courmachers', sondern ihrer Scham, aufgrund von Geschlecht und Stand einem solch entwürdigenden Heiratsmarkt ausgesetzt zu sein (00:11:42).

Über den historischen Henry Heron weiß man wenig. Laut Laura Isakovs Recherche[31] könnte er ein Abkömmling des in Schottland ansässigen Adelsgeschlechts der Inveraray gewesen sein, der zwischen Mai 1786 und Mai 1787 auf Grand Tour in Thüringen weilte und am Weimarer und Schwarzburg-Rudolstädter Hof empfangen wurde. Gemeinsam mit zwei weiteren „Engländern", einem Mr. Ritchie und einem Lord „Invernary"[32] – wie zeitgenössische Quellen nahelegen, seinem Bruder –, logierte er in Jena im Griesbachschen Haus und erfreute sich einer besonders engen Freundschaft mit Karl Ludwig von Knebel, dessen *Schreibkalender* eine bedeutende Quelle zur Frage seines Aufenthalts bildet.[33]

---

30 Eine Datenbank-Publikation zu Charlotte Schillers Briefwechsel ist an der UBC Vancouver in Vorbereitung, basierend auf den Handschriftenbeständen des Goethe- und Schiller-Archivs sowie des Deutschen Literaturarchivs Marbach am Neckar. Beiden Einrichtungen bin ich dankbar verbunden für die Möglichkeit, im Frühjahr 2020 am Schiller-Projekt und an diesem Beitrag arbeiten zu können; dem DLA Marbach am Neckar danke ich insbesondere für das mir zugesprochene Cotta-Stipendium.
31 Laura Isakov, *Intelligent* Weiblichkeit: *The Correspondence of Charlotte Schiller and Henry Heron*, Master's Thesis, UBC Vancouver B.C., Canada, 2016, S. 19f.
32 So die Schreibweise, die Pailer, *Charlotte Schiller* (s. Anm. 15), S. 40, aus der älteren Literatur übernimmt.
33 Karl Ludwig von Knebel, *Schreibkalender*, Goethe- und Schiller-Archiv Weimar, Signatur: GSA 54/363.

Von Charlotte von Lengefelds Briefen an Henry Heron sind nur zwei Konzept-
fassungen – in englischer Sprache – vom März 1787 erhalten.[34] Herons Gegenkorrespondenz umfasst acht von ihm zwischen März und August 1787 – übrigens in
sehr gutem Deutsch verfasste –, zunächst aus Jena, ab Juni von den Stationen
seiner Rheinfahrt, Neuwied und Rotterdam, an sie gesandte Briefe sowie einen
Abschiedsbrief an Knebel „Von der Insel Madeira 1788", in dem er mitteilt, er sei
nach Ostindien abkommandiert.[35] Von diesem Brief ist nur eine Abschrift in Charlotte Schillers Hand erhalten, angefertigt im Frühjahr 1804, als sie Knebel ein
weiteres Mal um Einsicht in das Schreiben gebeten hatte, da sie sich nicht mehr
sicher war, ob Heron nach Ost- oder Westindien kommandiert worden sei. Die
Briefe Herons enthalten ausführliche Beilagen, Abschriften poetischer Werke,
Buchgeschenke – eine sechsbändige Ausgabe der Werke Alexander Popes[36] – sowie einen Folio-Bogen mit mehrspaltigen Einträgen zu von Charlotte ins Engli-
sche übertragenen Gedichten, der offensichtlich zwischen beiden hin- und her-
gesandt wurde.[37] Es ist leicht vorstellbar, was Charlotte von Lengefeld an dieser
Beziehung schätzte: dass der britische Reisende sich auf Augenhöhe mit ihr über
Literatur, Kunst, Lebensentwürfe und Wertvorstellungen unterhielt. Isakovs
Analyse ist zuzustimmen, dass der kurze Briefwechsel selbst – gerade unter Verzicht auf editorische oder fiktionale Rahmung – einen ‚Roman' ganz anderer Art
ergibt:

> The correspondence of Schiller and Heron demonstrates the *Stimmung* of two intellectual
> equals from diverse backgrounds. Their poetry translation project is a lively demonstration
> of internationalism and collaboration that supports Richter's theory of Weimar Heteroclas-
> sicism. The story behind them is revealed in the letters and includes recurring themes, char-
> acter, incident, setting, and fate. The genuine humour, depth of literary interest, and honest
> details render this correspondence an aesthetic literary text.[38]

Von der Korrespondenz der beiden sind bisher nur wenige Briefe in den älteren
Ausgaben von Düntzer und Urlichs erschienen, von letzterem wurde der

---

34 Goethe- und Schiller-Archiv Weimar, Signatur: GSA 83/1914.

35 Ebd., Signatur: GSA 83/1759.

36 Schiller, *Nationalausgabe* (s. Anm. 3), Bd. 41.1, hg. von Gerhardt Kurscheidt u. a., Weimar
2003, vgl. Eintrag Nr. 438, S. 707f.

37 Isakov, *Intelligent* Weiblichkeit (s. Anm. 31), hat diesen Bogen unter dem Titel „The Transla-
tion Project Document" in ihrer Master's Thesis transkribiert, S. 99–101; es handelt sich um die
Gedichte „The Rose" und „Of Friendship".

38 Isakov, *Intelligent* Weiblichkeit (s. Anm. 31), S. 24. Der Bezug gilt hier Simon Richter, „Weimar Heteroclassicism: Wilhelm von Humboldt, Caroline von Wolzogen, and the Aesthetics of
Gender", in: *Publications oft the English Goethe Society* 81.3 (2012), S. 137–151.

Absendeort des Briefes, den Knebel im Frühjahr 1788 erhielt, als „Madras" (statt „Madeira") transkribiert.[39] Der handschriftliche Brief lautet:

> Hier bin ich auf der Insel Madera, und seitdem daß ich da bin, welches nur fünf Tage ist, habe ich wenigstens tausendmal an Sie gedacht, ich habe Herders schöne Romanze in der Zeit oftmahls gelesen u. zu jeder Zeit habe ich ein wehmüthiges gefühl bekommen, welches ich nicht ausdrücken desto stärcker aber empfinden kann. – Die schöne Thäler, schöne Hügel die ob sie gleich nach einen größern Maasstab sind denen zu Jena gleichen haben mich zu der Erinnerung zurückgeführt in welcher Begleitung ich durch jene zu wandeln pflegte, u. viel habe ich gewünscht daß Er hier bey mir wäre, wo wir uns der herrlichen Natur in diesen weltheil erfreuen könnten und in der Betrachtung die Freude ähnlicher ⌈empfindender⌉ Seelen genießen. – vielleicht dächten wir nicht ganz auf einerley Art, aber gewiß wären unsre Empfindungen die nähmlichen.
> [...] die Insel ist ganz von Brittischen Kaufleuten unterhalten ohne sie wäre sie nur ein dürrer Fels. Ich bin jezt auf der Reise nach Ostindien mit meinen Regiment, u. das Schiff worauf ich bin hat sich hier aufhalten müssen um Wein einzunehmen, wir haben drey Compagnien Soldaten auf den Schiff, u. wir machen es uns unsre Zeit recht angenehm zu zu bringen.
> [...] *Do you hear about Roudolstadt. There is a charm in the very name – o days happy days – days of whose happiness I was not aware – but my friend we must labour this –* [40]

Am Beginn steht der Freundschaftsdiskurs mit Knebel, am Ende wechselt der Adressant in seine Muttersprache mit einer verhaltenen Anspielung nicht auf Charlotte direkt, sondern auf ihren Wohnort, „Roudolstadt". Die gemeinsame (Brief-)Freundschaft mit Charlotte von Lengefeld – tatsächlich hatte Knebel seinerseits ab 1787 mit der jungen Frau über Literatur, Kunst, Philosophie etc. ausgedehnt korrespondiert[41] – erscheint nicht als Wettbewerb um die potenzielle Braut, sondern als Komponente geselliger Korrespondenz und intellektuellen Austauschs. Den Brief kennzeichnet ein Gestus der Entsagung, der diesem geselligen Kreis ebenso wie der individuellen jungen Freundin gelten mag. Herons Identität bleibt verhüllt, es scheint zweifelhaft, ob er überhaupt in der Lage gewesen wäre, um Charlotte von Lengefeld formell anzuhalten. Aus dem Brief erfährt man nur, dass sein Regiment vom Zwischenstützpunkt Madeira nach Indien kommandiert sei. Auf einem im Deutschen Literaturarchiv erhaltenen Ölgemälde ist er zu sehen in einer, wie Isakov nachweist, dem britischen Militär zugehörigen Uniform.[42] Ihr ist es auch zu danken, etwas Licht in die Identitätsfrage gebracht zu haben, was seine mögliche – indessen nicht nachgewiesene – Zugehörigkeit zum

---

39 Pailer, *Charlotte Schiller* (s. Anm. 15), S. 45,
40 Henry Heron an Knebel, Brief vom 14. Mai 1788, Umschrift von Charlotte Schiller, in: GSA 83/1759.
41 Goethe- und Schiller-Archiv Weimar, Signatur: GSA 54/256, 1 u. 1a.
42 Isakov, *Intelligent* Weiblichkeit (s. Anm. 31), S. 21f.

Adelsgeschlecht der „Inveraray" sowie seine militärische Laufbahn, seinen Rang – „Lieutenant", nicht „Captain" –, seine aktive Teilnahme am Amerikanischen Unabhängigkeitskrieg und seinen Tod[43] betrifft:

> In order to understand why Heron stopped his correspondence with Schiller, it is helpful to know what he did after leaving Weimar. [...] In The London Gazette, in an entry dated January 26, 1788 is the promotion of ‚Lieutenant Henry Heron, from the Half-Pay of the 80th Regiment to be Lieutenant' in the 76th Regiment. None of these military records list Henry Heron as having the rank of Captain. The London Gazette later records ‚Lieutenant Henry Heron' to be ‚Captain-Lieutenant, vice David Markham' of the 76th Regiment of Foot; this entry is listed under ‚Promotions – East India' dated September 8, 1789. [...] Ironically, Heron's having been sent to the East Indies, as opposed to the West Indies, did not play a factor in a more positive outcome. As reported by the War Office on January 19, 1790, Lieutenant Kenneth McRae from the 72nd Regiment was promoted to be Captain-Lieutenant ‚vice Henry Heron, deceased'.[44]

Als Charlotte Schiller 1804 den Brief von Knebel zum zweiten Mal erbittet, ist Heron also bereits seit vierzehn Jahren verschieden („deceased"). Warum sie den Brief von Knebel erbat, ist ungewiss. Eine mögliche Motivation könnte in ihrer Arbeit am Roman *Wallberg* liegen,[45] in dem eine ganze Reihe von Figuren in die Neue Welt und in den Amerikanischen Unabhängigkeitskrieg geraten: Der Kaufmannssohn Alexander Wallberg, der schottische Bastard Robert Morris sowie der Bergschotte Macdonald, der in Amerika Alexanders Schwester Cecilia Wallberg alias ‚Therese' und später in England ihre Familie kennenlernt. Die Briefe und Billets der männlichen Figuren spiegeln deren Haltungen gegenüber diesem Krieg, der in erster Linie ein ‚Bürgerkrieg' war, bei dem Identitäts- und Loyalitätskonflikte zwischen Eingewanderten blutig ausgefochten wurden. Für Charlotte Schiller waren neben der Anregung durch das Bildmotiv des Trumbull-Gemäldes *The Death of General Warren at the Battle of Bunker's Hill near Boston. June 17th 1775*[46] möglicherweise Informationen, die sie durch Heron erhalten hatte, bedeutend. Wie Prinz Ludwig Friedrich II. von Schwarzburg-Rudolstadt in seinen Tagebüchern vermerkt, hielt sich dieser am 24. April 1787 in Rudolstadt auf: „Gegen Abend besuchten wir den Hofrath von Beulwitz, wo wir einen Engeländer den Herrn Capitain Heron kennen lernten. Dieser junge Mann hat den gantzen Amerikanischen

---

43 Vgl. hierzu ebd., S. 108–116.

44 Ebd., S. 125f.

45 Charlotte Schiller, „Wallberg", in: *Literarische Schriften*, hg. von Gaby Pailer/Andrea Dahlmann-Resing/Melanie Kage, Darmstadt 2016, S. 403–471 (Text) u. 843–867 (Kommentar).

46 1801 hatte der Künstler Johann Gotthard Müller seinen Kupferstich nach John Trumbulls Gemälde Friedrich Schiller zum Geschenk gemacht. Er hängt heute im Schillerhaus in Weimar. (Vgl. Christina Tezky/Viola Geyersbach, *Schillers Wohnhaus in Weimar*, München/Wien 1999, S. 104).

Krieg mit beigewohnt."[47] Und tatsächlich kann davon ausgegangen werden, dass er über extensive Erfahrungen verfügte: „Henry Heron was a Lieutenant in the Royal Navy of the United Kingdom. Based on knowing his regiments, it can be inferred that he did in fact see the majority, if not the entirety, of the American War of Independence."[48]

Die bis heute unsichere Identität Henry Herons macht ihn unter den männlichen Romanfiguren vor allem dem schottischen Bastard-Sohn des Adeligen George Fitzallen, Robert Morris, vergleichbar, der, nachdem er Alexander Wahlberg bei der Schlacht von Bunker Hill gefallen glaubt, auf der Hafeneinfahrt in Portsmouth beschließt, seine Identität anzunehmen. So kehrt er als ‚falscher‘ Alexander Wallberg zu dessen Frau Clara zurück, eine Art *Martin Guerre*-Geschichte, angelehnt an Schillers *Pitaval*-Übertragung.[49] Will man *Wallberg* darüber hinaus als Schlüsselroman lesen, so wäre der ‚echte‘ Alexander mit seinem Anspruch auf persönliche und politische ‚Freiheit‘ – und in diesem Sinne Ideal eines ‚edlen Verbrechers‘ – nach Friedrich Schiller modelliert. Im Bergschotten Macdonald könnte man Karl Ludwig von Knebel vermuten, der mit der für ihn unerreichbaren Cecilia Wallberg durch *Ossian*-Lektüre verbunden ist.

Im Film DIE GELIEBTEN SCHWESTERN ist Heron zur komischen Figur des erst linkischen, dann treulosen Brautwerbers zusammengestutzt. Knebel, der in derselben Zeit 1787/88 zum intellektuellen Austauschpartner Charlotte von Lengefelds und nach Schillers Tod zu ihrem Lebensfreund wird, ist im Film zum Hausfreund und Ratgeber der Mutter mutiert. Zwischen Knebel, Heron und Charlotte von Lengefeld entspann sich, so lassen die gewechselten Briefe jedenfalls vermuten, 1787/88 eine ‚Dreiecksbeziehung‘ anderer Art, gekennzeichnet durch Literaturbeschäftigung, Lektürempfehlungen und Übersetzungsstudien im Medium brieflicher Kommunikation.

Charlotte von Stein (1742–1827) fristete mehr noch als die Lengenfeld-Schwestern in der Literatur zur Weimarer Klassik ein Dasein als durchaus prominente ‚Umgebungsfigur‘, allerdings nicht Schillers, sondern Goethes. Erst in allerjüngster Zeit wird sie als eigenständige Schriftstellerin wahr- und ernstgenommen. Bereits zu Lebzeiten hindert sie der Nimbus der Weimarer Hofdame und

---

47 Zitiert nach: Lutz Unbehaun, *Schillers heimliche Liebe. Der Dichter in Rudolstadt*, Köln/Weimar/Wien 2009, S. 39.

48 Isakov, *Intelligent* Weiblichkeit (s. Anm. 31), S. 21 sowie en detail zu Herons Identität, S. 108–116.

49 Vgl. *Schillers Pitaval. Merkwürdige Rechtsfälle als ein Beitrag zur Geschichte der Menschheit, verfaßt, bearbeitet und herausgeben von Friedrich Schiller*, hg. von Oliver Tekolf, Frankfurt a. M. 2005, S. 307–329. Ausführlicher zum Roman *Wallberg* s. Pailer, „Frauen – Brief – Literatur" (s. Anm. 28), S. 119–123.

Freundin Goethes, mit ihren Dramen an die Öffentlichkeit zu treten, so sehr Friedrich Schiller auch versucht, sie dazu zu bewegen.

Erst in den 1990er Jahren wurde sie als eigenständige Schriftstellerin, vor allem Dramatikerin, entdeckt, wobei ihre *Dido* (entstanden um 1794) am meisten Aufmerksamkeit erhielt.[50] Eine Werkausgabe, die Faksimiles der Erstdrucke versammelt, besorgte 1998 Susanne Kord,[51] allerdings waren die wenigsten dieser Drucke von Stein selbst autorisiert. Neu ediert wurden bislang die Komödie *Neues Freiheits-System oder die Verschwörung gegen die Liebe* (2006) sowie *Die zwey Emilien* (2020).[52] Ein bedeutendes Fundstück stellt die Handschrift des Dramoletts *Rino* dar, die das Weimarer Goethe- und Schiller-Archiv 2017 erwerben konnte, zeitlich günstig für die im selben Jahr von Elke Richter und Alexander Rosenbaum im Goethe- und Schiller-Archiv Weimar besorgte Ausstellung mit wissenschaftlichem Symposium, dessen Beiträge in einem eindrucksvoller Sammelband Charlotte von Stein erstmals umfassend als *Schriftstellerin, Freundin und Mentorin* würdigen.[53]

Die Briefe Charlotte von Steins an Charlotte von Lengefeld, verh. Schiller, von 1785 bis kurz vor deren Tod[54] – die Gegenkorrespondenz ist bedauerlicherweise nicht erhalten – zeugen von der innigen Lebensfreundschaft dieser beiden Frauen und darüber hinaus vom literarischen und intellektuellen Austausch mit Friedrich Schiller. Also auch hier wieder eine trianguläre kommunikative Beziehung, die zu sehen ist innerhalb eines Netzwerkes der Korrespondenz mit dem weiteren Stein-Schardt-Kreis (insbesondere Charlottes Sohn Fritz von Stein), dem Knebel-Kreis, den Weimarer, Rudolstädter und Mecklenburger Hofkreisen.

Im Film dagegen pocht die aus Rudolstadt per Kutsche ankommende Lotte ans Tor des Wittumspalais', des Alterssitzes von Herzogin Anna Amalia. Frau von Stein tritt in Erscheinung als sittenstrenge Erziehungsfigur und schmählich verlassene Freundin Goethes, wie sie in der Biografik von jeher porträtiert wird.

---

50 Der neueste Beitrag, der zugleich neue handschriften- und quellenbezogene Einsichten eröffnet, stammt von Ariane Ludwig, „Dido, ein Trauerspiel in 5. Aufzügen. Transformation eines antiken Stoffes", in: *Charlotte von Stein. Schriftstellerin, Freundin und Mentorin*, hg. von Elke Richter/Alexander Rosenbaum, Berlin 2018, S. 113–126.
51 Charlotte von Stein, *Dramen (Gesamtausgabe)*, hg. von Susanne Kord, Hildesheim/Zürich/New York 1998 [Reprint-Ausgabe].
52 Charlotte von Stein, *Neues Freiheits-System oder die Verschwörung gegen die Liebe*, mit einem Nachwort hg. von Linda Dietrick/Gaby Pailer, Hannover 2006. Dies., *Die zwey Emilien*, Drama in vier Aufzügen, nach dem Englischen, mit einem Nachwort hg. von Gaby Pailer unter Mitarbeit von Laura Isakov und Patricia Milewski, Hannover 2020.
53 Charlotte von Stein, „Rino. Ein Schauspiel in drey Abtheilungen. 1776. von Frau von Stein", in: *Charlotte von Stein*, hg. von Richter/Rosenbaum (s. Anm. 50), S. 75–82 (Faksimile) u. 83–85 (Transkription).
54 Goethe- und Schiller-Archiv Weimar, Signatur: GSA 83/1856.

Besonders in der Szene, in der sie über Goethes Briefe aus Italien, die er nach langer Zeit der Entfernung erst sandte, erhält, scheint eher an Peter Hacks' Ein-Personen-Schauspiel in fünf Akten *Ein Gespräch im Hause Stein über den abwesenden Herrn von Goethe* (1976) angelehnt, als kulturelles Wissen über die historische Persönlichkeit Charlotte von Stein zu verarbeiten.

Wilhelm von Wolzogen (1762–1809) wirkt als Filmfigur am wenigsten klischeebehaftet, was damit zu tun haben mag, dass er als ‚Umgebungsfigur' Schillers im allgemeinen mit wenigen Grundmerkmalen ausgestattet ist: als jüngerer Kommilitone an der Hohen Karlsschule am Württemberger Hof, dessen Mutter Henriette von Wolzogen dem jungen Theaterdichter der *Räuber* nach seiner Landesflucht 1783 eine Freistatt im Thüringischen Bauerbach gewährt; und der ihn im Dezember 1787 in Rudolstadt seinen Cousinen Charlotte von Lengefeld und Caroline, bereits verheiratete von Beulwitz, vorstellt. Während Schiller 1790 Charlotte heiratet, vermählt er sich mit Caroline, nach deren Scheidung von Beulwitz, 1794. Auch Dominik Grafs Film versäumt nicht, dieses Grundwissen über Wilhelm von Wolzogens Rolle im Liebesdreieck einzublenden: Jugendfreund aller drei wird er Retter, Schlichter und ruhender Pol – und zudem Zeitzeuge des Ausbruchs der Französischen Revolution, die im Film als plakativer Bilderbogen der Grausamkeit präsentiert wird.

Auch zu dieser Figur bieten sich, sobald man sie der Komparsenfunktion enthebt und auf ihre eigene schriftliche Produktivität schaut, erstaunliche Einsichten. Im Deutschen Literaturarchiv in Marbach am Neckar sind die originalen Tagebücher seiner Parisreisen 1788–1791 und 1792/93 erhalten, die in Auszügen in neuer Edition von Christoph von Wolzogen vorliegen,[55] und im Goethe- und Schiller-Archiv in Weimar finden sich geschäftlich-berufliche Unterlagen zu seinen Aufenthalten in Frankreich[56] neben seiner privaten Korrespondenz sowohl mit Friedrich Schiller als auch mit den ‚geliebten Schwestern', die teilweise auch in Caroline von Wolzogens *Schillers Leben* wiedergegeben wird.

Wilhelm von Wolzogen, am 25.11.1762 in Meiningen geboren, tritt 1775 in die Hohe Karlsschule ein mit dem Hauptfach Architektur. 1784 wird er entlassen und zum Leutnant im Regiment Augé ernannt, zwei Jahre, nachdem Schiller dieses Regiment verlassen hatte. Vielfältig interessiert, erwirbt er sich Kenntnisse in den

---

55 Wilhelm von Wolzogen, *„Dieses ist der Mittelpunkt der Welt"*. *Pariser Tagebuch 1788/1789*, hg. von Eva Berié und Christoph von Wolzogen, Frankfurt a. M. 1989. Ders., *„Der größte Cursus, der je in der Politik geboten worden ist"*. *Pariser Tagebücher und Briefe 1790–1793*, bearb. von Christoph von Wolzogen, Stuttgart 2007. Die handschriftlichen Tagebücher befinden sich im DLA Marbach, Signatur: A: Wolzogen, Wilhelm v.
56 Goethe- und Schiller-Archiv Weimar, Signaturen: GSA 83/2644 u. 2646.

Fächern Arithmetik, Mineralogie, Bergbaukunde, Trigonometrie, Landwirtschaft und Naturgeschichte. Aufgrund seiner ausgezeichneten Studienleistungen entsendet ihn Herzog Carl Eugen im September 1788 nach Paris, damit er sich im Architekturzeichnen vervollkomme.

Kaum in Paris angekommen, merkt er, in welche Spannungsverhältnisse zwischen Regierung und Volk er geraten ist. Seine anfänglichen Eindrücke, die Lebensorganisation und -abläufe betreffend, die stetig sich vertiefende Kluft zwischen opulenter Zurschaustellung von Macht auf der einen, und wachsender Verelendung auf der anderen Seite, gehen über in die Schilderung und Kommentierung konkreter Ereignisse, z. B. die Zusammenrufung des Dritten Standes (Eintrag vom 21. April 1789).[57] Die am 12. Juli einsetzenden Unruhen, die am 14. im Sturm auf die Bastille kulminieren, kritisiert er nicht, weil Regierung und Adel angegriffen werden, sondern aufgrund der mangelhaften Organisation, Effizienz und Weitsicht in der Revolte.[58] Seine Zukunftsprognose zum wahrgenommen Revolutionsereignis:

> Die Einnahme der Bastille wird gewiß in Europa Lärmen verursachen; und man wird den Franzosen dieses zur Ehre anrechnen [...]. Wenn man aber weiß, daß sie dieses taten, um nur die Canonen daraus zu haben, um nur Gewalttätigkeit auszuüben, wenn man weiß, daß der Plan die Gefangenen zu befreien, dieses Gebäude zu demolieren, erst nachher entstande und also bei der Einnahme auf sie nicht wirken konnte: so fällt dieses Lob weg.[59]

Durch die Aufzeichnungen ziehen sich Überlegungen zu französischen und deutschen Mentalitäten, in die auch gängige Nationalstereotypien einfließen; Wolzogen erlebt Irritationen, das weibliche Geschlecht betreffend, so kann er Freudenmädchen, Bürgermädchen und vornehme Baronessen anhand ihrer äußeren Aufmachung nicht unterscheiden. Architektur studiert er weniger im Sinne unbelebter Gebäudekunst als im gesamtgesellschaftlichen und kulturgeschichtlichen Kontext.[60] Wolzogen trifft zahlreiche Künstler und Künstlerinnen – die Stuttgarterin Ludovike Simanowitz ist beispielsweise vor Ort –, nimmt Zeichenunterricht, geht im Louvre aus und ein, wo er unter anderem Jacques-Louis David an den *Horatiern* arbeiten sieht.[61]

---

57 Wolzogen, „Dieses ist der Mittelpunkt der Welt" (s. Anm. 55), S. 155f.
58 Ebd., S. 195.
59 Ebd., S. 197.
60 Der Caroline von Wolzogen-Nachlass in der Lilly Library in Bloomington, Indiana, enthält übrigens zahlreiche Architekturpläne und -zeichnungen.
61 Wolzogen, „Dieses ist der Mittelpunkt der Welt" (Anm. 54), S. 73.

Besonderes Gewicht erhält in seiner Wahrnehmung und Darstellung das Spannungsverhältnis zwischen Stuttgart und Paris: Bei Wolzogens Abreise aus Stuttgart am 13. September 1788 glaubt dieser sich mit geradezu wertherschem Impetus (‚Wie froh bin ich, dass ich weg bin‘) dem württembergischen Despotismus entkommen, doch schon wenige Monate später besuchen Herzog und Herzogin ihrerseits die französische Hauptstadt (vom 16. Januar bis 9. Mai 1789), sodass er unversehens sein Leben und seine Studien mit ihrer Präsenz koordinieren muss. Eine Erscheinung, die hier eine bedeutende Rolle einnimmt, ist die Sängerin Rosetta Balletti – es handelt sich um die in Stuttgart aufgewachsene und am Hof tätige Elena Ricoboni –, die 1788 nach Paris wechselt, 1792 aber an den Württemberger Hof zurückkehrt. Wilhelm wird Zeuge ihres Pariser Debüts:

> Ein Mädchen, obgleich eine Comoediantin, die aber nie anders gespielt, als in der Stadt, wo sie geboren u. erzogen wurde, ein Mädchen, die jetzt zum ersten Mal in der größten Stadt, vor den größten Meistern, für einen strengen Publicum singen soll [...].[62]

Was nun das Filmthema des Liebesdreiecks angeht, das sich durch Wilhelm von Wolzogen zum Quartett erweitert, so sind auch hier die intellektuellen und emotionalen Beziehungen und Bindungen der historischen Akteur*innen vielschichtiger und facettenreicher, als es bisherige Darstellungen nahelegen.

In seiner Jugend korrespondiert Wilhelm hauptsächlich mit Charlotte, sodass man gerade in den Briefen aus Paris den Eindruck gewinnen kann, dass es sich zwischen ihm und Schiller auch um einen freundschaftlichen Wettbewerb um die noch unverheiratete jüngere Lengefeld-Tochter handelt. Umgekehrt fällt auf, dass Charlotte Schiller in ihrem vermutlich kurz nach 1800 begonnenen zweiten Romanprojekt *Berwick*[63] auf Informationen Wilhelm von Wolzogens aus seinen Frankreichreisen zurückgreift. Der zweite Teil dieses Romans stellt eine Brieferzählung dar, die sich zum einen als ‚Wertheriade‘ des jungen deutschen Grafen Berwick lesen lässt, der ins vorrevolutionäre Paris gerät.[64] Zum anderen lassen sich in dessen Verwicklungen in die Pariser Salonkultur und seiner Neigung zu zwei ganz gegensätzlichen Frauen, der mondänen Celange und der Nonne Celeste, Querbeziehungen zu Wilhelm von Wolzogens Briefen und Tagebüchern, möglicherweise auch seiner Zuneigung zu seinen beiden ‚geliebten Cousinen‘ erkennen.

---

62 Ebd., S. 52.
63 Charlotte Schiller, „Berwick", in: *Literarische Schriften*, hg. von Pailer (s. Anm. 45), S. 471–542 (Text) u. 867–914 (Kommentar).
64 S. Pailer, „Frauen – Brief – Literatur" (s. Anm. 28), S. 123–126.

4 Schwesternliebe und Schillerliebe

Vorstellungen und Verständnis der Aspekte Emotionalität, Intimität und Sexualität waren in der Zeit um 1800 aus vielschichtigen Gründen ganz anders als heute. In biografischen Darstellungen, vor allem in theatraler und filmischer Repräsentation, werden häufig gegenwärtige Normen und Ideale von Paarbildung und Partnerschaft auf historische Akteur*innen appliziert, auch der Film DIE GE-LIEBTEN SCHWESTERN entgeht dem nicht. Ein abschließender Blick soll auf zwei Gedichte zum Thema ,Schwesternliebe' und ,Schillerliebe' fallen. Was erstere betrifft, existiert von Charlotte von Lengefeld ein Gedicht auf den Geburtstag Carolines *Zum 3ten Februar 1787*, in dem sie sich selbst als die noch Ungeborene imaginiert, die es kaum erwarten kann mit ihrer bereits Sternen-, Mond- und Sonnenschein sowie die Saalelandschaft genießenden, um drei Jahre älteren Schwester „Hand in Hand" zu gehen.[65] Was zweitere betrifft, so ist gleichfalls ein Gedicht Charlottes erhalten: *Die wechselnden Gefährten. Den 22ten Feb: 1809 zum Gedächtnis des 22ten Feb: 1790. Sonett*, ein Erinnerungstext auf ihren 19. Hochzeitstag, den sie ohne den 1805 verstorbenen Lebensgefährten trauernd statt feiernd verbringt: „Nicht eilen wir zu Tagen froher Feyer, / Das Schicksal will des Herzens Kräfte üben / Und nicht auf Erden wird der Schmerz sich stillen! –"[66] Das Gedicht nimmt Caroline von Wolzogen in ihre Biographie *Schillers Leben* in redigierter Form auf, zitiert es gleichsam und widmet es um in einen Text über ihre eigene Beziehung zu Friedrich Schiller.[67]

Über Art und Charakter der ,wirklichen' Konstellationen erfährt man am allerehesten durch die überlieferten Schriftstücke, deren Materialität, Überlieferungsstand, Archivierung ebenso zu berücksichtigen sind, wie das für Architektur, Landschaft, für räumliche Interieurs und Exterieurs der Fall ist. Briefe bilden eine besonders wichtige Quelle, erstens als *Genre*, das hautnah am Zeitgeschehen ist und oftmals Augenblicksgeschehen einfängt, zweitens als *Medium*, das dem Erwerb und der Vermittlung kulturellen Wissens verpflichtet ist, und drittens als *Objekt* privaten und institutionellen Sammelns, Archivierens und Edierens. Von diesen Aspekten, die uns, in wechselseitiger Relation betrachtet, eine gewisse Näherung an die Lebens- und Liebesentwürfe der beiden Schwestern

---

65 Charlotte Schiller, „Zum 3ten Feb: 1787", in: *Literarische Schriften,* hg. von Pailer (s. Anm. 45), S. 582f. (Text) u. 944 (Kommentar).

66 Charlotte Schiller, „Die wechselnden Gefährten. Den 22ten Feb: 1809 zum Gedächtnis des 22ten Feb: 1790. Sonett", in: *Literarische Schriften,* hg. von Pailer (s. Anm. 45), S. 586 (Text) u. 946–948 (Kommentar).

67 Wolzogen, *Schillers Leben* (s. Anm. 10), Bd. 2, S. 67.

und ihrer wechselnden Gefährten erlauben, ist in Dominik Grafs Film DIE GELIEB-
TEN SCHWESTERN nur wenig zu erfahren. Wie das Wittumspalais oder die Heidecks-
burg als Spielorte fungieren, man statt der Saale die Elbe fließen sieht, so erscheinen Briefe klischiert – in Schönschrift, mit Devotionsrand etc. – als Requisiten,
die hauptsächlich eine Funktion für den Handlungszusammenhang ausüben.

Hans Richard Brittnacher
Der wohltemperierte Dichter

Das Bild Schillers in Dominik Grafs DIE GELIEBTEN SCHWESTERN

Glaubt man dem literaturwissenschaftlichen Gossip, hat Goethe mindestens zweimal mit polygamen Beziehungsmodellen experimentiert, einmal mit Anna Amalia und Frau von Stein und ein zweites Mal wieder mit Frau von Stein und seiner späteren Ehefrau Christiane Vulpius.[1] Sein frühes Drama *Stella. Ein Schauspiel für Liebende* (1775) präsentiert unmissverständlich Leidenschaft und Glück einer *ménage à trois*, selbst der ernüchterte *Werther* (1774) trägt immerhin noch vernarbte Spuren der einstigen Faszination. Die Lebensgeschichte des sagenumwobenen thüringischen Grafen von Gleichen, der während der Kreuzzüge in osmanische Gefangenschaft geriet, durch die liebenswürdige Intervention einer Sultanstochter dem sicheren Tod entging, beim Papst die Anerkennung einer zweiten Ehe mit der schönen Osmanin erwirkte und schließlich ein langes, glückliches Leben an der Seite seiner beiden Frauen führte[2] – diese exotische Legende hat auch die Gesellschaft der Kunstperiode noch mit erotischen Phantasien versorgt, die Autoren wie Musäus, Achim von Arnim oder Ludwig Bechstein literarisch umgesetzt haben.[3]

Hätte Schiller ein Drama über eine Dreiecksbeziehung geschrieben, wäre dies, seinem literarischen Temperament entsprechend, wohl weniger gelassen ausgefallen als bei Goethe. Weil ihn als Dramatiker Konflikte interessierten, hätten wahrscheinlich Blitz und Knall und Krach und Donner ihren Einsatz erhalten, nicht das undramatische Zusammenleben einträchtiger Liebender. Er hätte das Gift der Eifersucht in die Herzen der Beteiligten geträufelt, um die Beziehung, buchstäblich dramatisch, scheitern zu lassen. Er hätte zudem, weil er kein Dichter der leisen Töne war, das Gift nicht geträufelt, sondern in großzügigen Dosen verabreicht, um das Scheitern vermessener Wünsche unmissver-

---

1 Entsprechende Spekulationen sind nachzulesen bei Norbert Leithold, *Graf Goertz. Der große Unbekannte. Eine Entdeckungsreise in die Goethe-Zeit*, Hamburg 2010.
2 Zur literarischen Nachgeschichte des Grafen von Gleichen vgl. Jesko Reiling, „Vom Exemplum der Treue zum Skandalon: der Graf-von-Gleichen-Stoff in der Literatur vom 16. bis 19. Jahrhundert", in: *Dichtung – Gelehrsamkeit – Disputationskultur*, hg. von Reimund B. Sdzuj, Wien 2012, S. 76–74.
3 So etwa bei Johann Carl August Musäus, *Melechsala* (aus: *Volksmärchen der Deutschen*); Ludwig Bechstein, *Sagenkreis der drei Gleichen* (aus: *Sagen der Thüringer Vorzeit*); Achim von Arnim, *Die Gleichen* (Drama).

https://doi.org/10.1515/9783110987591-003

ständlich als katastrophale Folge hybrider Anmaßung zu inszenieren. Vielleicht hätte er auch seine Protagonisten mit großem Pathos ihre Liebe gegen alle Widerstände trotzig behaupten lassen – wie Ferdinand in *Kabale und Liebe*: „Wer kann den Bund zwoer Herzen lösen, oder die Töne eines Accords auseinander reißen? – Ich bin ein Edelmann".[4] Vielleicht auch hätte er diese Liebe, gerade durch äußere Widerstände aufs äußerste gespannt, in immer auswegloser Konflikte getrieben, und seine Liebenden, um die Unantastbarkeit ihrer persönlichen Autonomie über alles zu stellen, zuletzt in einem großen Auftritt die Verbindlichkeiten der Liebe aufkündigen lassen – eine heroische Selbstüberwindung, wie seine Räuberfiguren Karl Moor und Christian Wolf, um die bedrohte Sittlichkeit zu retten, sie vorgelebt haben.[5]

Aber der Dramatiker hat eben nicht getan, wozu er, das legt der Film nahe, berufen gewesen wäre wie kaum ein zweiter. Schiller erscheint zu Beginn als ein liebenswerter, etwas verlegener Jüngling. Bei seinem ersten Auftritt erfahren wir, dass er sich verlaufen hat, bei seinem zweiten, dass sein Jackett fadenscheinig ist und von Charlotte genäht werden muss, beim dritten, dass er sich im Datum geirrt und einen Tag zu früh zum verabredeten Rendezvous erschienen ist. Die durch ein Schlaganfallsleiden nahezu unleserliche Schrift des verstorbenen Forstrats Lengefeld bezeichnet er als „ausdrucksstark", was ihm die um keine Peinlichkeit verlegene Mutter Lengefeld umgehend unter die Nase reibt. Selbstbewusst setzt er sich daraufhin gegen die flüssig französisch parlierende Louise von Lengefeld zur Wehr: Er sei dieser Sprache durchaus mächtig, beginnt er in Französisch, muss aber schon bei dem Wort Aufklärung passen, deren Vorzüge er sodann wortreich preist – um sicherzugehen bleibt er jedoch beim Deutschen. Als er, bei der zweiten Begegnung, seine zeitüblichen Ansich-

---

4 Friedrich von Schiller, „Kabale und Liebe. Ein Bürgerliches Trauerspiel", in: *Dramen I*, Frankfurter Ausgabe (FA), Bd. 2, hg. von Gerhard Kluge, Frankfurt a. M. 1988, S. 559–677, hier S. 575.

5 Bei beiden Räubern hat das Bekenntnis zur Sittlichkeit als Implikation auch unmittelbare moralische Konsequenzen. Den Oberamtmann, der ihn vernimmt, soll Christian Wolfs Bitte zum Mitleid stimulieren: „[L]assen Sie auf Ihren Bericht eine Träne fallen." Friedrich von Schiller, „Der Verbrecher aus Infamie", in: *Historische Schriften und Erzählungen II*, Frankfurter Ausgabe (FA), Bd. 7, hg. von Otto Dann, Frankfurt a. M. 2002, S. 562–587, hier S. 587. Räuber Moor stellt sich, nicht ohne auch mit dem großmütigen Verzicht aufs eigene Leben einem armen Tagelöhner und seinen elf hungrigen Kindern noch Gutes zu erweisen: „Dem Manne kann geholfen werden". Friedrich von Schiller, „Die Räuber", in: *Dramen I*, Frankfurter Ausgabe (FA), Bd. 2, hg. von Gerhard Kluge, Frankfurt a. M. 1988, S. 9–292, hier S. 292. Zur moralischen Übercodierung des Schlusses vgl. Hans Richard Brittnacher, „Friedrich von Schiller. Die Räuber", in: *Schiller-Handbuch*, hg. von Helmut Koopmann in Zusammenarbeit mit der Deutschen Schillergesellschaft Marbach, Stuttgart 1998, S. 326–353, v. a. S. 352f.

ten zur strategischen Überlegenheit des männlichen Verstandes zum Besten gibt und von Charlotte ironisch auf die Naivität seiner Anschauung hingewiesen wird, lacht er, sich sofort geschlagen gebend, erheitert auf – auch dies eine Verhaltensweise und ein Charakterzug, wie man sie schwerlich von dem Dichter der unsäglichen Ballade *Würde der Frauen* und dem auf der Hohen Karlsschule in der Kunst der Rhetorik unterrichteten Debattierers erwarten würde.[6]

Überhaupt ist der Schiller, den der Film uns vorführt, ein entspannter, im Sprachgebrauch der Goethezeit ein „artiger" junger Mann, der, brieflich von Caroline zur Unterstützung der einsamen Charlotte angefordert, umgehend im Salon der Frau von Stein seine Aufwartung macht und nach allen Regeln der Konversationskunst die Erlaubnis erbittet, Charlotte zu einem Spaziergang ausführen zu dürfen. Das gelingt ihm, gerade im Vergleich zu dem hölzernen Charme des Henry Heron, der kurz zuvor das gleiche Anliegen mit schottischem Akzent kauderwelschte, recht annehmbar. So erscheint der Schiller des Films als ein Mann für jede Tonart, ein wohltemperierter Dichter, der in jeder Gattung zuhause ist – auch wenn, im professionellen Rückblick des Literarhistorikers, der lyrische Schmelz so wenig zu Schillers Stärken zählte wie gutmütiger Humor.

Zum entspannten Charakter des jungen Schiller passt auch Carolines Einladung des „berühmten" Autors der *Räuber* in das Residenzstädtchen Rudolstadt – er sei der rechte, um die Verhältnisse in dem verschlafenen Örtchen ein wenig durchzulüften. Der Ruf eines kraftgenialischen Rebellen, der die feudale Ordnung seiner Zeit in die Schranken wies, konnte – und kann – sich auf den Text des Dramas indes kaum berufen. Auch die Entscheidung der Mitglieder der französischen Nationalversammlung, dem Monsieur „Gillé" die Ehrenbürgerschaft zu verleihen,[7] verdankt sich einer gründlichen Verkennung der Intention des Stücks, das nicht zu den Waffen ruft, um eine ungerechte Ordnung abzuschaffen, sondern weil der „Universalhaß" zweier Brüder sich an der Enttäuschung über eine Ordnung schwacher Väter entzündet. Eher als eine Revolutionstragödie sind die *Räuber* ein tiefer Seufzer über eine beschädigte,

---

6 Zu *Würde der Frauen* vgl. Helmut Brandt, „Angriff auf den schwächsten Punkt. Friedrich Schlegels Kritik an Schillers Würde der Frauen", in: *Aurora* 53 (1993), S. 108–125. Zu Schillers anspruchsvoller Ausbildung auf der Hohen Karlsschule und ihren Spuren im Denken des Theoretikers Schiller vgl. Wolfgang Riedel, *Die Anthropologie des jungen Schiller: zur Ideengeschichte der medizinischen „Schriften und der Philosophischen Briefe'*, Würzburg 1985.
7 Vgl. dazu Dietmar Goltschnigg, „‚M. Gille publiciste allemand.' Schiller und die französische Revolution", in: *„Schöne Welt, wo bist Du?" Studien zu Schiller anlässlich des Bizentars seines Todes*, hg. von Gabriella Ràcs, Veszprém 2006, S. 11–28.

flügellahme Aristokratie, gewiss nicht deren Abgesang.[8] Auch waren die vielen Schikanen und Misslichkeiten, denen der junge Schiller sich ausgesetzt sah, zunächst Maßnahmen, einen Gymnasiasten, der sich über die Schulregeln hinweggesetzt hatte, zu disziplinieren, keine politische Knebelung eines aufrührerischen politischen Geistes. Freilich: Der antiautoritäre Tonfall des Textes, der sich in Diatriben gegen das tintenklecksende Säkulum ergeht und aus Deutschland eine Republik machen will, gegen die Rom und Sparta Nonnenklöster waren, mochte den Schwestern von Lengefeld gefallen haben und ihrer Hoffnung auf ein bisschen Glück jenseits des Miefs ihrer beengenden Verhältnisse entsprochen haben – am Umsturz der Verhältnisse war ihnen wohl so wenig wie dem Autor der *Räuber* gelegen.

Dem Ungenügen an Zivilisation, Etikette und Form entspricht auch der demonstrative Rousseauismus der Figuren, für den Schiller nach anfänglichem, jugendlichem Übermut geschuldeter Begeisterung nur die kühle Verachtung des geschulten Denkers übrig hatte.[9] Im Film jedoch kommt es im Augenblick der großen Aussprache, als alle Karten auf den Tisch gelegt werden, als auch die unselige Beziehung zu Charlotte von Kalb angesprochen wird, von der Stimme aus dem Off unterlegt mit den drei Stufen der Annäherung nach Madame de Scuderie,[10] zu einer von Schiller in heftiger Bewegung vorgetragenen Anklage der Medisancen des Hoflebens, die er aus ganzer Seele verachte – auch die Tränen, die seinen Gefühlsausbruch besiegeln und ihm die Schwestern in die Arme treiben, gehören dazu. Tränen sind im empfindsamen Denken das Unterpfand der Wahrhaftigkeit: Wer unter Tränen seine Anklage gegen die Gesellschaft gestammelt, seine Schuld gestanden, bereut und seine Liebe erklärt hat, der darf eines Trostes sicher sein, dem wiederum die Tränen der Zuhörer das Siegel der Wahrhaftigkeit aufprägen.[11] Hätte Schiller jemals in seinen litera-

---

8 Hans-Jürgen Schings, „Philosophie der Liebe und Tragödie des Universalhasses. *Die Räuber* im Kontext von Schillers Jugendphilosophie", in: *Jahrbuch des Wiener Goethe-Vereins* 84/85 (1981/82), S. 71–95.

9 Wie sehr Schiller in seiner Jugend ein schwärmerischer Parteigänger des empfindsamen Denkers gewesen war, belegt unmissverständlich der Lobgesang auf Rousseau in den Laura gewidmeten Gedichten. In: *Gedichte*, FA 1, hg. von Georg Kurscheidt, Frankfurt a. M. 1992, S. 383. Zu Schillers späterer Absage an Rousseau vgl. Rüdiger Safranski, *Friedrich Schiller oder Die Erfindung des Deutschen Idealismus*, München 2004, S. 313f.

10 Die drei Stufen der Annäherung nach Madame de Scuderie: 1. Die Ironie 2. Die Erkenntnis der wahren Empfindung. 3. Die rettungslose Offenheit.

11 Vgl. Sebastian Treyz, „‚Schämt euch der Wehmuth nicht, die feucht im Auge schimmert.' Tränen und Trauerdispositive in Theater der Empfindsamkeit", in: *Sprache der Trauer*, hg. von Seraina Plotke, Heidelberg 2014, S. 245–281.

rischen Texten derlei beschrieben, dann gewiss nicht ohne den zynischen Kommentar, die jämmerliche Schwäche des Helden, die vielleicht mit der Anmut einer Frau, niemals aber mit der Würde eines Mannes verträglich sein könne, entschieden zu verurteilen.[12]

In der Literaturwissenschaft ist mittlerweile der Vorbehalt gegen jeden Biographismus konsensfähig: Keinesfalls sei es erlaubt, vom Wissen um das Leben des Dichters bei der Interpretation seiner Texte Gebrauch zu machen bzw. die Eleganz der philologischen Beweisführung mit dem Wissen um biographische Sachverhalte zu verdunkeln. Spricht man über den Schiller des Films, stellt sich mir umgekehrt die Frage, inwieweit das Wissen um das Werk Verdikte über die filmische Repräsentation der Figur zulassen kann. Der Schiller des Films, der zumeist freundliche, gelegentlich jungenhafte Bursche, der arme Poet des Biedermeier, der wie ein romantischer Wanderer durch die Natur zieht und wie ein kleiner Junge lacht, wenn er sich am Punsch verschluckt, der weinend Frauen in die Arme schließt, ist doch weit entfernt von dem lange kultivierten Bild Schillers, der, was die Freuden der körperlichen Liebe betraf, eher zu groben Vergnügungen neigte, während er in seinen Werken das Lob keuscher Heroinen wie Amalia, Luise oder Johanna sang. Schiller selbst war sich des ambivalenten Charakters seines Frauenbildes durchaus bewusst: Auf der einen Seite, so lesen wir in seinen Briefen, verehrte und liebe er „die herzliche empfindende Natur" der Frau, auf der anderen fessele ihn „jede Kokette".[13] Vom Jugendfreund Petersen kennen wir die Anekdote, der zufolge Schiller mit seiner Zimmerwirtin Luise Dorothea Vischer, die er als Laura in der *Anthologie auf das Jahr 1782* pries und verklärte, eine eher rustikale Art der *ars amandi* pflegte, wenn er bei der Liebe mit der älteren Hauptmannswitwe nach Herzenslust Tabak schnupfte, „brauste und stampfte" und die Nachbarschaft akustisch an seinem Vergnügen teilhaben ließ.[14] Auch als Militärarzt war Schiller mit Bordellbesuchen „en compagnie", also in Gemeinschaft, vertraut und schrieb auch unmissverständlich vom Liebesakt „ineinanderzuckender Naturen."[15] Dem Schillerbild des Films und sei-

---

12 „Man wird, im Ganzen genommen, die Anmut mehr bei dem weiblichen Geschlechte [...] finden." Friedrich von Schiller, „Anmut und Würde", in: *Theoretische Schriften*, Frankfurter Ausgabe (FA), Bd. 8, hg. von R.-P. Janz et al., Frankfurt a. M. 1992, S. 330–394, hier S. 372f. Vgl. dazu Hans Richard Brittnacher, „Friedrich von Schiller. Anmut und Würde", in: *Schiller-Handbuch* (s. Anm. 5), S. 587–609.

13 *Schillers Leben in Briefen*, hg. von Helmut Koopmann, Weimar 2000, S. 283.

14 Vgl. Safranski, *Schiller* (s. Anm. 9), S. 125ff.

15 „Waren, Laura, diese Lustsekunden / Nicht ein Diebstahl jener Götterstunden? / Nicht Entzücken, die uns *einst* durchfuhren? / Ineinanderzuckender Naturen, / Ach! Nur matte Spu-

nem Plädoyer für ein empfindsames Liebesverständnis, das sich in aller Unschuld auch die Utopie einer freien Liebe zu dritt vorstellen kann, ist diese draufgängerische erotische Praxis freilich fremd. Dass zwei einander innig zugeneigte Schwestern, deren eine aus Familienrücksichten früh den Ehestand wählte, sich das Versprechen geben, künftig alles miteinander zu teilen, schließt in ihrem Verständnis eben auch die gemeinsame Liebe zum Autor der *Räuber* ein – und deutet jenseits sexueller Kraftmeierei, galanter Liebeskunst und dem Korsett der Konvenienzehe ein Liebeskonzept an, dem nur die Poesie die Treue halten konnte – und vielleicht, wenn wir dem Film glauben, auch die Schwestern Lengefeld und Schiller. Durchaus berührend wird das Erwachen der Sinnlichkeit bei allen dreien gezeigt, als Schiller, der sich eher aus Übermut denn aus Heroismus in die Saale geworfen hat, um ein ertrinkendes Kind zu retten, nun selbst von den beiden Schwestern gerettet werden muss. Die Schwestern ziehen ihm die Kleider aus und reiben seine Haut trocken, in ihren Augen und ihren Mienen spiegelt sich der Wechsel von Verlegenheit zu Interesse und das fast ungläubige Gewahrwerden sinnlichen Gefallens. Die Wärme der beiden Mädchenkörper und die Strahlen der Sonne verwandeln andererseits den vor Kälte schlotternden, mit den Zähnen klappernden Dichter in einen verzückt die Augen verdrehenden Ekstatiker – einem von Pfeilen durchbohrten Sebastian ähnlicher als jenem selbstbewusst die Freuden der körperlichen Liebe genießenden Untermieter, der herzhaft beim Beischlaf schnupfte und nieste.

Im Film preist Schiller den Roman als literarische Großform – er, der den Romancier nur als „Halbbruder des Dichters" gelten lassen wollte,[16] macht sich hier zu seinem Anwalt und rügt den Übermut der Caroline von Beulwitz, in dieser so anspruchsvollen Gattung mir nichts, dir nichts gleich debütieren zu wollen. Seine Ratschläge, Einsichten und Besserungsvorschläge lassen den mit der Romanliteratur der Zeit vertrauten Leser erkennen – der Schiller tatsächlich war, wir kennen seine Rezensionen auch zweit- und drittklassiger Werke[17] –, nicht aber den Verächter einer so populären wie indiskreten Gattung wie der des Romans, dessen publizistischer Siegeszug noch Jahrzehnte auf sich warten lassen sollte – und der in Deutschland, auch dies dank Goethes und Schillers

---

ren?" Friedrich von Schiller, „Das Geheimnis der Reminiszenz (1. Fassung). An Laura", in: *Gedichte* (s. Anm. 9), S. 403–408, hier S. 407.

16 Friedrich Schiller, „Naive und sentimentalische Dichtung", in: *Theoretische Schriften* (s. Anm. 12), S. 706–810, hier S. 763.

17 So rezensierte er den Geheimbundroman *Dya-Na-Sore, oder Die Wanderer* (1787–91) von Friedrich von Meyern. Dass Schiller sich mit dem Gedanken trug, zusammen mit Goethe eine Fortsetzung von Walpoles *The Mysterous Mother* zu verfassen, zeigt eine bemerkenswerte Vertrautheit mit der von ihm verfemten populären Tradition.

Literaturpolitik, nur mit charakteristischer Verspätung erfolgte.[18] Keines von Schillers Werken war erfolgreicher als Schillers *Geisterseher* – aber unter keiner seiner Unternehmungen, wie viel Zeit und Schlaf sie ihn auch gekostet haben mögen, hat Schiller so sehr gelitten wie unter diesem, seinem einzigen, Fragment gebliebenen Roman, einem furiosen Beitrag zum Geheimbundroman und zum Genre des *explained supernatural*. Und keinem lag er mit seinen Klagen so sehr in den Ohren wie den Schwestern Lengefeld und allenfalls noch dem Herzensfreund Körner: So sehr ihn seine Leser mit Bitten um Fortsetzung auch bestürmten[19] – Schiller hat es bald gereut, den „verwünschten", den „verfluchten"[20] *Geisterseher* überhaupt begonnen zu haben. Nur widerwillig quält er sich zu den einzelnen Fortsetzungen und bricht schließlich den Romantorso – diese „Schmiererei",[21] die ihn „seine besten Stunden"[22] gekostet habe – enerviert ab.[23]

Der Film präsentiert Schiller geradezu als Kustos und Propagandisten der neuen Gattung des Romans, der das Metier und seine Leser kennt und hilfreiche Ratschläge zu Aufbau, Entwicklung und Spannungssteigerung beisteuert, sogar ungebeten flugs den Roman selbst zu Ende schreibt und schließlich auch noch

18 Zu Schiller als Rezensenten vgl. Helmut Koopmann, „Der Dichter als Kunstrichter. Zu Schillers Rezensionsstrategie", in: *JDSG* 29 (1976), S. 229–246. Einen fast abschreckenden Beleg für Schillers Verachtung des Populären und für den Rigorismus, mit der Schiller literarische Paradigmen durchsetzen, andere kategorisch ausschließen wollte, stellt seine Rezension von Bürgers Gedichten dar. Vgl. dazu Hans Richard Brittnacher, „Die Austreibung des Populären – Schillers Bürger-Kritik", in: *Goethe Yearbook* 15 (2018), S. 97–107.
19 Im Ausland verbreitete sich der Ruhm des Autors vorwiegend auf dem Erfolg dieses Romans. Auch im Inland bestürmen Verleger und Publikum den Autor, den Roman fortzusetzen. Vgl. dazu Adolf Haslinger, „Friedrich Schiller und die Kriminalliteratur", in: *Sprachkunst* II (1971), S. 173–187, hier v. a. S. 180f.; Fritz Martini, „Der Erzähler Friedrich Schiller", in: *Reden zum Gedenkjahr 1959*, hg. von Bernhard Zeller, Stuttgart 1961, S. 124–158, hier S. 126.
20 Friedrich von Schiller, „An Körner, 6.3.1788", in: *Briefe 1: 1772–1795*, Frankfurter Ausgabe (FA), Bd. 11, hg. von Georg Kurscheidt, Frankfurt a. M. 2002, S. 281.
21 Friedrich von Schiller, „An Körner, 17.3.1788", in: *Briefe 1: 1772–1795* (s. Anm. 20), S. 286.
22 Friedrich von Schiller, „An Göschen, 29.5.1789", in: *Briefe 1: 1772–1795* (s. Anm. 20), S. 426.
23 Zur turbulenten Ästhetik dieses Romans, von seinem Autor aus poetologischem Verdruss zum Fragment verurteilt und deshalb Anlass zweitrangiger Vervollständigungen, vgl. Hans Richard Brittnacher, „Dunkelmänner im Licht. Schillers Romanfragment *Der Geisterseher*", in: *Übersetzen, Übertragen, Überreden. Festschrift für Klaus Laermann*, hg. von Sabine Eickenrodt/Stephan Porombka/Susanne Scharnowski, Würzburg 1999, S. 173–184; ders., „Schiller als Erzähler und Romancier. *Der Geisterseher* und seine Fortsetzungen", in: *Friedrich Schiller. Die Realität des Idealisten*, hg. von Hans Feger, Heidelberg 2006, S. 343–366; ders., „Agonie und Anarchie. Zur Autopsie der Macht in zwei Fragmenten Schillers (*Die Polizey* und *Der Geisterseher*)", in: *Die Realität der Idealisten – Friedrich von Schiller – Wilhelm von Humboldt – Alexander von Humboldt*, hg. von Hans Feger/Hans Richard Brittnacher, Weimar 2008, S. 267–284.

– um die eigene Autorschaft zu verbergen? – in seinen *Horen* veröffentlicht. Schiller erscheint eher als technischer Berater und Ghostwriter einer Schriftstellerin denn selbst als Schriftsteller – so tritt er im Film wohl als Briefeschreiber und Gelehrter auf, aber kaum als Dichter. Viel erfahren wir über den Historiker, der an der *Geschichte des Abfalls der vereinigten Niederlande von der spanischen Regierung* schreibt und daraus vorliest, nichts vom Autor des *Don Carlos*, der *Maria Stuart* oder des *Wallenstein*, nichts von Schiller als einem von den Möglichkeiten der Bühne besessenen Dramatiker. So erfreulich es ist, Schiller um die allzu lang gepflegte Attitüde des impulsiven, rebellischen Genies gekürzt zu haben, der beständig seinem erhitzten Blut Luft verschaffen muss, der Worte aus sich herausstößt wie andere sich das Hemd vom Leibe reißen,[24] so problematisch ist hier vielleicht auch die ernüchterte Charakterisierung Schillers als ein am Handwerk der Schriftsetzer interessierter, intelligenter Publizist, der die Grundlagen des Metiers zu schätzen weiß und ihnen größte Aufmerksamkeit widmet, kundig über die Klarheit von Schrifttypen doziert, aus ihrer besseren Leserlichkeit und der Beschleunigung des Drucks auf eine schnellere Verbreitung des dichterischen Wortes spekuliert und so die schwarze Kunst fast mehr als seine Worte zum Träger von Freiheitspathos und Fortschritt macht.

Aber: Der Film heißt eben nicht: *Schiller*. Zum Zeitpunkt seiner Entstehung und Erstaufführung und der damaligen Beliebtheit von – höflich gesagt – Travestien auf den Kult bildungsbürgerlicher Erbaulichkeit wie FACK JU GÖHTE (2013) hätte dies durchaus nahegelegen.[25] Der Film trägt den Titel: DIE GELIEBTEN SCHWESTERN – sie sind es, die dem Film sein eigentümliches Profil geben. Im Film ist Schiller eher, was Hofmannsthal mal über den Helden seines nie zu Ende geschriebenen Romans *Andreas* sagte, nicht der Held des Geschehens, sondern „der geometrische Ort fremder Geschicke".[26]

Schiller war tatsächlich – nach allem, was wir von ihm wissen – wohl eine zutiefst mit sich entzweite Natur: Der „Vermögensdualismus", wie es die Philosophie der Aufklärung nannte, die sittliche und die sinnliche Seite der menschlichen Natur, liegen in seinem Denken und Schreiben beständig miteinander im Kampf; der Mensch, das „unselige Mittelding zwischen Vieh und Engel",[27] wie

---

24 Man denke etwa an die impulsive Darstellung Schillers durch Matthias Schweighöfer in Martin Weinharts Film SCHILLER (2005).

25 FACK JU GÖHTE (R. Bora Dagtekin) war einer der im Jahre 2013 erfolgreichsten deutschen Filme und zog zwei Fortsetzungen nach sich.

26 Hugo von Hofmannsthal, *Sämtliche Werke XXVIII: Erzählungen*, hg. von Rudolf Hirsch, Frankfurt a. M. 1975, S. 211.

27 Friedrich von Schiller, „Versuch über den Zusammenhang der thierischen Natur des Menschen mit seiner geistigen", in: *Theoretische Schriften* (s. Anm. 12), S. 122–163, hier S. 130.

Schiller ihn in seiner dritten medizinischen Dissertation mit Pathos (und unter Rückgriff auf ein Gedicht von Albrecht von Haller) nannte, trägt in seiner Seele den Konflikt zwischen Stofftrieb und Formtrieb, zwischen sinnlichen Wünschen und sittlichen Ansprüchen, aus – mal siegt, so hat Schiller im 5. seiner *Briefe über die ästhetische Erziehung* nahegelegt, die sinnliche Seite, dann triumphiert der ganz seinem Trieb ergebene Pöbel, mal siegt die sittliche, und verhilft damit der Kälte der Distanz, der Überlegenheit der Moral zum Durchbruch. „Gestalt", „Gesetz" und „Entsagung" sind ästhetische Kernbegriffe der Weimarer Klassik, die in Schillers Überlegungen zur Ästhetik ihre Fundierung gefunden haben. Sie setzen die Absage an die verstörende, sinnliche Seite des Menschen, an den bedenkenlosen, verantwortungslosen Hedonismus des ganz der Liebe und dem Genuss des Augenblicks ergebenen Individuums voraus.

Versöhnt darf man sich die beiden um Oberhoheit im Gemüt des Menschen rivalisierenden Vermögen des Sinnlichen und Sittlichen nur im zweckfreien Spiel der Kunst vorstellen – angesichts der schönen Harmonie des freien ästhetischen Spiels erfährt auch der Mensch eine vorübergehende Aussöhnung seiner mit sich entzweiten Natur – notabene nur in der Kunst, keineswegs in der Liebe. Mag auch der Schiller der *Anthologie auf das Jahr 1782*, der Autor der heißblütigen Gedichte an Laura, sich Großes vom Glück der körperlichen Liebe erwartet habe – der Schiller, der die *Kritik der Urteilskraft* im Büßerkittel Kants durchschritten hatte, sah in der Liebe den Sog der Natur am Werke, mit der ein Rückfall in den Orkus unerlöster Sinnlichkeit drohte.

Zwar erfahren wir im Film durch den Bericht Wolzogens, wie die Französische Revolution aus dem Tritt geriet, wie der anfängliche Aufstand gegen das *ancien régime* selbst zu einem *régime de terreur* führte, dessen Zeitmaße das Fallbeil der Guillotine skandierte. Spätestens mit der Hinrichtung Marie Antoinettes im Oktober 1793 war es um Schillers letzte Sympathien für die Französische Revolution geschehen.[28] Dem Herzensfreund Körner vertraut er brieflich an, er könne keine französischen Zeitungen mehr lesen, so sehr ekle ihn die Arbeit der Schinderknechte an.[29]

Im Film fragt der eher weise als enttäuschte oder erzürnte Schiller den von den Ereignissen in Frankreich traumatisierten Wolzogen, ob man diese Abkehr der Revolution von ihren eigenen Idealen nicht früher schon habe ahnen müs-

---

[28] Vgl. Peter-André Alt, „Die teuren Toten. Geopferte Königinnen in Schillers Tragödien (*Don Carlos, Maria Stuart*)", in: ders.: *Klassische Endspiele. Das Theater Goethes und Schillers*, München 2008, S. 136–155, v. a. S. 150.

[29] Friedrich von Schiller, „An Körner, 8. Februar 1793", in: *Schillers Briefwechsel mit Körner*, hg. von Karl Goedeke, Leipzig 1859, S. 13.

sen. Der Schiller der Briefe an den Augustenburger Herzog hat dies tatsächlich geahnt, er gehörte zu jenen deutschen Intellektuellen, die gebannt wie das sprichwörtliche Kaninchen von der Schlange nach Frankreich starrten und ein Übergreifen der Mordlust auch auf rechtsrheinische Gebiete fürchteten. Daher hat Schiller sein Denken und seine Überzeugung von der humanen Mission der Poesie ganz der Aufgabe gewidmet, der politischen Revolution durch eine ästhetische Erziehung zuvorzukommen mit der markanten Formulierung: „[E]s gibt keinen andern Weg, den sinnlichen Menschen vernünftig zu machen, als daß man denselben zuvor ästhetisch macht."[30] Mit diesem Reformgedanken, der auf eine sehr geduldige Art von gesellschaftlicher Veränderung zielte, wollte Schiller der Idee des Umsturzes apriorisch den Boden entziehen: In einer Gesellschaft aufgeklärter, der Kunst ergebener Menschen kann der Gedanke einer blutigen Rebellion erst gar nicht Fuß fassen.

In den Ingrimm der Aburteilung der Exzesse der Französischen Revolution spielt vielleicht auch das Kopfschütteln über den eigenen, herzergreifend naiven Idealismus hinein: denn der Freiheitsgedanke hatte nicht nur in das politische Denken eingegriffen, er setzte auch tradierte Geschlechterbilder und Liebesvorstellungen dem Zweifel aus. Caroline von Wolzogen war es, die im Sturm auf die Bastille ein Fanal des Freiheitsgedankens erblickte und „diese Zertrümmerung eines Monumentes finsterer Despotie [...] in das Beginnen schöner Herzensverhältnisse" spiegelte.[31] Ohne das Frühlingserwachen der Rebellion in Paris hätte es auch das einzigartige Experiment einer *ménage a trois* in Rudolstadt und Weimar nicht geben können.

Später hat Schiller von den politischen Debatten kein Wort mehr hören wollen. Die *Horen* sind erst 1795 erschienen – der Film legt ein früheres Erscheinen nahe und spricht nur vom überwältigenden Zuspruch der Zeitgenossen, nicht von ihrer panischen Sorge angesichts eines drohenden Umsturzes. In seinem Einladungsschreiben an die bedeutendsten Köpfe seiner Zeit machte Schiller dezidiert politische Abstinenz zur Voraussetzung der Teilnahme:

> Zu einer Zeit, wo das nahe Geräusch des Kriegs das Vaterland ängstiget, wo der Kampf politischer Meinungen und Interessen diesen Krieg beinahe in jedem Zirkel erneuert und nur allzuoft Musen und Grazien daraus verscheucht, wo weder in den Gesprächen noch in den Schriften des Tages vor diesem allverfolgenden Dämon der Staatskritik Rettung ist, möch-

---

30 Friedrich von Schiller, „Über die ästhetische Erziehung des Menschen in einer Reihe von Briefen", in: *Theoretische Schriften* (s. Anm. 12), S. 556–678, hier S. 643.
31 Zit. nach Peter-André Alt, *Schiller. Eine Biographie. Leben – Werk – Zeit*, Bd. 1, München 2013, S. 655.

te es ebenso gewagt als verdienstlich sein, den so sehr zerstreuten Leser zu einer Unterhaltung von ganz entgegengesetzter Art einzuladen. In der Tat scheinen die Zeitumstände einer Schrift wenig Glück zu versprechen, die sich über das Lieblingsthema des Tages ein strenges Stillschweigen auferlegen und ihren Ruhm darin suchen wird, durch etwas anders zu gefallen [...] je mehr das beschränkte Interesse der Gegenwart die Gemüter in Spannung setzt, einengt und unterjocht, desto dringender wird das Bedürfnis, durch ein allgemeines und höheres Interesse an dem, was *rein menschlich* und über allen Einfluß der Zeiten erhaben ist, sie wieder in Freiheit zu setzen und die politisch geteilte Welt unter der Fahne der Wahrheit und Schönheit wieder zu vereinigen.[32]

Unmissverständlicher hätte die Absage an den zersetzenden Charakter politischer Diskussionen (*Dämon der Staatskritik*) und die Enttäuschung über den postrevolutionären Abstand zu jeder Humanität (dem *rein Menschlichen*) kaum formuliert werden können. Dem Verleger Cotta fällt es im Film zu, die Begeisterung über die einmütige Zustimmung der Zeitgenossen, von Körner und Humboldt, von Fichte und Goethe, in Worte zu fassen. Dass Schiller auf die ästhetische Autonomie als Bildungsprogramm gegen jeden politischen Jakobinismus setzte, wird man naiv und blind nennen müssen und in letzter Konsequenz auch elitär – dies sogar die Kritik Hans-Georg Gadamers.[33]

Grafs Film ist ein später Beitrag zu einer Rehabilitation Schillers, die mit Herbert Krafts *Um Schiller betrogen* eingesetzt hatte:[34] Sie zeichnet Schiller nicht länger als den neben Goethe auf einen ewigen zweiten Rang festgelegten, mit seiner Krankheit ringenden Dichter, sondern als eine blutvolle Persönlichkeit, die im Augenblick des Triumphes, des literarischen wie des sentimentalen, von goldenem Licht übergossen dasteht. Das mag den um philologische Triftigkeit und historische Akribie besorgten Forscher befremden – in seiner Sympathie mit einer historischen Figur und ihrem heute unfassbaren Glauben an die Eindrucksmacht von Poesie und Kunst ist der Film aber auch die bewegende Dokumentation einer Zeit, die andere Vorstellungen vom Glück besaß und darin vielleicht glücklicher war als die heutige.

---

32 Friedrich von Schiller, „Ankündigung", in: *Theoretische Schriften* (s. Anm. 12), S. 1001–1003, hier S. 1001.
33 Hans-Georg Gadamer, *Wahrheit und Methode. Grundzüge einer philologischen Hermeneutik*, Tübingen 1960, S. 80.
34 Herbert Kraft, *Um Schiller betrogen*, Pfullingen 1978.

Frieder von Ammon
Anwesende Abwesenheit

Goethe in DIE GELIEBTEN SCHWESTERN

Zu einem Sammelband, der einem Film über Schiller gewidmet ist, einen Aufsatz über Goethe beizusteuern, könnte wie eine Verfehlung des Themas wirken.
Doch nur auf den ersten Blick: Denn dieser Schiller-Film konzentriert sich, anders als die meisten vor ihm,[1] nicht auf den jungen Schiller, sondern auf den
Schiller der Weimarer Klassik, und das wäre ohne die Berücksichtigung Goethes
kaum möglich, auch wenn man heute mit guten Gründen davon abgekommen
ist, die beiden zum Dioskurenpaar der deutschen Literatur – und was derglei-
chen Mythisierungen mehr sind – zu stilisieren. Vorkommen musste Goethe in
DIE GELIEBTEN SCHWESTERN aber, daran führte kein Weg vorbei.

Die Darstellung Goethes ist allerdings auch im Film eine Herausforderung,[2]
und allem Anschein nach fällt den Filmemachern die Beschäftigung mit diesem
Autor schon seit einiger Zeit schwerer als die mit Schiller. Zumindest stellt sich
dieser Eindruck ein, wenn man die Filmgeschichte der vergangenen rund 20
Jahre Revue passieren lässt: Denn während mit Martin Weinharts Fernsehfilm
SCHILLER im Schiller-Jahr 2005 ein (mit Matthias Schweighöfer in der Hauptrolle
sowie Barbara Auer, Ulrich Noethen, Nikolaus Paryla u. a.) prominent besetzter
und weitgehend gelungener Film über (wiederum den jungen) Schiller ausgestrahlt wurde,[3] sind im Genre des Goethe-Films in demselben Zeitraum keine
überzeugenden Produktionen zu verzeichnen. Philipp Stölzls (mit Moritz Bleib-
treu, Alexander Fehling, Henry Hübchen, Burghart Klaußner, Axel Milberg und
Miriam Stein ebenfalls prominent besetzter) GOETHE! von 2010 etwa ist eine of-
fensichtliche Nachahmung von John Maddens oscarprämiertem SHAKESPEARE IN
LOVE aus dem Jahr 1998 (an dessen Drehbuch allerdings auch der Dramatiker

---

1 Vgl. dazu Jana Piper, *Goethe und Schiller in der filmischen Erinnerungskultur*, Würzburg 2019
(= Rezeptionskulturen in Literatur- und Mediengeschichte 13), S. 96–98.
2 Goethe als Filmfigur ist von der Goethe-Forschung bisher erstaunlich selten behandelt worden, obwohl es Goethe-Filme bereits in der Frühzeit des Films gibt. Abgesehen von der Dissertation Pipers, die auch die wenigen älteren Forschungsbeiträge verzeichnet (s. Anm. 1, S. 16–
18) ist hier anzuführen: Andréas-Benjamin Seyfert, „*Goethe lebt!* Der Dichter als Filmgestalt",
in: *Goethe als Literatur-Figur*, hg. von Alexander Honold/Edith Anna Kunz/Hans-Jürgen Schra-
der, Göttingen 2016, S. 255–270. Grundlegend zum Genre des ‚Dichterfilms' Sigrid Nieberle,
Literarhistorische Filmbiographien: Autorschaft und Literaturgeschichte im Kino, Berlin 2008.
3 Vgl. dazu Piper, *Goethe und Schiller in der filmischen Erinnerungskultur* (s. Anm. 1), S. 277–286.

https://doi.org/10.1515/9783110987591-004

Tom Stoppard mitgeschrieben hatte[4]): Entsprechend wird der junge Goethe auch hier als Popstar inszeniert, dabei aber so überzeichnet, dass fraglich wird, ob man es überhaupt noch mit einem Goethe-Film zu tun hat.[5]

Noch enttäuschender ist der Beitrag ausgefallen, den Egon Günther (dem mit seiner Verfilmung von Thomas Manns Roman *Lotte in Weimar* ein Vierteljahrhundert vorher ein eindrucksvoller Goethe-Film gelungen war[6]) zum Goethe-Jahr 1999 geleistet hat: Zwar wird in Die Braut Christiane Vulpius von Veronica Ferres wiederum prominent verkörpert, ebenso Goethe von Herbert Knaup, doch man fragt sich, wer die größere Fehlbesetzung ist.[7] Auch das Drehbuch ist – ebenso wie der gleichnamige Roman Günthers[8] – problematisch in seiner Kolportagehaftigkeit, zumal im Vergleich zu Sigrid Damms differenzierter Schilderung der Beziehung zwischen Christiane Vulpius und Goethe aus dem Jahr zuvor.[9] – Offenbar ist die Darstellung Goethes für Filmemacher der Gegenwart also in der Tat mit besonderen Schwierigkeiten verbunden.

Gleichwohl – oder vielleicht gerade deshalb? – hat Dominik Graf diese Herausforderung in Die Geliebten Schwestern angenommen. Wie er damit umgegangen ist, soll im Folgenden herausgearbeitet werden. Dabei wird sich zeigen, dass Goethe in diesem Film zwar nur eine Nebenrolle spielt, dass Graf bei ihrer Gestaltung aber so durchdacht und nicht zuletzt so witzig zu Werke gegangen ist, dass sein Schiller-Film trotzdem auch als ein signifikanter Beitrag zum Genre des Goethe-Films gelten kann.

I.

Ein erster Kunstgriff Grafs besteht darin, Goethe über einen längeren Zeitraum gar nicht auftreten zu lassen. Diese „figurale Absenz" ist zum einen ein Topos des Goethe-Films,[10] zum anderen wird sie von den historischen Daten nahegelegt, an denen sich die Handlung der Geliebten Schwestern orientiert: Die Handlung setzt

---

4 Marc Norman/Tom Stoppard, *Shakespeare in Love. A Screenplay*, hg. von Barbara Puschmann-Nalenz, Stuttgart 2000 (= RUB 9072).
5 Vgl. dazu die Rezension von Gustav Seibt, „A star is born", in: *Süddeutsche Zeitung*, 15. Oktober 2010, S. 23 sowie Piper, *Goethe und Schiller in der filmischen Erinnerungskultur* (s. Anm. 1), S. 129–140 und Seyfert, „*Goethe lebt!* Der Dichter als Filmgestalt" (s. Anm. 2), S. 268–270.
6 Vgl. dazu Seyfert, „*Goethe lebt!* Der Dichter als Filmgestalt" (s. Anm. 2), S. 266–268.
7 Vgl. dazu Piper, *Goethe und Schiller in der filmischen Erinnerungskultur* (s. Anm. 1), S. 259–264 und Seyfert, „*Goethe lebt!* Der Dichter als Filmgestalt" (s. Anm. 2), S. 268.
8 Egon Günther, *Die Braut*. Berlin 1999.
9 Sigrid Damm, *Christiane und Goethe. Eine Recherche*. Frankfurt a. M./Leipzig 1998.
10 Piper, *Goethe und Schiller in der filmischen Erinnerungskultur* (s. Anm. 1), S. 293 u. ö.

im Herbst 1787 mit der Ankunft Charlotte von Lengefelds in Weimar ein, zu einem Zeitpunkt somit, als Goethe sich noch in Italien aufhielt. Wie in Wirklichkeit, ist er zunächst also auch im Film abwesend. Doch Graf begnügt sich nicht mit dem Topos der Absenz Goethes: Er variiert ihn, indem er zugleich deutlich macht – und auch dies entspricht den historischen Tatsachen –, dass Goethe trotz seiner physischen Abwesenheit psychisch in Weimar durchaus anwesend ist. Im Film wird dieser Eindruck dadurch erzeugt, dass wiederholt und von verschiedenen Figuren auf ihn Bezug genommen wird. Einmal ist es bezeichnenderweise Schiller selbst, der in Rudolstadt sehnsüchtig aus einem Fenster blickt und sagt: „Italien. [...] ER ist dort. Ich werde nie hinkommen."[11] Auf diese Weise wird das zu diesem Zeitpunkt noch asymmetrische Verhältnis zwischen Schiller und dem im Vergleich zu ihm in vieler Hinsicht privilegierten Goethe vor Augen geführt, ebenso die Tatsache, dass Schiller unter dieser Asymmetrie und der indirekten Präsenz Goethes leidet. Und er ist nicht der einzige, dem es so geht: Das zeigt die Szenenfolge, in der (die von Maja Maranow eindrucksvoll verkörperte) Charlotte von Stein einen Nervenzusammenbruch erleidet, nachdem sie einen Brief Goethes erhalten hat. ‚Nervenzusammenbruch' ist hier aber nicht das richtige Wort, denn Graf inszeniert Charlotte von Stein keineswegs als eine Hysterikerin, sondern vielmehr als eine Tragödin. Nicht zufällig lässt er den (von ihm selbst gesprochenen) Erzähler in diesem Zusammenhang von der „Musik der Tragik" sprechen,[12] und nicht ohne Grund zeigt eines der *Tableaux vivants*, die er – als eine intermediale Hommage an eine, wie ja auch die Tragödie, mit dem Film verwandte ältere Kunstform – in einer vorausgegangenen Szene in seine lebenden (Film-)Bilder integriert hat, in Anwesenheit Charlotte von Steins eine Episode aus dem Medea-Mythos:[13] In dieser Hofdame des späten 18. Jahrhunderts, so wird auf diese Weise suggeriert, stecken auch die verlassenen Frauen des griechischen Mythos – Ariadne, Dido oder eben Medea –, und wie diese verleiht sie ihrem Leid mit elementaren, ganz und gar unhöfischen Mitteln Ausdruck. Ob Graf wusste, dass die reale Charlotte von Stein eine *Dido*-Tragödie geschrieben hat (allerdings erst 1794/95), sei einmal dahingestellt.[14]

---

11 Das Drehbuch wird im Folgenden unter der Sigle ‚S' mit Angabe der jeweiligen Szene und Seite nach dem Abdruck im vorliegenden Band zitiert. Zusätzlich wird der Time Code des Films angegeben, und zwar in der Fassung des *Director's Cut*: DIE GELIEBTEN SCHWESTERN. SCHILLERS GEHEIMNISVOLLE LEIDENSCHAFT. Director's Cut. Reg.: Dominik Graf. Bavaria Film, DE/AUT 2014. Hier: S 32, 154. TC: 00:24:20–00:24:30.
12 S 28, 143. TC: 00:17:11.
13 S 8, 132. TC: 00:03:40–00:03.55.
14 Dazu vgl. Ariana Ludwig, „Dido, ein Trauerspiel in 5. Aufzügen. Transformation eines antiken Stoffes", in: *Charlotte von Stein. Schriftstellerin, Freundin und Mentorin*, hg. von Elke

Auch hier wird also wieder die indirekte Präsenz Goethes vor Augen geführt: Er ist zwar weiterhin physisch abwesend, doch gerade in seiner Abwesenheit vermag er unter den Anwesenden psychisch zerstörerische Wirkungen auszulösen. Es ist deshalb naheliegend, von der ‚anwesenden Abwesenheit' Goethes zu sprechen, die von Graf in der ersten Hälfte der GELIEBTEN SCHWESTERN mit großer Eindringlichkeit inszeniert wird und die – wie noch zu zeigen sein wird – in gewisser Weise die Goethe-Darstellung im ganzen Film bestimmt.

Die Szene mit Charlotte von Stein ist aber auch insofern von Bedeutung, als in ihr das Scheitern einer Liebesbeziehung zwischen einem Dichter und einer Hofdame vorgeführt wird, womit das Scheitern von Schillers Liebesbeziehung zu den beiden Lengefeld-Schwestern bereits vorweggenommen wird. Und auch Goethes Verhältnis zu Frau von Stein war ja eine die Konventionen der Zeit verletzende und insofern durchaus anstößige Affäre, zumindest aus der Sicht der Zeitgenossen, die es oft nur schwer ertragen konnten, dass der berühmte Dichter eine derartige Beziehung mit einer verheirateten und sieben Jahre älteren Angehörigen des Weimarer Hofes führte.

Will man Grafs Darstellung des Verhältnisses zwischen Goethe und Charlotte von Stein auch über seine Funktion innerhalb des Films hinaus einordnen, muss man bedenken, dass dieses Verhältnis im Goethe-Schrifttum von jeher ausführlich behandelt, ja regelrecht ausgeschlachtet wurde, zuletzt – sehr erfolgreich – von Sigrid Damm,[15] vor Erscheinen des Films unter anderem von Helmut Koopmann,[16] am literarisch anspruchsvollsten aber sicherlich von Peter Hacks in seinem berühmten Monodrama *Ein Gespräch im Hause Stein über den abwesenden Herrn von Goethe* aus dem Jahr 1976.[17] Von allen Liebesgeschichten Goethes ist die mit Charlotte von Stein zweifellos die populärste, deshalb ist sie auch von Klischees geradezu umstellt; eine besondere Rolle spielt dabei die Frage, ob Goethe mit Charlotte von Stein geschlafen hat oder nicht. Hacks hat sich darüber lustig gemacht, indem er eine dritte Möglichkeit ins Spiel bringt: dass Goethe mit ihr habe schlafen wollen, es ihm aufgrund eines vorzeitigen Samenergusses aber nicht gelungen sei. Von alledem ist Grafs Darstellung jedoch denkbar weit entfernt: Was er zeigt, ist eine verzweifelt liebende, aufs Tiefste gekränkte Frau, die aufgrund ihres Leidens zu den ausufernden Monologen der Frau von Stein im

Richter/Alexander Rosenbaum, Berlin/Boston 2018 (= Supplemente zu den PROPYLÄEN, Forschungsplattform zu Goethes Biographica 1), S. 113–126.

15 Sigrid Damm, *Sommerregen der Liebe. Goethe und Frau von Stein*, Berlin 2015.

16 Helmut Koopmann, *Goethe und Frau von Stein. Geschichte einer Liebe*, München 2001.

17 Peter Hacks, *Ein Gespräch im Hause Stein über den abwesenden Herrn von Goethe. Schauspiel*, hg. von Ralf Klausnitzer, Berlin ³2018 (= Kommentierte Werke in Einzelausgaben).

Drama gar nicht in der Lage wäre. Wie es scheint, hat Hacks' Drama aber dennoch Spuren in den GELIEBTEN SCHWESTERN hinterlassen: Wie das Drama spielt sich die erwähnte Szene *im Hause Stein* ab, hier wie dort dreht sich alles um *den abwesenden Herrn von Goethe*, dort wie hier spielt ein Brief Goethes eine wichtige Rolle, in beiden Fällen hat der Ehemann Josias von Stein nur eine stumme Rolle, und nicht zuletzt hat Hacks eine treffende Umschreibung für das Prinzip der ‚anwesenden Abwesenheit' Goethes gefunden: „Daß doch aber Goethe im Stück nicht vorkomme? – Gewiß kommt er vor, er tritt nur nicht auf."[18] Schließlich scheint im Film auf das Drama angespielt zu werden, wenn Charlotte von Lengefeld ein Dienstmädchen zurechtweist, als diese allzu umgangssprachlich sagt, Frau von Stein habe einen Brief „vom Goethe" erhalten. Sofort wird sie verbessert: „von ‚Herrn von Goethe'".[19] Das aber könnte man – zumal angesichts all der erwähnten Übereinstimmungen – als ein verstecktes Zitat des Titels von Hacks' Drama verstehen. Möglicherweise ist die Szene in DIE GELIEBTEN SCHWESTERN also sogar als ein bewusster Gegenentwurf zu *Ein Gespräch im Hause Stein über den abwesenden Herrn von Goethe* aufzufassen: An die Stelle der eloquent psychologisierenden und stellenweise satirisch überspitzenden Darstellung des Verhältnisses zwischen Goethe und Charlotte von Stein im Drama tritt im Film eine empathische Inszenierung dieser Frau in ihrer ganzen Verzweiflung.

II.

Nachdem er auf diese Weise lange hinausgezögert wurde – nicht weniger als ein gutes Jahr gespielte Zeit und eine gute Stunde Spielzeit sind inzwischen vergangen –, kommt es schließlich zu Goethes erstem Auftritt, den Graf, wie zuvor seine Abwesenheit, mit großem Aufwand inszeniert hat. Der Szene liegt ein historisches Ereignis zugrunde, das am 7. September 1788 stattgefunden hat: An diesem Tag sind sich Schiller und Goethe in Rudolstadt begegnet – wohin der kurz zuvor aus Italien zurückgekehrte Goethe in Begleitung unter anderem Charlotte von Steins am Tag zuvor gekommen war – und haben daraufhin einen gemeinsamen Spaziergang an der Saale gemacht (zumindest hat Charlotte von Lengefeld dies später berichtet[20]). Es war zwar nicht die erste Begegnung Schillers und

---

18 Ebd., S. 68.
19 S 26, 143. TC: 00:16:05.
20 Friedrich Schiller, *Werke. Nationalausgabe*, Bd. 25, begründet von Julius Petersen, fortgeführt von Lieselotte Blumenthal/Benno von Wiese/Siegfried Seidel, hg. von Norbert Oellers, Weimar 1943ff., S. 543.

Goethes (die hatte schon 1779 in Stuttgart stattgefunden, als Goethe im Gefolge
Herzog Carl Augusts der Karlsschule einen Besuch abstattete, zu deren Schülern
Schiller damals gehörte), doch im Hinblick auf das Verhältnis der beiden Autoren und also auch auf den weiteren Verlauf der deutschen Literaturgeschichte
war diese zweite Begegnung von ungleich größerer Bedeutung. Schiller hat sie in
einem Brief an seinen Freund Körner ausführlich und anschaulich beschrieben:

> Endlich kann ich Dir von G ö t h e erzählen, worauf Du wie ich weiß sehr begierig warte-
> test. Ich habe vergangenen Sontag beinahe ganz in seiner Gesellschaft zugebracht [...].
> Sein erster Anblick stimmte die Meinung ziemlich tief herunter, die man mir von dieser
> anziehenden und schönen Figur beigebracht hatte. Er ist von mittlerer Größe, trägt sich
> steif und geht auch so; sein Gesicht ist verschlossen, aber sein Auge sehr ausdrucksvoll,
> lebhaft, und man hängt mit Vergnügen an seinem Blick. Bei vielem Ernst hat seine Miene
> doch viel wohlwollendes und gutes. Er ist brünett, und schien mir älter auszusehen als er
> meiner Berechnung nach wirklich seyn kann. Seine Stimme ist überaus angenehm, seine
> Erzählung fließend, geistvoll und belebt, man hört ihn mit überaus viel Vergnügen; und
> wenn er bei gutem Humor ist, welches dißmal so ziemlich der Fall war, spricht er gern
> und mit Interesse. Unsere Bekanntschaft war bald gemacht, und ohne den mindesten
> Zwang; freilich war die Gesellschaft zu groß und alles auf seinen Umgang zu eifersüchtig,
> als daß ich viel allein mit ihm hätte seyn oder etwas anders als allgemeine Dinge mit ihm
> sprechen können. [...] Im ganzen genommen ist meine in der That große Idee von ihm
> nach dieser persönlichen Bekanntschaft nicht vermindert worden, aber ich zweifle, ob wir
> einander je sehr nahe rücken werden.[21]

So weit Schillers eigener – Graf sicherlich bekannter – Bericht von seiner Begegnung mit Goethe in Rudolstadt. In den zur Entstehungszeit der GELIEBTEN SCHWES-
TERN aktuellen Biographien Schillers[22] und Goethes[23] sowie einer Darstellung ihrer
Freundschaft[24] konnte Graf zudem ausführliche Schilderungen dieses Ereignisses
aus verschiedenen Perspektiven finden. Wie aber hat er selbst es inszeniert?

Zunächst, indem er es sorgfältig vorbereitet: Als erstes erfährt man aus dem
Mund Charlottes, dass Goethe „auf dem Rückweg" sei und seinen letzten Brief
bereits aus Meran abgeschickt habe.[25] Bis zu einer Ankunft in Weimar kann es
also nicht mehr lange dauern. Dass die Begegnung nunmehr unmittelbar bevor-
steht, wird dann – ohne dass Goethes Name genannt würde – einige Szenen
später deutlich, als Caroline einen Brief an Schiller schreibt, dessen Text auf die

21 Ebd., S. 106.
22 Rüdiger Safranski, *Schiller oder Die Erfindung des Deutsches Idealismus. Biographie*, Mün-
chen/Wien 2004, S. 300–305.
23 Rüdiger Safranski, *Goethe. Kunstwerk des Lebens. Biographie*, München 2013, S. 356f.
24 Rüdiger Safranski, *Goethe und Schiller. Geschichte einer Freundschaft*, München 2009, S. 66–68.
25 S 32, 154. TC: 00:24:32–00: 24:38.

für DIE GELIEBTEN SCHWESTERN charakteristische Weise als eine Art innerer Monolog Carolines präsentiert wird:

> Lade Sie aber von Herzen wieder für den nächsten Sonntag zu uns ein, da sie dann – wenn ich alle Vorzeichen richtig deute – einen gewissen Herrn bei uns antreffen werden, der Ihnen bislang aus dem Weg gegangen ist...[26]

Goethes Auftritt wird also auch auf der Handlungsebene als ein besonderes Ereignis behandelt, auf das alles zusteuert, im Grunde von Anfang an. Entsprechend kann man sich an Thomas Manns *Lotte in Weimar* erinnert fühlen, wo der Auftritt Goethes auf ähnliche Weise vorbereitet und zugleich immer weiter verzögert wird; freilich wird diese – wie man vielleicht sagen könnte – Dramaturgie mythifizierender Hinauszögerung dort ins Extrem getrieben.

Sehr effektvoll hat Graf auch die Überleitung von der vorangehenden Szene zu Goethes Auftritt gestaltet: Zuerst hört man die Paukenschläge, mit denen die Ouvertüre zu Rameaus Oper *Zaïs* beginnt (nicht, wie es im Abspann fälschlich angegeben wird, zu *Dardanus*), dann sieht man eine strahlende Sonne, die die dunklen Wolken am Himmel vertreibt, und schließlich wird – weiter begleitet von der Ouvertüre Rameaus, die inzwischen in festlichem Streicherglanz erklingt – endlich Goethe selbst gezeigt. Dass Graf für diese Szene nicht – wie ansonsten in den GELIEBTEN SCHWESTERN – auf originäre Filmmusik Sven Rossenbachs und Florian van Volxems, sondern auf präexistente Musik zurückgegriffen hat und dass die Wahl dabei ausgerechnet auf eine Opern-Ouvertüre Rameaus fiel, ist signifikant: Als ein Komponist, der mit großem Erfolg Opern und Ballette für den französischen Hof geschrieben hatte und von Ludwig XV. dafür in den Adelsstand erhoben worden war, war Rameau auf dem Gebiet der Musik ein prominenter Repräsentant des *ancien régime*. Und selbst wenn man nicht erkennen sollte, dass die Musik von ihm stammt: dass man es hier mit höfischer Musik zu tun hat, kann man durchaus hören. Unter anderem durch die Wahl der Musik wird Goethe, der 1782 ja ebenfalls nobilitiert worden war, demnach als literarisches Pendant zu Rameau, als Hofdichter und damit als ein Vertreter der alten politischen Ordnung eingeführt, gewissermaßen – das suggeriert die zuvor gezeigte Sonne – als der Sonnenkönig der deutschen Literatur.

Der entscheidende Kunstgriff Grafs besteht aber nun darin, dass er Goethe (der von Jörg Schneider verkörpert wird) in dieser Szene zwar zeigt, zugleich aber auch nicht, denn – abgesehen von einer einzigen Einstellung, die allerdings so kurz ist, dass man sein Gesicht nicht erkennen kann – eigentlich sieht

---

[26] S 64, 186. TC: 01:01:23–01:01:31.

man ihn gar nicht, zumindest nicht, wie Schiller, als einen Menschen aus Fleisch und Blut. Was man stattdessen sieht, ist ein Goethe, der sich als Mensch verbirgt, indem er sich zum Klassiker stilisiert, wobei sich diese Stilisierung von der Kleidung bis zur Pose an dem berühmten Gemälde *Goethe in der Campagna* orientiert, das Goethes Freund Johann Heinrich Wilhelm Tischbein auf der Italienreise angefertigt hatte – mit dem bezeichnenden Unterschied, dass der Goethe des Gemäldes sein Gesicht dem Betrachter zuwendet, der Goethe des Films aber nicht. Die anwesende Abwesenheit Goethes in der ersten Hälfte des Films wird hier also gewissermaßen umgekehrt in eine abwesende Anwesenheit:

Abb. 1: Standbild aus DIE GELIEBTEN SCHWESTERN (© Frédéric Batier, Bavaria Media GmbH) und Johann Heinrich Wilhelm Tischbein: *Goethe in der Campagna*

Mittels eines weiteren pointierten intermedialen Verweises wird hier somit ein Goethe in der Pose des Klassikers vorgeführt, der sich als solcher dazu herablässt, ein Gespräch mit dem jüngeren Schiller zu führen. Dieses (so historisch nicht verbürgte) Gespräch Goethes mit Schiller am Ufer der Saale steht im Zentrum der Szene: Schiller wahrt dabei, wie es sich gehört, einigen Abstand zu Goethe; Schiller steht, Goethe aber sitzt, umgeben von zwei Kammerdienern. Das Gespräch wird somit als eine Audienz im Freien inszeniert, die der Klassiker Goethe dem aufstrebenden, aber noch nicht zu gleichen Ruhmeshöhen aufgestiegenen Schiller gewährt. Die Sympathie Grafs gehört dabei eindeutig Schiller, der – wie Mutter Lengefeld betrübt beobachtet – nicht auf seine Kleidung achtet und dadurch in einen starken, positiven Kontrast zu Goethe in seiner edlen Gewandung gesetzt wird. Dieser Kontrast hat auch soziale und politische Konnotationen: Goethe als geadelter Dichter wird, wie gesagt, als ein Vertreter der alten Ordnung dargestellt, Schiller hingegen als ein bürgerlicher Dichter und (wie in vorausgegangenen Szenen deutlich wurde) Sympathisant der Aufklärung, und dies zu einem Zeitpunkt kurz vor der Französischen Revolution.

Wichtig ist des Weiteren, dass man das Gespräch zwischen Goethe und Schiller zwar sieht, dass man aber nicht hören kann, was die beiden miteinander sprechen. Die in der älteren Literaturgeschichtsschreibung gerne überhöhte Annäherung der künftigen Dioskuren wird hier im Grunde somit als eine Leerstelle vorgeführt. Es ist offensichtlich, dass Graf auf diese Weise den Klischees der deutschen Literaturgeschichte aus dem Weg geht: Von den Dioskuren Goethe und Schiller kann hier jedenfalls keine Rede sein, und das gilt auch für den weiteren Verlauf des Films, in dem Goethe nur noch einmal auftritt (davon wird gleich zu sprechen sein), und dies bezeichnenderweise ohne Schiller. Erst am Ende wird auf die Freundschaft der beiden verwiesen, dies aber auf eine zurückhaltende, fast beiläufige Weise. In einem Satz: Graf beteiligt sich in DIE GELIEBTEN SCHWESTERN demonstrativ nicht am Klassiker-Kult.

Dass er sich stattdessen darüber lustig macht, verdeutlicht er mittels eines ebenso witzigen wie hintergründigen Kunstgriffs: Denn indem er nicht nur das Gespräch, sondern auch die Weimarer Hofgesellschaft zeigt, die es begierig aus der Ferne verfolgt und dabei so weit geht, sich – freilich ohne Erfolg – im Lippenlesen zu versuchen, führt er zum einen eine frühe Form des Klassiker-Kults in satirischer Überspitzung vor. Zum anderen wird so die Rezeptionssituation beim Anschauen des Films auf der Ebene der Handlung gespiegelt: Beide Zuschauergruppen – die realen im Kino oder zu Hause wie die fiktiven in Rudolstadt – sehen Goethe und Schiller zwar, können sie aber eben nicht hören. Beider Neugierde lässt Graf auf diese Weise ins Leere laufen.

Ein weiterer intermedialer Verweis darf nicht übersehen werden, denn er grundiert die gesamte Szene, die nicht zufällig durch eine Opern-Ouvertüre eingeleitet wird: Dass die fiktiven Zuschauer teilweise Operngläser benutzen, ist ein zweiter deutlicher Hinweis auf die Opernhaftigkeit der Szene. Was Graf hier bietet, ist demnach eine gleichsam doppelte Opernszene, die sich einerseits auf der Ebene der *histoire* abspielt (die fiktiven Zuschauer beobachten von ihren ‚Logenplätzen' aus die Szene, die sich auf der ‚Bühne' am Flussufer ereignet), andererseits aber auch auf der des *discours* (die realen Zuschauer verfolgen von ihren Plätzen aus die von Opernmusik unterlegte Filmszene, die sich auf der ‚Bühne' der Leinwand oder des Bildschirms ereignet). Man könnte somit auch sagen: Graf hat die Begegnung zwischen Goethe und Schiller als eine filmische Metaoper inszeniert und damit die Artifizialität und Konstruktivität der Szene überdeutlich markiert. Mehr ironische Selbstreferenzialität ist schwer vorstellbar.

Insofern könnte man die Szene auch als eine Antwort auf die eingangs skizzierte Herausforderung verstehen, Goethe im Film darzustellen: Graf führt hier programmatisch vor, wie man diese Herausforderung bewältigen kann, ohne dabei in die Fallen zu tappen, in die seine Vorgänger getappt sind. Man muss nur – so scheint er signalisieren zu wollen – Ideen haben, und über Medien- und Selbstbewusstsein verfügen.

III.

Den zweiten Auftritt Goethes in DIE GELIEBTEN SCHWESTERN könnte man ebenfalls als einen solchen programmatischen Wink auffassen. In der entsprechenden Szene sieht man eine Gruppe von Figuren, darunter Goethe (diesmal verkörpert von Götz Otto), um einen Tisch im Hause Stein sitzen und Charlotte von Stein zuhören, die aus Carolines Roman *Agnes von Lilien* vorliest, der zu diesem Zeitpunkt in Fortsetzungen in Schillers *Horen* erscheint und die Leserinnen und Leser in Bann hält, wozu auch beiträgt, dass der Öffentlichkeit damals noch unbekannt ist, wer der Autor beziehungsweise die Autorin ist. Möglicherweise ist auch diese Szene von einem berühmten Bild inspiriert: dem Aquarell *Abendgesellschaft bei Anna Amalia Herzogin von Sachsen-Weimar-Eisenach* („*Tafelrunde*") von Georg Melchior Kraus, auf dem die Protagonisten des klassischen Weimar, unter ihnen Goethe (den man nur von hinten sieht), beim Lesen und Malen an einem Tisch abgebildet werden. In jedem Fall ist Goethe auch im Film nur von hinten zu sehen:

Abb. 2: Standbild aus DIE GELIEBTEN SCHWESTERN (© Frédéric Batier, Bavaria Media GmbH) und Georg Melchior Kraus: *Abendgesellschaft bei Anna Amalia Herzogin von Sachsen-Weimar-Eisenach* („Tafelrunde")

Wieder wird er also gezeigt – zugleich aber auch nicht, ist also ein weiteres Mal anwesend abwesend. Diesmal trägt er jedoch nicht mehr, wie bei seinem ersten Auftritt, das Kostüm des Klassikers, sondern erscheint als ein ganz normaler Mensch, ist jetzt also gewissermaßen demaskiert. Das betrifft auch die Ebene der Sprache, denn – wie es im Drehbuch ausdrücklich gefordert wird – er spricht „leichten hessischen Dialekt". Und nicht zuletzt betrifft es das, was Goethe antwortet, nachdem Charlotte von Stein spöttisch zu ihm gesagt hat, das „Spiel mit dem Schicksal und mit den Herzen der Leser" in *Agnes von Lilien* könne von ihm sein: „Madame, ich würds mir wünschen...“[27] Die Quelle für diesen Satz ist wohl der Brief, den Goethe Schiller am 7. Dezember 1796 geschrieben hat und in dem er ironisch darum bittet, Schiller möge ihm „so lange als möglich die Ehre [lassen] als Verfasser der Agnes zu gelten“.[28] Graf hat die Ironie dieser Bitte jedoch ausgeblendet zugunsten einer Pointe auf Kosten Goethes, den er in der Szene als einen eitlen Dichter vorführt, der Caroline um ihren Erfolg beneidet, obwohl ihr Text seinen strengen ästhetischen Maßstäben nicht entspricht. Insofern könnte man diese Szene insgesamt als ein filmisches Satyrspiel auf die Opernszene zuvor deuten: War Goethe in dieser gleichsam auf dem Kothurn der Klassizität aufgetreten, ist er nun gewissermaßen in Strumpfsocken zu sehen.

IV.

Es ist nur folgerichtig, dass Goethe nach dieser Szene nicht mehr auftritt. Dennoch ist er damit nicht ganz verschwunden aus den GELIEBTEN SCHWESTERN. Ein letztes Mal kommt er noch vor, diesmal allerdings wieder nur in indirekter Form. Die abwesende Anwesenheit wird somit wieder in anwesende Abwesenheit überführt: In einer Szene gegen Ende, die sich in Schillers Haus abspielt, taucht ein Diener auf, den Goethe geschickt hat, um sich nach dem Befinden Louise von Lengefelds zu erkundigen, die sich auf ihrer Reise nach Weimar verspätet hat. Schiller geht daraufhin zu seinem Schreibtisch, um einen Antwortbrief an Goethe zu verfassen. Auf diese Weise wird – ohne dass viel Aufhebens darum gemacht würde – gezeigt, dass die beiden sich inzwischen auch persönlich nahestehen und die Asymmetrie von einst einem Verhältnis auf Augenhöhe gewichen ist. Oder, in den Worten des Drehbuchs: „Ja, sie sind nun gut befreundet, die großen Geister.“[29] Zu diesem Eindruck trägt auch bei, dass auf Schillers Schreibtisch ein Blatt Papier mit Goethes Farbenkreis und einem aufgeklebten Gingko-Blatt zu sehen ist. Zwar ist letzteres anachronistisch, weil das *Gingo biloba*-Gedicht erst lange nach Schillers Tod entstanden ist, doch dass Goethe und Schiller nunmehr – wie die berühmte Formulierung aus dem Ge-

---

27 Der Text des Drehbuchs weicht an dieser Stelle leicht vom gesprochenen Text ab: S 140, 241. TC: 1:57:44–1:57:45.

28 Friedrich Schiller/Johann Wolfgang Goethe, *„Ihre Briefe sind meine einzige Unterhaltung“. Briefwechsel in den Jahren 1794–1805*, Bd. 1, hg. von Manfred Beetz, München/Wien 1990, S. 284.

29 S 181, 265.

dicht lautet – „[e]ins und doppelt" sind,[30] wird durch den Verweis auf dieses Gedicht gleichwohl deutlich gemacht:

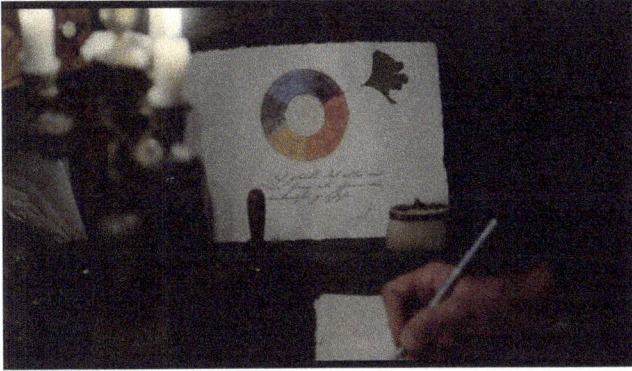

Abb. 3: Standbild aus DIE GELIEBTEN SCHWESTERN (© Frédéric Batier, Bavaria Media GmbH)

Unter dem Farbenkreis steht des Weiteren ein handschriftlicher Satz Goethes, der auch von einer Stimme aus dem Off vorgelesen wird, die wohl Goethe zuzuordnen ist (auch wenn sie nicht mehr dialektal gefärbt ist), sodass der Satz auch Zuschauern nicht entgehen kann, die die Handschrift nicht lesen können: „Ich glaube daß alles was das Genie, als Genie, tut, unbewußt geschehe." Zu guter Letzt blendet Graf Goethes Worte also nicht mehr aus, und er legt ihm auch keine mehr in den Mund, stattdessen lässt er ihn selbst zu Wort kommen. Den Satz hat Graf Goethes Brief an Schiller vom 3. oder 4. April 1801 entnommen, einem Brief, in dem Goethe ein dichterisches „Glaubensbekenntnis" ablegt und auch von der Arbeit an seiner *Farbenlehre* spricht; insofern ist zumindest die Wahl des Farbenkreises auch historisch stimmig.[31]

In jedem Fall ist Goethe auch in der letzten ihm gewidmeten Szene in DIE GELIEBTEN SCHWESTERN wieder an- und abwesend zugleich: Man hört und liest ihn und sieht die ihn gewissermaßen ersetzenden Zeichen – aber nicht ihn selbst. Graf hat seine Inszenierung der anwesenden Abwesenheit Goethes damit zu einem so konsequenten wie überzeugenden Ende gebracht.

---

30 Johann Wolfgang Goethe, *West-östlicher Divan. Neue, völlig revidierte Ausgabe*, Bd. 1, hg. von Hendrik Birus, Berlin 2010, S. 78.
31 Schiller/Goethe, *„Ihre Briefe sind meine einzige Unterhaltung". Briefwechsel in den Jahren 1794–1805* (s. Anm. 28), S. 853–855, hier S. 854.

Friedrich Vollhardt
Interieurs

Beobachtungen zum Verhältnis von bildender Kunst und Film

In einer der lesenswerten Besprechungen über Dominik Grafs DIE GELIEBTEN SCHWESTERN ist beiläufig das Dilemma angesprochen worden, in das jeder Historienfilm zu geraten droht: „Wer zu wenig versteht und die Quellen für unantastbar erklärt, erstarrt dabei. Wer aber meint, alles zu verstehen und den Menschen von damals ganz nah zu sein, bleibt dann doch nur in den eigenen, sehr beengten Denkräumen gefangen." Im Folgenden hat der Rezensent dann zu zeigen versucht, wie es Dominik Graf gelungen ist, „auf dem schmalen Grat dazwischen nicht abzustürzen [...]."[1] Auch ich möchte diesen schmalen Grat betreten und nach den Gründen fragen, warum dieses filmische Projekt so gelungen erscheint. Dafür wähle ich einen besonderen Blickwinkel, indem ich eine kleine Auswahl bestimmter Szenen vor dem Hintergrund bildkünstlerischer Werke um 1800 betrachte. Es geht mir also nicht um die uns sowohl vertraut als auch fremd erscheinenden Denkräume der Figuren, sondern um deren Lebensräume, wie der Film sie entwirft. Dass sich Dominik Graf im Feld der Kunst nicht nur als Connaisseur, sondern als historisch informierter Regisseur bewegt, hat er im Jahr 2016 mit dem Fernseh-Thriller *Am Abend aller Tage* gezeigt, seinem Beitrag zu dem Schwabinger Kunstfund und der um die Sammlung Gurlitt entstandenen Debatte zur Raubkunst.

Doch bevor ich die gemalten und filmisch inszenierten Interieure betrete noch ein Wort zu den Personen, die sich in diesen Wohnräumen bewegt haben. Wer sich mit den Gesichtern der Epoche Schillers vertraut machen möchte, muss die Gemälde des Schweizer Malers Anton Graff (1736–1813) studieren, dem alle großen Dichter und Denker der Zeit zum Porträt gesessen haben, darunter auch Schiller.

---

1 Tobias Kniebe, „Dreieck mit Dichter", in: *Süddeutsche Zeitung* 30. Juli 2014.

https://doi.org/10.1515/9783110987591-005

Abb. 4: Anton Graff: *Friedrich Schiller*
Museen der Stadt Dresden, Kügelgenhaus

Das Porträt bildet zusammen mit dem Stilleben eine Nebengattung des Interieurs. Es handelt sich um Erzählungen des privaten Lebens, natürlich mit unterschiedlichen Akzentsetzungen, was die Objektwelt betrifft.[2] Bereits die Zeitgenossen haben die Kunst gerühmt, mit der Graff nicht nur die Individualität eines Menschen „in ihrer augenblicklichen Verfasstheit, sondern zugleich die positivste Erscheinungsform und Entwicklungsmöglichkeit"[3] seines Inneren, in der

---

2 Vgl. Wolfgang Kemp, „Beziehungsspiele. Versuch einer Gattungspoetik des Interieurs", in: *Innenleben. Die Kunst des Interieurs. Vermeer bis Kabakov*, hg. von Sabine Schulze, Ostfildern-Ruit 1998, S. 17–29.
3 Ernst Osterkamp, „Ganze Menschen. Anton Graffs Porträtkunst und die Anthropologie der deutschen Spätaufklärung", in: *Anton Graff. Gesichter einer Epoche*, hg. von Marc Fehlmann und Birgit Verwiebe, München 2013, S. 201–209, hier S. 202.

Sprache der Zeit: seiner Seele darzustellen vermochte. Man hat ihn den aufklärerischen Psychologen zugeordnet, der das neue Projekt einer empirischen Erfahrungsseelenkunde mit der anthropologisch begründeten Ästhetik zu verbinden suchte, wie sie sein Schwiegervater Johann Georg Sulzer gleichzeitig entwickelt hat.

Doch Anspruch und Wirklichkeit traten auch hier auseinander. Als man Gotthold Ephraim Lessing sein von Graff gemaltes Porträt gezeigt hat, sah er sich zu der Frage veranlasst, ob er denn wirklich „so verteufelt freundlich" aussehe? Ähnlich skeptisch reagierte 1772 auch Moses Mendelssohn auf sein von Graff gemaltes Porträt. Der Maler habe seinem

> Bilde alles wiedergegeben, was die Natur dem Originale versagt hat. Ich erkenne mein Bildniß, aber nicht so, wie ich es etwa im Spiegel warnehme, sondern wie ich meiner besten Freundin dereinst in einem Morgentraume erschienen seyn mag.[4]

Doch wenn schon nicht in der Realität, dann sollte wenigsten in diesen Charakterbildern die Möglichkeit einer ästhetischen Erziehung des Menschen – wie sie Schiller wenig später konzipieren sollte – zur Darstellung und Geltung kommen. Erkennt man darin Graffs Intention, dann ist sein Schiller-Bildnis wohl missglückt: Der Ausdruck ist zu konventionell, der abgestützte Kopf hat als *gestus melancholicus* eine lange ikonographische Tradition. Graff hat das selbst bemerkt und als Grund angeführt, dass der stets unruhige Schiller in keiner „Stellung festzubannen"[5] war, weshalb sich die maniert erscheinende Denkerpose als Kompromiss anbot. Dennoch ist nach diesem Gemälde ein äußerst populärer Kupferstich angefertigt worden, bei dessen Beschriftung Schiller „Simplizität" forderte: „es bedarf weder des Vornamen, noch viel weniger der Titel."[6]

Das war 1794. Die Kritik an der Herrschaft des Adels – Schiller ist von den Revolutionären in Frankreich zum Ehrenbürger der Republik ernannt worden – drückte sich auch in solchen Forderungen an das eigene Bild aus, von denen sogar noch etwas in einer Pop-Adaptation aus dem Jahr 2004 zu ahnen ist.

---

4 Beide Zitate nach Osterkamp, ebd.
5 Zit. nach Friedrich Dieckmann, „Anton Graff malt Friedrich Schiller", in: *Anton Graff. Porträts eines Porträtisten*, hg. von Robert Eberhardt, Berlin 2013, S. 119–121.
6 Ebd., S. 121.

Abb. 5: Titelblatt „Der Atem der Freiheit"
© DER SPIEGEL 41/2004

Dieser *Spiegel*-Artikel dürfte bei der Vorbereitung des Films von Dominik Graf eine nicht zu unterschätzende Rolle gespielt haben, rückten doch bereits hier die Lengefeld-Schwestern vom Rand ins biographische Zentrum der Betrachtung, ohne dass die politische Dimension in diesem Schiller-Porträt[7] vergessen worden wäre. Diese fehlt auch im Film nicht. Als die Auseinandersetzung zwischen den Schwestern ihren Höhepunkt erreicht, flüstert Caroline auf der Treppe ein kaum

---

[7] Der Titel des umfangreichen Artikels von Volker Hage lautet: „Die feurige Seele. Freiheit, Frauen, Freundschaft" (S. 170–190); über dem Text findet sich, wie zu erwarten, eine Abbildung des originalen Graff-Gemäldes, das jedoch fälschlicherweise Gerhard von Kügelgen zugeschrieben wird. Nachzulesen unter https://magazin.spiegel.de/EpubDelivery/spiegel/pdf/32362287.

vernehmliches „petit bourgeois", während Charlotte, nachdem das Porzellan zer-
schlagen ist, ihre Schwester als „bankrotte Feudalherrin" schmäht, der die Guillotine drohe, die zuvor bereits ins Bild gerückt wurde.

*

Damit zum Film, das heißt zu einigen INTERIEURS, welche die exterieuren Szenen
an Ausdruckskraft und damit Bedeutung zu übertreffen scheinen. Sicher: Es gibt
eine Reihe von Kutschfahrten, dramatische Szenen an einem Wasserfall und im
Fluss, eine Begegnung zwischen den Dichterfürsten an einem neutralen Ort,
eben unter freiem Himmel („Genies unter sich"), sowie ein Picknick in der Natur
vor einem Sonnenuntergang; aber die entscheidenden Vorgänge sind doch solche des Innenlebens, das sich in geschlossenen Räumen abspielt. Wie diese dabei die Außenwelt einbeziehen, ist eine Frage der Verfahren, die seit dem Mittelalter in der bildenden Kunst erprobt wurden.

Gleich in der ersten Begegnung zwischen Lotte und Friedrich wird dieses
Spiel zwischen Innen und Außen vorgeführt. Der von Charlotte aus dem höher-
gelegenen Fenster beobachtete Fremde wird – um einen Begriff des Theorau-
tors Schiller zu gebrauchen – zu einem Figuranten des Außen. Es kommt zu einem Austausch zwischen den Welten, woraus sich ein Beziehungsspiel
entwickelt, das auf den dann miteinander geteilten intimen Begegnungsraum ab-
zielt. Seit der Renaissance haben die bildenden Künstler den Betrachter in dieses
Spiel einbezogen und ihn dabei oft „im Modus der Heimlichkeit, der Belau-
schung" operieren lassen, etwa von der eben angesprochenen „Außenposition"[8],
die zunächst noch keinen Blick in das Haus erlaubt. Erst nach der heimlichen
Verlobung lernt der Zuschauer den Innenraum kennen und blickt nun gemeinsam mit Charlotte und ihrer Patentante aus dem bekannten Fenster, wobei Frau
von Stein, die gerade ins Vertrauen gezogen wurde, ihre Nichte vor der Verbindung mit dem berühmten Schriftsteller warnt: „Die großen Geister trocknen einem das Leben aus"; dennoch solle sie ihren Verlobten auf sein Versprechen –
hier wird eine saloppe, leicht anachronistische Formulierung gewählt – festna-
geln.

Doch zurück zu dem Beginn der Liaison. Nachdem sich das junge Paar auf
die geschilderte, nicht ganz gewöhnliche Weise kennengelernt hat, führt der
erste gemeinsame Spaziergang in eine Offizin, wo der Schriftsteller sachkundig
die neuen Drucktechniken und -typen erläutert. Als Beispiel wird das Titelblatt
von Christoph Martin Wielands Roman *Peregrinus Proteus* aus der Presse

---

8 Kemp, „Beziehungsspiele" (s. Anm. 2), S. 20.

gezogen, von dem tatsächlich 1788/89 ein Vorabdruck in Weimar erschienen ist. Historisch verbürgt ist außerdem, dass Schiller im selben Jahr den ebenso berühmten wie von der jüngeren Generation angefeindeten Autor in Weimar besucht hat.[9] Vermutlich kannte er auch dessen politische Dichtungen, in denen sich Wieland Gedanken über die „häusliche Glückseligkeit"[10] gemacht hat. Von dieser war vielleicht auch bei dem Besuch am 15. Mai 1788 die Rede, da es sich um ein von Schiller in diesen Monaten häufig angesprochenes Thema handelte – die „Aussteuer" wird auch im Film erwähnt –, das Wieland, und nicht allein er, zunächst wohl nur schwer mit dem Verfasser der *Räuber* in Verbindung bringen konnte.[11] Die Lengefeld-Schwestern haben den seinerseits umstrittenen Autor wohl nicht sehr geschätzt, wie einem Brief Carolines an Schiller vom März 1789 zu entnehmen ist: „An Wieland nehme ich einmal wenig Intereße, es ist wenig in seinen Schriften (die ich kenne) das mich anzieht, und manches fällt mir gar unangenehm auf."[12]

Am Ende des Ausflugs nimmt Lotte auf der belebten und lauten Straße den Gehrock Schillers an sich, um diesen auszubessern. Das Tor schließt sich, Ruhe kehrt ein und die junge Frau wird im Inneren des Hauses kurz in ihrem Privatgemach bei den Näharbeiten gezeigt. Es handelt sich um einen Moment der Intimität und Konzentration auf eine alltägliche Beschäftigung, die an das erwünschte häusliche Glück denken lässt. Doch diese Stille wird jäh durch das Eintreten einer Bediensteten unterbrochen, der Charlotte zu folgen hat, um im Schlafzimmer der Frau von Stein mit dem Leid konfrontiert zu werden, das aus der Liebe zu einem Genie und der „Tragik der Ehe" erwächst. Der Schrei und die konvulsivischen Bewegungen der Gequälten stehen in einem scharfen Kontrast zu der Versunkenheit der Näherin in der vorausgehenden Szene, an der sich „die formalen und bildtheoretischen Voraussetzungen" studieren lassen, die zu einer „Immanenz von Betrachter und Bildwelt" führen. Gemeint ist das Fehlen einer dritten Wand.

---

9 Vgl. Peter-André Alt, *Schiller. Leben – Werk – Zeit. Erster Band*, München 2009, S. 639.

10 Christoph Martin Wieland, *Der goldne Spiegel und andere politische Dichtungen*, hg. von Herbert Jaumann, München 1979, S. 341 u. ö. (Hervorhebung nicht berücksichtigt).

11 Vgl. Wielands *Geschichte des Weisen Danischmend*, ebd. S. 351: „Ich habe noch nie einen Menschen mit seinem Dasein unzufrieden, neidisch über andrer Glück, boshaft und übeltätig gesehen, der in seinem Kabinett, in seiner Kinderstube und in seinem Schlafzimmer glücklich war. Auch hab ich nie gehört noch gelesen, daß ein solcher Mann eine Verräterei gegen den Staat angezettelt, oder einen Aufruhr erregt, oder sich [...] an die Spitze einer Räuberbande [...] gestellt, und Unheil auf Gottes Boden angerichtet hätte. Ein Mann, der in seinem Hause glücklich ist, ist immer auch ein guter Bürger, ein guter Gesellschafter, ein guter Mensch."

12 *Briefwechsel zwischen Schiller und Lotte. 1788–1805*, Bd. 1, hg. von Wilhelm Fielitz, Stuttgart/Berlin o. J. [5. Auflage 1905], S. 216.

Während der Verzicht auf die vierte Wand für das Interieur geradezu gattungs-konstitutiv ist, verdankt sich die zusätzliche Aussparung einem seit dem 17. Jahr-hundert ausgebildeten Gespür für das Betreten eines imaginierten Raumes: „Je mehr an äußerer und innerer Rahmung abgestoßen wird, desto weiter geht das Interieur des Ich auf."[13]

*

Dass die kurze Filmszene eine solche Wirkung auf den Betrachter auszuüben ver-mag, ist auf die Ästhetik des Malerischen zurückzuführen. Das lässt sich vorzüg-lich an den Bildern des mit Caspar David Friedrich befreundeten Künstlers Georg Friedrich Kersting (1785–1847) zeigen, dem Meister des „Interieurportraits"[14] in der Zeit nach 1800:

Abb. 6: G. F. Kersting: *Junge Frau, beim Schein einer Lampe nähend*
München, Bayerische Gemäldesammlungen Neue Pinakothek Inv. Nr. 14603

---

13 Kemp, „Beziehungsspiele" (s. Anm. 2), S. 20f.
14 Werner Schnell, *Georg Friedrich Kersting (1785–1847). Das zeichnerische und malerische Werk mit Œuvrekatalog*, Berlin 1994, bes. S. 101ff.

Kerstings Gemälde zeigt eine junge Frau bei eben jener häuslichen Tätigkeit, die der Film zitiert. Der Schein einer Öllampe beleuchtet das karg möblierte Zimmer mit seinen scharfen Konturen; auf einem Tisch finden sich Utensilien, die zum Nähen gebraucht werden, die auf einem Gesims abgelegte Bibel befindet sich nicht in greifbarer Nähe. Der Eindruck der Zurückgezogenheit wird durch den gerafften Vorhang über der intimen Szene und das heruntergelassene Rouleau am Fenster auf der rechten Seite verstärkt: „Die Dominanz dieser Fläche fällt sofort ins Auge."[15] Durch die Abgeschlossenheit des Raumes entsteht eine Atmosphäre der Geborgenheit, was jedoch nicht von vornherein intendiert war.

Kersting hat seine Frau Agnes porträtiert, an die er im Juli 1823 schreibt:

> Dieses Bild erinnert mich oft lebhaft an unsere winter Abende, ich habe nemlich die Thüre lings nicht ganz zu gemacht, und so kömt es mir vor als wenn unsere Kinder darin schliefen, das diesertwegen die Thüre nur angelehnt wäre, der Richart aufwachte und du sagst ›Geh mal hin […]‹ […].[16]

Die nur angelehnte Tür weckt Erinnerungen und Phantasien, sie bildet einen „Kosmos des Halboffenen"[17] – eine Schwelle der Erwartung und Neugier. Diesen Zugang hat Kersting während der Arbeit an dem Bild geschlossen: „Die Tür verriegelt nun, sieht man von der Öffnung zum Betrachter ab, den Innenraum und verdichtet damit dessen Bedeutung."[18] Im Film wird diese geradezu mit Gewalt geöffnet und Charlotte aus ihrem träumerischen Zustand herausgerissen. Was bei dem Zuschauer gleichwohl nachwirkt, ist (ähnlich wie bei dem Betrachter des Gemäldes) eine Stimmung der Innigkeit, die durch den sensiblen Einsatz der Lichtquellen[19] und die „betont artifizielle Farbgebung" hervorgerufen wird, da das Bild (ebenso wie die Szene im Film) „fast ausschließlich in Schattierungen von Grüntönen gehalten"[20] ist.

---

15 Hannelore Gärtner, *Georg Friedrich Kersting*, Leipzig 1988, S. 117.

16 Zit. nach Schnell, *Georg Friedrich Kersting* (s. Anm. 14), S. 94 Fn. 14.

17 Gaston Bachelard, *Poetik des Raumes. Aus dem Französischen von Kurt Leonhard*, München 1960, S. 253.

18 Beate Söntgen, „Georg Friedrich Kersting: Junge Frau beim Schein einer Lampe nähend", in: *innenleben. Die Kunst des Interieurs* (s. Anm. 2), S. 136.

19 Bei Kersting handelt es sich um die moderne Argand-Lampe, zu der Goethe in seiner *Farbenlehre* bemerkt: „Wir müssen […] des glücklichen Gedankens erwähnen, wie man das Lampenlicht, welches gewöhnlich einen gelben Schein von sich wirft, farblos zu machen gesucht hat, indem man die bei der argandischen Lampe angewendeten Glaszylinder mäßig mit einer violetten Farbe tingierte." (Johann Wolfgang Goethe, *Sämtliche Werke. Band 10: Zur Farbenlehre*, hg. von Peter Schmidt, München 2006, S. 439.)

20 Söntgen, „Georg Friedrich Kersting" (s. Anm. 18), S. 136.

Wie gekonnt Georg Friedrich Kersting mit diesem Farbton umzugehen wusste, zeigen zahlreiche seiner Innenraumbilder, darunter ein 1814 entstandenes Gemälde:

Abb. 7: G. F. Kersting: *Lesender Mann beim Lampenlicht*
Stiftung Oskar Reinhart, Winterthur

Ins Auge fällt die modische, betont natürliche Frisur des jungen Mannes, der bürgerliche Kleidung[21] trägt und sich ganz auf seine Arbeit oder die Lektüre konzentriert, die ihn offenbar bis in die Nachtstunden beschäftigt hält. An seinem hell erleuchteten Schreibtisch beunruhigt ihn weder die Dunkelheit, die sich unmittelbar hinter seinem Stuhl ausgebreitet hat, noch das merkwürdige Spiel der Schatten an der Wand, das für einen romantisch gestimmten Betrachter wie eine

---

21 Vgl. Emil Staiger, *Vor drei Bildern. G. F. Kersting, C. D. Friedrich, J. L. Agasse*, Zürich 1983, S. 22: „In seinen langen Hosen spukt, und sei es noch so bescheiden, etwas von der französischen Revolution in unsern friedlichen Raum herein […]. Bei Kersting herrscht nicht mehr derselbe Geist wie auf den Bildern von Anton Graff, der noch kein Sansculotte ist."

„Botschaft aus einer anderen, unvertrauten Welt"[22] wirken könnte, deren Zeichen schwer zu deuten sind, wäre da nicht die rational wirkende Ordnung eines Arbeitszimmers, das ideale Maße besitzt: „Das von der dreiarmigen Bouillotte-Lampe erhellte Wandstück ist durch den Goldenen Schnitt exakt festgelegt."[23] Auch dieser virtuelle Raum entfaltet durch die Verteilung der Farbfelder und deren interne Gegensätze eine intensive „Leuchtkraft", ja eine „Symphonie in Grün."[24] Wer nach einer Erklärung für die Wahl dieses charakteristischen Kolorits sucht, wird danach fragen müssen, wie in der Epoche über die Wahrnehmung, genauer: über die ästhetische und zugleich moralische Wirkung der Farben nachgedacht wurde. Bereits erwähnt wurde die *Farbenlehre*, an der Goethe über Jahrzehnte gearbeitet hat. Die von Kerstings Interieurs ausgehende Imaginationskraft muss ihn angesprochen haben, da er dessen Bilder zum Ankauf empfohlen und den Künstler – der wiederum Goethe verehrte – im Jahr 1824 in Weimar empfangen hat, eine Begegnung, die vielleicht durch die Porträtmalerin Louise Seidler vermittelt worden ist.[25] In der Autobiographie *Dichtung und Wahrheit* bedauert Goethe seine eigene Unfähigkeit, die Gegenstände eines Zimmers in ein Bild zu bringen, „das unter den Händen eines kunstfertigen Malers, wie *Kersting*, höchst anmutig geworden wäre."[26]

In seine wissenschaftliche Abhandlung zur Optik, an der ihm sehr gelegen war, hat Goethe in den *Didaktischen Teil* einen umfangreichen Abschnitt von der „sinnlich-sittlichen Wirkung der Farbe" eingefügt, die, wie bekannt, kein Gegenstand der physikalischen Theorie Newtons war. Goethe geht dabei von der Konstruktion seines berühmten Farbenkreises[27] aus und erklärt zu den Gesetzmäßigkeiten im Umgang mit dem Farbton GRÜN:

> Wenn man Gelb und Blau, welche wir als die ersten und einfachsten Farben ansehen, gleich bei ihrem ersten Erscheinen, auf der ersten Stufe ihrer Wirkung zusammenbringt, so entsteht diejenige Farbe, welche wir Grün nennen.

---

22 Ebd., S. 26.
23 Schnell, *Georg Friedrich Kersting* (s. Anm. 14), S. 76.
24 Gärtner, *Georg Friedrich Kersting* (s. Anm. 15), S. 76.
25 Zu dieser Künstlerin im Kreis um Goethe und zum Ankauf eines Gemäldes von Kersting durch Herzog Karl August vgl. Schnell, *Georg Friedrich Kersting* (s. Anm. 13), S. 75 sowie Lothar Papendorf, „Die Bildnisse der Minna Herzlieb. Zu einem aufgefundenen unbekannten Porträt", in: *Goethe Jahrbuch* NF 19 (1957), S. 213–218.
26 Johann Wolfgang Goethe, *Sämtliche Werke. Band 16: Dichtung und Wahrheit*, hg. von Peter Sprengel, München 2006, S. 674.
27 Vgl. Pamela Currie, „Goethe's Green: The ‚Mixed' Boundary Colours in *Zur Farbenlehre*", in: *Goethe Yearbook* 17 (2010), S. 259–247 sowie Walter König, *Goethes optische Studien*, Frankfurt a. M. 1899, S. 18f.

Unser Auge findet in derselben eine reale Befriedigung. Wenn beide Mutterfarben sich in der Mischung genau das Gleichgewicht halten, dergestalt, daß keine vor der andern bemerklich ist, so ruht das Auge und das Gemüt auf diesem Gemischten wie auf einem Einfachen. Man will nicht weiter und man kann nicht weiter. Deswegen für Zimmer, in denen man sich immer befindet, die grüne Farbe zur Tapete meist gewählt wird.[28]

Zu den gesuchten farbphysikalischen Gesetzen gehörten auch Goethes 1793 aufgezeichnete Überlegungen zu den „apparenten Farben" in der Wechselwirkung von Licht und Schatten. Von großer Bedeutung war hier die Farbenordnung der 1606 in Rom entdeckten *Aldobrandinischen Hochzeit*, einem antiken Gemälde, das Johann Heinrich Meyer nach dem Original kopiert und Goethe übersandt hat.

Abb. 8: *Aldobrandinische Hochzeit*
Fresko secco, 30 v. Chr./30 n. Chr.

Aufgrund der ausführlichen Kommentare Meyers wurde das antike Werk zu einem wichtigen Bezugspunkt für die in Weimar entwickelten farbästhetischen Konzepte. Auf dem weißen Gewand der Frauenfigur erkennt Meyer Anteile von reflektiertem Grün: „In dem grünen Stoff sei nach dem Gesetz der benachbarten Farben überall ein wenig unvermischtes Gelb mitgeteilt; umgekehrt fänden sich Grünanteile in dem darauf liegenden gelben Tuch, womit auch hier das Gesetz der apparenten Farben im Bild verifiziert werde."[29]

---

28 Goethe, *Zur Farbenlehre* (s. Anm. 19), S. 238f.; zu dieser Stelle Karl Richter, *Poesie und Naturwissenschaft in Goethes Altersgedichten*, Göttingen 2016, S. 36.
29 Johannes Rössler, „Die *Aldobrandinische Hochzeit* als gemalte Farbentheorie. Kopierpraxis und Notation in Hinblick auf Goethes *Farbenlehre*", in: *Die Farben der Klassik. Wissenschaft – Ästhetik – Literatur*, hg. von Martin Döneke/Jutta Müller-Tamm/Friedrich Steinle, Göttingen 2016, S. 147–172, hier S. 157; vgl. auch *Johann Heinrich Meyer – Kunst und Wissen im klassischen*

Über seine Farbenlehre hat sich Goethe mit Friedrich Wilhelm Joseph Schelling ausgetauscht, der in seiner *Philosophie der Kunst* Betrachtungen über die „Bestimmungen des Lichts in Bezug auf die Dinge" angestellt hat, bei der auch eine „Art symbolischer Gemälde" angeführt wird, die „auf etwas Höheres hindeuten, indem sie die Spuren eines Handelns und Daseyns ausdrücken, welches nicht mit dargestellt ist. Wenigstens kann der einzige Reiz und das Poetische dieser Art von Bildern bloß darin bestehen, daß sie uns den Geist desjenigen ahnden läßt, der diese Anordnung gemacht hat." Zur Veranschaulichung dient ihm das Zimmer Margarethes in Goethes *Faust*, das – ganz malerisch gedacht – „den Geist der Ordnung, der Zufriedenheit und die Fülle in der Armuth"[30] zum Ausdruck bringt. Neben diesem symbolischen Gebrauch von Licht und Farben hat Goethe an einer späteren Stelle seiner Schrift auch den „mystischen Gebrauch" erklärt, der das gesamte Schema des Kreises betrifft:

> Wenn man erst das Auseinandergehen des Gelben und Blauen wird recht gefaßt, besonders aber die Steigerung ins Rote genugsam betrachtet haben, wodurch das Entgegengesetzte sich gegeneinander neigt, und sich in einem Dritten vereinigt; dann wird gewiß eine besondere geheimnisvolle Anschauung eintreten, daß man diesen beiden getrennten, einander entgegengesetzten Wesen eine geistige Bedeutung unterlegen könne, und man wird sich kaum enthalten, wenn man sie unterwärts das Grün, und oberwärts das Rot hervorbringen sieht, dort an die irdischen, hier an die himmlischen Ausgeburten der Elohim zu gedenken.[31]

Die genannten Bezüge können der Visualisierung bestimmter „Urverhältnisse" dienen, die nicht unmittelbar zu erkennen sind: „Im Grünen findet das Auge und mit ihm das Gemüt reale Befriedigung, dem entspricht das Nützliche [...]."[32] Von daher dürften auch Kerstings Darstellungen häuslicher Arbeiten und privater Geschäfte vor dem Hintergrund einer grünen Tapete zu erklären sein – die Näharbeit und Lektüre oder, wie im Film immer wieder gezeigt, das Schreiben eines Billets am Sekretär.

Weimar, hg. von Alexander Rosenbaum/Johannes Rößler/Harald Tausch, Göttingen 2013, bes. S. 68ff. (Beitrag von Margrit Wyder).

30 Friedrich Wilhelm Joseph Schelling, *Historisch-kritische Ausgabe Nachlass 6: Philosophie der Kunst und weitere Schriften (1796–1805), Teilband 1*, hg. von Christoph Binkelmann/Daniel Unger, Stuttgart 2018, S. 253. – Zu Immanuel Kants Auffassung der Farbe im Kontext seiner Analytik des Schönen vgl. Jens Schröter, „Die Form der Farbe. Zu einem Parergon in Kants »Kritik der Urteilskraft«, in: *Kants Schlüssel zur Kritik des Geschmacks. Ästhetische Erfahrung – Studien zur Aktualität von Kants »Kritik der Urteilskraft«*, hg. von Ursula Franke, Hamburg 2000, S. 135–154.

31 Goethe, *Zur Farbenlehre* (s. Anm. 19), S. 263.

32 Peter Schmidt, „Goethes schematische Kreise. Ein Beitrag zum mystischen Gebrauch der Farbe", in: *Jahrbuch des Freien Deutschen Hochstifts* 1965, S. 168–185, hier S. 172f.

*

Damit sind wichtige Anhaltspunkte für die Farbgestaltung der Innenraumbilder Kerstings gegeben. Die Ikonographie des Films muss gleichermaßen auf die Einzelheiten der Ausstattung achten, die sich den physikalisch-optischen, ästhetischen und anthropologischen Debatten der Zeit um 1800 verdanken und erheblich zur Wirkung und Überzeugungskraft der GELIEBTEN SCHWESTERN beitragen. Das Malerische hat dabei nichts mit historischer Kostümierung zu tun. Die Mittel der Farbgebung werden zu einem Aspekt der Deutung und der in der Filmszene (wie im Bild) vorkommenden Zeichen.[33] Doch auch wenn in den GELIEBTEN SCHWESTERN, wovon man sich unschwer überzeugen kann, eine Vielzahl der Interieurs von Grüntönen beherrscht sind, bleibt noch zu erklären, ob und in welchen Szenen dieses Kolorit in antagonistischer oder komplementärer Weise von anderen Farben abgelöst wird.

Der Film bietet natürlich weit mehr Schilderungen von Innenräumen, als hier angeführt werden können: Die große Tafel beim Essen, der Salon beim Empfang oder bei künstlerischen Darbietungen, die Flure und Gänge, in denen man sich leicht verlieren kann. Als Beispiel seien nur die dramatischen Szenen am Ende des Films genannt, wo der Zuschauer scheinbar von fern durch mehrere Türen auf das bewegte Geschehen blickt. Mit diesen Kunstmitteln hat bereits die holländische Malerei des 17. Jahrhunderts experimentiert, etwa Samuel van Hoogstraten. An diesen Werken hat die Kunstgeschichte gezeigt, wie man die „Position der Heimlichkeit allein mit räumlichen und sächlichen Mitteln definieren kann – der zurückgezogene, verengte, abgeschattete Blickwinkel ist der klassische des Lauschers oder Voyeurs, und ihm oder ihr ist in dieser Stellung genug zum ‚Entziffern' und ‚Entschlüsseln' aufgegeben worden."[34]

Dieses Mittel nutzt auch Dominik Graf und verstärkt es zugleich durch einen besonders wirkungsvollen Kunstgriff. Gemeint ist die aus dem Off erklingende Stimme des Regisseurs, die das beobachtete Geschehen eindringlich kommentiert und den Betrachter zum Komplizen macht. Graf fungiert als Erzähler, der in allen Salons und Situationen anwesend ist, nicht nur auf den dunklen Treppen in den verwinkelten Adels- und Bürgerhäusern, bei den zahlreichen Auf- und Abgängen der handelnden Figuren und Bediensteten, vor verschlossenen Räumen oder im Hörsaal der Universität, in der Privatsphäre und in der Öffentlichkeit. Doch am

---

33 Eingehender dazu Hans Holländer, „Augenblicksbilder. Zur Zeit-Perspektive in der Malerei", in: *Augenblick und Zeitpunkt. Studien zur Zeitstruktur und Zeitmetaphorik in Kunst und Wissenschaften*, hg. von Christian W. Thomsen/H. Holländer, Darmstadt 1984, S. 175–197, bes. S. 193.
34 Kemp, „Beziehungsspiele" (s. Anm. 2), S. 27.

Ende aller Zimmerfluchten wartet das intime Boudoir, der Ort des Rückzugs und zugleich eine Insel des Glücks. Man könnte diese letzten Räume mit Wolfgang Kemp als das Klassenziel der Innenraumdarstellung bezeichnen. Auch dieses hat Dominik Graf erreicht, sobald die Kamera Caroline und Friedrich auf ihrem nur durch eine Kerze beleuchteten Weg in das Schlafgemach begleitet:

Abb. 9: Szene vor der Tür / Standbild aus DIE GELIEBTEN SCHWESTERN (© Frédéric Batier, Bavaria Media GmbH)

Man kann anhand der von Dominik Graf entworfenen Bilder den Streifzug durch eine im Umbruch befindliche Gesellschaft unternehmen, die im Begriff ist, sich von der Ständeordnung zu lösen und in einer funktionalen Weise zu differenzieren. Die Antriebe der Modernisierung sind vielfältig, im Film werden sie im Detail gezeigt. Diese reichen von den neuen Medien (Buchdruck und Zeitschrift), den Formen der Kommunikation (Brief und Sprache der Empfindung) bis zu den radikalen Veränderungen in Gesellschaft (Zweckehe und Liebesheirat), Staat (Französische Revolution und Terror) sowie Wissenschaft (Universalgeschichte und ästhetische Erziehung).

★

Bei der Beschreibung von Häusern und Räumen gibt es im Film an einer Stelle einen Wechsel des Mediums. An die Stelle des wahrgenommenen Bildes tritt ein mentales, das durch Sprache erzeugt wird. Nachdem der Zuschauer die Entstehung von Carolines Roman *Agnes von Lilien* verfolgen konnte, wird die anonyme Drucklegung und gleich darauf die begeisterte Reaktion des Publikums gezeigt. In den adligen Salons wird an verschiedenen Orten mit wechselnden Stimmen der Schluss der ersten Folge vorgelesen, meist in Anwesenheit des Dienstpersonals. Der in Fortsetzungen erscheinende Text spielt mit einer dramatischen, Spannung erzeugenden Begegnung – die Protagonistin trifft zum ersten Mal ihre leibliche Mutter –, ohne eine Auflösung zu geben, was Carolines Ehemann treffend als „charmante Unverschämtheit" bezeichnet. Dabei trifft die bildliche Präsenz der kunstvoll ausgeleuchteten und möblierten Gesellschaftsräume auf eine ebenso dichte Folge von im Text imaginierten Gebäuden, Mauern, Türen und Zimmer bei Nacht und in spärlicher Illumination:

> Ein großes erleuchtetes Haus glänzte mir aus der finstern Nacht entgegen, es lag einsam und war nur von einigen Nebengebäuden umgeben. Hier werden Sie Ihre Mutter sehen, sagte mir Charles. Wir fuhren an einer langen Gartenmauer hin, und der Wagen hielt an einer kleinen Thüre. Ein Schauer faßte mich beym Aussteigen. [...] Die kleine Thüre führte zu einem langen schmalen Gang, den eine Lampe nur sparsam erleuchtete. Charles öfnete eine Seitenthüre, und hieß mich hineingehen. Ich trat in ein dunkles Zimmer, Charles schloß die Thüre hinter mir ab, und befahl mir auf dieser Stelle zu warten. Nach wenigen Augenblicken öfnete sich eine Thüre mir gegenüber, aus welcher ein mattes Licht drang, und eine sanfte Stimme rief: – ‚Komme herein, meine Agnes, deine Mutter erwartet dich mit Ungeduld.'[35]

Worauf der Film bei diesem Übergang vom Bild zur poetischen Diktion bei den ganz auf die Handlung konzentrierten Zuhörern aufmerksam macht, ist – in der Tradition des Paragone gedacht – der Mangel an Vorstellungen bei der Romanlektüre, da sich mentale Bilder frühestens bei der Unterbrechung der Lektüre einstellen.[36]

Und am Schluss des Films? Da erwartet den Betrachter ein Scherenschnitt. Noch einmal also: Bildende Kunst um 1800.

---

35 Caroline von Wolzogen, *Agnes von Lilien. Roman*, hg. von Thomas Anz, Marburg 2005, S. 59f.
36 Vgl. Dirk Westerkamp, *Ästhetisches Verweilen*, Tübingen 2020, S. 123.

Markus May

Kommunikative Energien: Zu medien- und geschichtsreflexiven Dimensionen filmischen Erzählens in Dominik Grafs DIE GELIEBTEN SCHWESTERN

> Während die Bilder jene heraufrufen wollen, die im Zuschauer begraben liegen und die jenen ähnlich sind, nähern zugleich die aufblitzenden und entgleitenden Bilder von Film und Television der Schrift sich an. Sie werden aufgefaßt, nicht betrachtet. Das Auge wird vom Streifen mitgezogen wie von der Zeile, und im sanften Ruck des Szenenwechsels blättert die Seite sich um.
>
> (Theodor W. Adorno)[1]

Ausgangspunkt der folgenden Überlegungen ist die Beobachtung, dass Dominik Grafs Film DIE GELIEBTEN SCHWESTERN die medialen Bedingungen der Zirkulation von Kommunikation – und was wäre die Liebe, zumindest als Diskurs, wenn nicht eine der intensivsten Formen von Kommunikation? – in besonders expliziter Weise akzentuiert und reflektiert. Die spezifische Perspektive und die Akribie, mit der die kommunikativen Energieströme der Epoche im allgemeinen und die des Beziehungsgeflechts der Figuren im besonderen von Graf inszeniert wie auch nachgerade analytisch vorgeführt und kommentiert werden, gemahnt an Niklas Luhmanns Beschreibung der Gesellschaft als eines autopoetischen und selbstreflexiven Kommunikationssystems einschließlich der ebenso weiträumig ausdifferenzierten Subsysteme.[2] Es scheint daher sinnvoll, zunächst einige allgemeinere Überlegungen zum Verhältnis von Medium und Kommunikation anzustellen, die dann auf DIE GELIEBTEN SCHWESTERN appliziert werden. Wenngleich in einigen medienwissenschaftlichen wie medienhistorischen Untersuchungen eher der agonale Charakter der unterschiedlichen historisch diachron entwickelten Medien im Sinne eines Medienwandels und einer Ablösung der jeweiligen Leitmedien betont wird, was sich vor allem in der keineswegs ideologieneutralen Frontstellung von „neuen Medien" vs. „alten Medien" manifes-

---

1 Theodor W. Adorno, „Prolog zum Fernsehen", in: ders., *Gesammelte Schriften*, hg. von Rolf Tiedemann unter Mitwirkung von Gretel Adorno/Susan Buck-Morss/Klaus Schultz, Bd. 10.2: *Kulturkritik und Gesellschaft II. Eingriffe. Stichworte. Anhang*, Frankfurt a. M. 2003, S. 507–517, hier S. 514.
2 Siehe dazu z. B. Niklas Luhmann, *Die Gesellschaft der Gesellschaft*, 2 Bde., Frankfurt a. M. 1998.

https://doi.org/10.1515/9783110987591-006

tiert,[3] so gibt es anderseits auch die Tendenz der Inkorporation bestimmter Elemente früherer Medien in den neuen Medien, d.h. die neueren Medien, insbesondere die audiovisuellen Medien wie der Film (aber auch und besonders die digitalen Medien), implementieren auf ihre eigene medienspezifische Weise[4] Strukturen, Formen, Codes etc. älterer Medien und reflektieren dies nun vermittels ihrer eigenen, neueren medialen Strukturen. Kein neues Medium verdrängt oder ersetzt vollständig ein altes – eine medientheoretische Erkenntnis, wie sie im Rieplschen Gesetz bereits 1913 formuliert wurde.[5] Geht man davon aus, dass Medien der Selbstverständigung einer Gesellschaft dienen, die kommunikative Zirkulation hinsichtlich der Werte, Normen, Verhaltensweisen, aber auch der Ökonomie etc. garantieren, letztlich also ein Beschreibungsversuch einer im kommunikativen Akt immer schon historisch werdenden Auffassung von Wirklichkeit sind (zu der die Medien selbst natürlich ebenso gehören),[6] so lässt sich die Mediengeschichte als eine kulturhistorische Form der Wirklichkeitserfas-

---

3 Exemplarisch hierfür etwa die Schriften Michel Serres'. Siehe z. B. Michel Serres, *Erfindet euch neu!*, aus dem Französischen von Stefan Lorenzer, Berlin 2013 oder ders: *Was genau war früher besser? Ein optimistischer Wutanfall*, aus dem Französischen von Stefan Lorenzer, Berlin 2019. Serres' Plädoyer für die neuen Medien speist sich aus dem Gedanken, dass durch diese die Aufhebung der bei den vorherigen Medien vorhandenen Trennung von Sender und Empfänger ein basisdemokratischer Impuls entstünde, der die alten hierarchisch strukturierten Dispositive medialer Macht aufhebe. Als medienhistorisch signifikantes Bild zur Veranschaulichung dieser These dient Serres der Eiffelturm, der für Radioübertragungen genutzt worden ist: „Denn fortan ist sie, bin ich, sind wir, seid ihr Sender so gut wie Empfänger. Die Basis des Eiffelturms gewinnt dieselbe Dignität wie seine Spitze, die eines Tages, auf den wir alle hoffen, verschwinden wird. Wir werden, zum Glück, nicht mehr auf diese Weise bauen. Wir werden unsere Beziehungen so wenig wie die Gesellschaft noch so denken. Wir glauben nicht mehr an diese überkommene Politik, und wir glauben nicht mehr an diese alten Institutionen, die so unverwüstlich sind, daß ihre formale Struktur sich von den ägyptischen Pyramiden bis zum Eiffelturm keinen Deut verändert hat – und sie unter dem republikanischen Anschein stets tyrannisch geblieben sind." (Serres, *Was genau war früher besser?*, S. 68). Serres lässt bei seiner Eloge allerdings außer Acht, dass die neuen Medien wie Internet oder Smartphone auch neue Formen der Manipulation ermöglicht haben.
4 Marshall McLuhan verwendet in diesem Zusammenhang den Terminus „hybridizations" und betont unter dem in mehrfacher Hinsicht bezeichnenden Untertitel „Les Liaisons Dangereuses" die energetischen Potenziale, die solche Medienverschmelzungen kennzeichnen (Marshall McLuhan, *Understanding Media. The Extensions of Man*, London/New York 2005 [1964], S. 53).
5 Vgl. Wolfgang Riepl, *Das Nachrichtenwesen des Altertums mit besonderer Rücksicht auf die Römer*, Leipzig 1913 [Reprint 1972], S. 5.
6 Die doppelte Funktion einer Repräsentation von Realität wie die Konditionierung eben dieser Realität durch die Medien ist Luhmann zufolge ein wesentliches Merkmal des Medienbegriffs, und besonders im Fall der modernen Massenmedien, zu denen auch der Film gehört. Vgl. Niklas Luhmann, *Die Realität der Massenmedien*, 2. erw. Aufl., Opladen 1996.

sung konzeptualisieren – wenngleich man nicht unbedingt das eine mit dem anderen so völlig gleichsetzen muss, wie Friedrich A. Kittler dies getan hat, indem er die Technikgeschichte der Medien mit Literatur- und Kulturgeschichte überhaupt identifizierte.[7] Medien, ihre Codes und Formen (wie sie etwa in literarischen, bildkünstlerischen und filmischen Genres vorliegen) bedingen also die Kommunikationsprozesse, stecken Möglichkeiten und Grenzen der Wirklichkeitserfassung und -beschreibung sowie der Selbstverständigung der gesellschaftlichen Subsysteme bis hin zu den Individuen ab und gewährleisten die fortlaufende Zirkulation von Informationen, die solche Kommunikationsprozesse prägen. (In Klammern sei angemerkt, dass der Begriff der „Autopoiesis", den Luhmann vom chilenischen Neurobiologen Humberto Maturana entlehnt hat, eigentlich nichts anderes als eben diese Selbstorganisationsleistung der Kommunikation bezeichnet.)[8]

Wenn also in einem Film ein früheres Zeitalter durch die es prägende mediale Struktur dargestellt wird, so lässt sich zum einen nach der Form und zum anderen nach der spezifischen Relation fragen, in der die frühen Medien im neuen Medium repräsentiert werden.[9] Mit anderen Worten: Welches Bild der medialen Kommunikation einer Epoche entwirft das neue Medium? Welche Unterschiede und welche vermeintlichen Affinitäten oder gar Parallelen lassen sich erkennen? Es gehört zu den unbestreitbaren Stärken von Dominik Grafs Film DIE GELIEBTEN SCHWESTERN, dass er die Sensibilitäten der darin porträtierten Epoche nicht allein mittels eines ganzen Ensembles zeitgenössischer Medien präsentiert, sondern dass er auch den intrinsischen Konnex von intellektuellen und affektiven, aber auch sozialen Erfahrungen und ihrer Bedingtheit in bestimmten medialen Voraussetzungen und Prozessualitäten herausarbeitet. Diese Reflektiertheit wird durch eine weitere Kommunikationsebene nochmals gesteigert, indem Graf selbst als Off-Erzähler die Diegese des Films um Kom-

---

7 Vgl. Friedrich A. Kittler, *Aufschreibesysteme 1800/1900*, 2. erw. u. korr. Aufl., München 1987. Siehe dazu: Hans Ulrich Gumbrecht, „Nachwort: Mediengeschichte als Wahrheitsereignis. Zur Singularität von Friedrich A. Kittlers Werk", in: Friedrich A. Kittler, *Die Wahrheit der technischen Welt. Essays zur Genealogie der Gegenwart*, hg. und mit einem Nachwort von Hans Ulrich Gumbrecht, 2. Aufl., Berlin 2014, S. 396–422.
8 Luhmann, *Die Gesellschaft der Gesellschaft* (s. Anm. 2), Bd. 1, S. 65–68.
9 Zu Medialität und Medienreflexion im Film siehe die grundlegende Einführung von Kay Kirchmann und Jens Ruchatz, „Einleitung: Wie Filme Medien beobachten. Zur kinematographischen Konstruktion von Medialität", in: *Medienreflexion im Film. Ein Handbuch*, hg. von dens., unter Mitarbeit von Boris Goesl/Peter Podrez, Bielefeld 2014, S. 9–42.

mentare und Hinweise ergänzt,[10] die die historische – und das heißt auch: medienhistorische – Distanz immer wieder durch dieses im Brecht'schen Sinne „epische" Element ins Bewusstsein rufen.[11] Zugleich ist der Off-Erzähler auch ein Merkmal des klassischen Autoren-Kinos, was wiederum eine medienreflexive Annäherung von Film und Literatur suggeriert und durch die eingebetteten Reflexionen und Kommentare auch eine Vermischung der Genres Biopic und Filmessay leistet. Dadurch unterbindet der Film kategorisch jegliche naive historische Identifikation im Geiste einer Repräsentationsästhetik, die, wie im Historismus des 19. Jahrhunderts, Anspruch auf eine totale Simulation der Vergangenheit erheben würde, und reiht sich ein in die Kritik der Geschichtsauffassung und ihrer Darstellbarkeit alter Provenienz, gegen die Historiker wie Hayden White und Michel Foucault, aber auch Autoren wie Umberto Eco, Christoph Ransmayr oder Raoul Schrott in ihren Werken zu Felde gezogen sind.[12] Zugleich ist dies ein wesentlicher Aspekt des Spiels mit Nähe und Distanz, dessen Relevanz innerhalb der unterschiedlichen medialen Strukturen und ihrer entsprechenden historischen Signatur Grafs Film ebenfalls auslotet.

In DIE GELIEBTEN SCHWESTERN werden ostentativ die unterschiedlichsten Medien der Zeit des späten 18. Jahrhunderts ausgestellt und in ihren kommunikativen, sozialen wie individuellen Zusammenhängen beleuchtet: am dominantesten natürlich die Briefkultur, denn das 18. Jahrhundert war das *âge d'or* der Epistolarik. Die Bedeutung dieser Briefkultur im Ausdifferenzierungsprozess des Subjekts als neuzeitlicher Figuration hinsichtlich seiner intellektuellen wie vor allen Dingen seiner affektiven Disposition sowie ihre Auswirkungen auf das System der Künste und insbesondere auf das der Literatur, am prägnantesten repräsentiert in der vorherrschenden Gattung des Briefromans, ist hinlänglich

---

10 Der Off-Erzähler ist ein für Graf typisches Stilmittel. Siehe dazu Chris Wahl, „Stilistische Muster in den Filmen von Dominik Graf. Off-Kommentar, Zwischenbild, Freeze Frame und transparente Reflexion", in: *Im Angesicht des Fernsehens. Der Filmemacher Dominik Graf*, hg. von Chris Wahl/Marco Abel/Jesko Jockenhövel/Michael Wedel, München 2012, S. 238–266, hier bes. S. 243–246.

11 Vgl. zu Brechts Konzept des „epischen Theaters" Marianne Kesting, *Das epische Theater: Zur Struktur des modernen Dramas*, Stuttgart 1959.

12 Vgl. dazu Markus May, „Die (Wieder-)Geburt der Geschichte aus dem Geiste der Posthistoire: Zur Problematik von Historiographie und Narration am Beispiel von Christoph Ransmayrs *Die Schrecken des Eises und der Finsternis*", in: *Akten des XI. Internationalen Germanistenkongresses Paris 2005 „Germanistik im Konflikt der Kulturen"*, hg. von Jean-Marie Valentin, unter Mitarbeit von Roland Perlwitz, Bd. 7, Bern et al. 2008, S. 399–408 sowie Markus May, „,Im Tretboot in Seenot': Schifffahrt als Allegorie postmodernen Schreibens", in: *Seenöte, Schiffbrüche, feindliche Wasserwelten. Maritime Schreibweisen der Gefährdung und des Untergangs*, hg. von Hans Richard Brittnacher/Achim Küpper, Göttingen 2018, S. 179–199.

bekannt, wobei hier nur daran erinnert werden soll, dass gerade so erfolgreiche Briefromane wie *Clarissa* (1748) und *The History of Charles Grandison* (1753) von Samuel Richardson, *Die Geschichte des Fräuleins von Sternheim* (1771) von Sophie von La Roche, *Les Liaisons dangereuses* (1782) von Pierre-Ambrose-François Choderlos de Laclos und Johann Wolfgang Goethes *Die Leiden des jungen Werthers* (1774) in ganz entscheidender Weise die Entwicklung des Liebesdiskurses der zweiten Hälfte des 18. Jahrhunderts und seine weitreichende, Sprachen und Länder überschreitende Zirkulation prägten.[13] Auch Caroline von Wolzogen wird sich später in ihrem Roman *Agnes von Lilien*, an dessen Entstehungs- und Rezeptionsbedingungen in Die geliebten Schwestern wesentlich der Fortgang der Beziehung zwischen Caroline und Schiller demonstriert wird, an Richardsons *Grandison* orientieren.[14] Und so ist es nicht verwunderlich, dass Roland Barthes in seinen Gedanken zum Liebesdiskurs in *Fragmente einer Sprache der Liebe* zwei der vorhin genannten Texte als Beispiele heranzieht: den *Werther* für die reine Expressivität des Liebesbriefes, die *Liaisons dangereuses* als Negativfolie einer strategischen Korrespondenz, die eben gerade nicht Ausdruck von Liebe ist.[15] Vermittels solcher antagonistischer Prinzipien wird erneut deutlich, in welchem Maße die Dialektik der Aufklärung sich auch auf die *éducation sentimentale*, die Erziehung des Herzen erstreckt, die nicht ausschließlich als ein empfindsames Projekt angesehen werden darf, sondern den gesamten anthropologischen Diskurs der Aufklärung seit der Kontroverse Pascals mit Descartes durchzieht,[16] auf die der Film mit dem Bezug auf die Autorin Madeleine de Scudéry und ihre Liebeskonzeption indirekt anspielt (Pascal war bekanntlich ein Bewunderer Scudérys und gelegentlicher Besucher ihrer samstäglichen Salons im Palais Marais).[17] Mit der Thematik des Briefes und des Briefromans verbindet sich ebenfalls eine besondere Relation, die für die Kom-

---

13 Zu dieser Entwicklung am Beispiel von Richardsons *Pamela* siehe Franz Meier, „Die Verschriftlichung des Gefühls im englischen Briefroman des 18. Jahrhunderts: Richardson *Pamela*", in: *Der Liebesbrief. Schriftkultur und Medienwechsel vom 18. Jahrhundert bis zur Gegenwart*, hg. von Renate Stauf/Annette Simonis/Jörg Paulus, Berlin 2008, S. 273–292.

14 Vgl. Donatella Gigli, „Die goldne Welt der Täuschung: Traum und Wirklichkeit in Caroline von Wolzogens ‚Agnes von Lilien'", in: *Untersuchungen zum Roman von Frauen um 1800*, hg. von Helga Gallas/Magdalena Heuser, Tübingen 1990, S. 160–171, hier S. 160.

15 Vgl. Roland Barthes, *Fragmente einer Sprache der Liebe*, aus dem Französischen von Hans-Horst Henschen, 18. Aufl., Frankfurt a. M. 2016, S. 65.

16 Zur Kontroverse zwischen Descartes und Pascal siehe Lothar Schäfer, „Pascal und Descartes als methodologische Antipoden", in: *Philosophische Jahrbuch* 81/2 (1974), S. 314–340.

17 Vgl. Jacques Attali, *Blaise Pascal: Biographie eines Genies*, aus dem Französischen von Hans Peter Schmidt, Stuttgart 2007, S. 148.

munikation und ihre mediale Ausdifferenzierung im sozialen Feld wesentlich erscheint und mit der Problematik der Adressiertheit verknüpft ist, nämlich das diffizile Verhältnis von öffentlicher und privater Kommunikation, dessen komplexe Ausdifferenzierung im späten 18. Jahrhundert Niklas Luhmann in seiner berühmten Studie zur „Liebe als symbolisch generalisiertes Kommunikationsmedium"[18] mit dem leicht zu missverstehenden Titel *Liebe als Passion* als eine besondere Leistung innerhalb der Codierung von Intimität würdigt.[19] Dies gilt es ebenfalls zu berücksichtigen, wenn die besondere Struktur der Korrespondenz in DIE GELIEBTEN SCHWESTERN mit ihrer eigentümlichen Problematik einer triadischen Liebesverflechtung gleich genauer in den Blick genommen wird.

Zunächst soll jedoch noch auf weitere wesentliche Medien aufmerksam gemacht werden, die in Grafs Film eine motivische Verweisstruktur entfalten und so für die wechselseitige Medienreflexion und -kommentierung ebenso eine Rolle spielen wie für die kommunikativen Energien der Handlungsentfaltung und für die Situierung der Figuren in den soziokulturellen Gegebenheiten ihrer Epoche. Neben den für die Beziehungen der Figuren zentralen Medien der Korrespondenz wie Briefen, Billets, Nachrichten etc., die innerhalb der familiären und freundschaftlichen wie liebenden Kommunikationsformen mit ihrer beschränkten und gerichteten Adressiertheit zirkulieren,[20] spielen die Distributionsmedien, die Druckmedien, und hier insbesondere der Buchdruck, eine prominente Rolle. Die prägnante Art und Weise, wie Graf die Evolution des Buchdrucks dokumentiert, und wie er dies mit dem historischen und gesellschaftlichen Wandel, aber auch mit der Existenzerfahrung seiner Figuren verknüpft, verweist einmal mehr auf die intensive medienreflexive Grundstruktur dieses Films. Hierauf wird später noch ausführlicher eingegangen.

Neben Briefen und Büchern sind auch alle Spielarten bildkünstlerischer Provenienz vertreten, von der einfachen Zeichnung, wie etwa Goethes Kreis seiner Farbenlehre, der beim späten Schiller auf dem Schreibtisch steht, über Gemälde, etwa die monumentalen Landschaften im Salon der Frau von Stein, bis hin zu Drucken und Stichen, beispielsweise des motivisch so wichtigen, weil innere und äußere Natur verknüpfenden Rheinfalls bei Schaffhausen im Boudoir der Caroline von Beulwitz. Ebenso vorhanden ist der im 18. Jahrhundert so

---

18 Niklas Luhmann, *Liebe als Passion. Zur Codierung von Intimität*, 13. Aufl., Frankfurt a. M. 2015, S.21.

19 Ebd., S. 13–19 u. S. 163–182.

20 Vgl. dazu Christina Bartz, „Antwortlos. Brief, Postkarte und E-Mail in filmischer Reflexion", in: *Medienreflexion im Film. Ein Handbuch*, hg. von Kay Kirchmann/Jens Ruchatz, unter Mitarbeit von Boris Goesl/Peter Podrez, Bielefeld 2014, S. 243–256.

beliebte Scherenschnitt, bei dem nur die Silhouette, also der Umriss des Profils einer Person, wiedergegeben wird, die allerdings gleichsam im Sinne der Lavater'schen Physiognomik semantisch aufgeladen erscheint[21] – in Grafs Film hingegen fungiert der Scherenschnitt eher im Motivgeflecht des Verhältnisses von öffentlicher und privater Repräsentation und Kommunikation im Sinne einer zu füllenden Projektionsfläche. Vor allem sind es die unterschiedlichen Gestalten des Porträts, die für die Selbstverständigungsprozesse eine wesentliche kommunikative Aufgabe erfüllen. Da sich der Beitrag von Friedrich Vollhardt im vorliegenden Band mit bildkünstlerischen Aspekten in DIE GELIEBTEN SCHWESTERN befasst, kann dieses Feld hier weitgehend ausgeklammert bleiben; es soll an dieser Stelle nur auf die Funktion des Porträts Carl Christoph von Lengefelds, des verstorbenen Vaters von Caroline und Charlotte, hingewiesen werden. Für Louise, seine Witwe und als Mutter der Schwestern eine der Hauptfiguren des Films, repräsentiert es gewissermaßen die patriarchale Ordnung, das Gesetz des Vaters schlechthin, da es durch seine Anwesenheit die reale, ihrem frühen Tod geschuldete Abwesenheit der Person nicht nur überdeckt, sondern hagiographisch und schon fast pseudoreligiös als eine normstiftende Reliquie fungiert – alles geschieht unter den gestrengen Augen des Vaters, dessen Porträt Louise von Lengefelds Salon dominiert. Dass Graf das durchaus ambivalente, komplizierte Verhältnis von Aufklärung und *Ancien Régime* nicht ignoriert – viele Adlige haben zu den Errungenschaften der Aufklärung Entscheidendes beigetragen,[22] wodurch die Auflösung der alten ständischen Ordnung letztlich befördert wurde –, zeigt sich unter anderem daran, dass er gerade Schiller als Exponenten der jungen Generation der Stürmer und Dränger – gewiss nicht zuletzt auch aus strategischen Gründen – das Loblied auf die Leistungen des Oberforstmeisters Carl Christoph von Lengefeld auf dem Gebiet der Naturforschung singen

---

21 Vgl. Johann Caspar Lavater, *Physiognomische Fragmente zur Beförderung der Menschenkenntnis und Menschenliebe*, 4 Bde., Leipzig/Winterthur 1775–1778. Lavater verwendete selbst zahlreiche Silhouetten als Abbildungen zur Demonstration seines Ansatzes, so findet sich im ersten Band u. a. die Johann Wolfgang Goethes mit dem Kommentar: „Die nachstehende Silhouette ist nicht vollkommen, aber dennoch bis auf den etwas verschnittenen Mund, der getreue Umriß von einem der größten und reichsten Genies, die ich in meinem Leben gesehen" (S. 223). In dieser Hinsicht ist es bemerkenswert, dass der Physiognomiker Lavater dem Profil Goethes „[e]in Gemisch von Verstand und Etourderie" zuschreibt (ebd.).

22 Zu adligen Reformern im 18. Jahrhundert in den deutschsprachigen Territorien siehe die Studie von Franziska Hirschmann, *Formen adliger Existenz im 18. Jahrhundert. Adel zwischen Kritik und Reformen*, München 2009.

lässt,[23] vor Schillers zukünftiger Schwiegermutter, die dies selbstverständlich nicht ungern hört. Schiller stellt sich also hier demonstrativ unter das Gesetz des Vaters, indem er die Kontinuität der aufklärerischen Bewegung, als deren Teil er sich und sein eigenes Schaffen begreift, akzeptiert und sogar selbst akzentuiert. Die Komplementarität von Text und Bild – Derrida würde hier eher vom „Supplement"-Charakter sprechen, notwendig zur vermeintlichen Stabilisierung der Signifikanten[24] – für Louise von Lengefelds auf der patriarchalen Autorität gründende familiäre wie soziale Kommunikation erweist sich darin, dass sie neben dem Porträt ihres verstorbenen Mannes auch seine Schriften um sich haben will, wie sie testamentarisch verfügt, zu einem Zeitpunkt, als ihr fortschreitendes Augenleiden eine eigene Lektüre schon nicht mehr erlaubt – übrigens durchaus vergleichbar dem göttlichen mosaischen Gesetz, dessen mediale Wirksamkeit durch die schiere materielle Präsenz in Gestalt der Tafeln des Dekalogs, allerdings wohlverwahrt in der Bundeslade, für die alttestamentarischen Juden gewährleistet wurde.

Daneben werden noch weitere epochentypische mediale Repräsentationsformen vorgestellt, wie etwa das gesellschaftliche und familiäre Musizieren, das ebenfalls der sozialen Selbstvergewisserung dient – so begleitet Charlotte ihren mehr schlecht als recht geigenden Sohn am Clavichord vor der versammelten, pflichtschuldigst lauschenden Familie, als der Konflikt mit Caroline offen ausbricht und die ebenso inszenierte wie fragile Schein-Harmonie sich als solche entlarvt und zerbricht. Dass sich, nachdem Schiller daraufhin einen Blutsturz erleidet, die drei Lengefeld-Frauen wieder zusammenfinden und dreistimmig den (historisch erst später entstandenen) Kanon *O wie wohl ist mir am Abend* anstimmen, während der leidende Schiller im Nebenzimmer nachgerade mit dem Tod ringt, ist nicht nur angesichts des eklatanten Widerspruchs des Liedtextes zur Befindlichkeit des Autors ein Hohn, vielmehr offenbart es auch die letztendliche Dominanz der Lengefeld'schen Trias von Mutter und Töchtern über jene andere Beziehungs-Trias der Töchter zu dem Mann. Wilhelm von Wolzogen, nun Gatte von Caroline, fasst dies ebenso prophetisch wie treffend zusammen (denn auch Caroline wird ihren Gemahl um siebenunddreißig Jahre überleben):

---

23 Zur Biographie und Beurteilung der Leistungen von Lengefeld auf dem Gebiet der Forstwirtschaft siehe Helmut Witticke, „Carl Christoph von Lengefeld (1715–1775) – Leben und Wirken eines bedeutenden Forstmannes im Fürstentum Schwarzburg-Rudolstadt", in: *Beiträge zur Kyffhäuserlandschaft* 20 (2006), S. 62–83.
24 Zu Begriff und Funktion des Supplements siehe Jacques Derrida, *Grammatologie*, übersetzt von Hans-Jörg Rheinberger/Hanns Zischler, Frankfurt a. M. 1988, S. 244–282.

Die Frauen der Familie von Lengefeld haben allesamt ein seltsames Talent, sich Männer auszusuchen, die ihnen ins ewige Leben vorangehen. Am Ende werden sie als Witwen wieder zu dritt zusammen sein – und werden gemeinschaftlich ihrer geliebten verstorbenen Männer inniglich gedenken. Ja, vielleicht ist es das, was sie dann doch immer zusammenhält – etwas, was sie selbst gar nicht verstehen, weil es ihnen trotz allem so selbstverständlich ist. Es ist ihre Dreisamkeit, die Schiller stets wieder gesucht hat. Ihre Frauen-Gemeinschaft, in die sie ihn ganz und gar hineingelassen haben, damals im Sommer 1788 – und aus der sie ihn dann statt in ein Paradies in die Einzelhaft einer Ehe geschickt haben.[25]

Der Kanon, in dem alle Stimmen identisch sind, aber zeitversetzt einsetzen und so in der Relation zueinander Harmonien und Kadenzen erzeugen, wird auf diese Weise zur Signatur eines weiblichen, innerfamiliären Lebensmodells, bei dem die weiblichen Lebensläufe sich durch den frühen Tod ihrer Männer in einer ganz auf die Erinnerung und Verklärung der Verblichenen ausgerichteten Witwenschaft annähern und angleichen.

Ein ebenfalls auffälliges mediales Phänomen, das zu Beginn des Films eingesetzt wird, sind die *Tableaux vivants*, die im Salon der Freifrau von Stein aufgeführt werden, als Charlotte in den Haushalt ihrer Patentante nach Weimar kommt, um dort ihre Ausbildung zu vervollkommnen und um sich eine geeignete Ehepartie zu sichern. *Tableaux vivants* sind eine Form medialer Transposition, da Szenen aus der klassischen Mythologie hier von realen Figuren in einem Verfahren des Stillstehens nachgestellt werden (vergleichbar dem Freeze-Frame-Verfahren des Films,[26] in dem auch die Zeit ‚eingefroren' wird), wodurch menschliche Körper in skulpturaler Pose gewissermaßen medial transformiert und deanimiert werden und zugleich eine ihnen fremde Rolle, eben die einer mythologischen Figur, annehmen, was zudem eine Verbindung zum Histrionischen und damit zur theatralen Kunst schlägt. Die Zuschauer – und auch das gehört zu dieser Spielart gesellschaftlich konventionalisierter Kommunikation – müssen erraten, was bzw. wen die Darsteller vorstellen wollen. Die drei Darsteller sind ein Mann und zwei Frauen, was die Dreieckskonstellation der Hauptfiguren spiegelt; beim dritten Tableau kommt Charlotte, die sich in der Zwischenzeit um- bzw. verkleidet, hinzu. Die drei mythologischen Komplexe sind Pyramus und Thisbe, Medea sowie das Urteil des Paris – allesamt Liebeskonstellationen, die tragisch enden und/oder fatale Folgen zeitigen. In der erstarrten

---

25 DIE GELIEBTEN SCHWESTERN. SCHILLERS GEHEIMNISVOLLE LEIDENSCHAFT. Director's Cut. Reg.: Dominik Graf. Bavaria Film, DE/AUT 2014, 02:35:01–02:35:59; siehe dazu Olaf Möller, „Filmografie", in: Christoph Huber/Olaf Möller, *Dominik Graf*, Wien 2013, S. 135–207, hier S. 206.
26 Auch Freeze-Frame ist ein Verfahren, das für Grafs Filmstil prägend ist. Vgl. Wahl, „Stilistische Muster" (s. Anm. 10), S. 247–254.

Artifizialität dieser Kunst und der Differenz zwischen Zuschauern und Darstellern wird die Inkompatibilität und Inkongruenz von Darstellungsform und mythologischer Identifikation, von Kunstform als medialem Ausdruck und der eigentlichen Sensibilität und intellektuellen Disposition der zeitgenössischen Realität transparent – ein adliger Zeitvertreib, der kaum mehr den intellektuellen und gesellschaftlichen Anforderungen an die Kunst genügt, ein unzeitgemäßes und vor allen Dingen nach den avancierten Naturauffassungen der Spätaufklärung unnatürliches Spektakel, das als Repräsentationsform das gesamte durch sie kommunizierte feudale Selbstverständnis als anachronistisch dekuvriert. Dies erscheint fast wie ein soziohistorischer Kommentar zu Lessings *Laokoon*-Schrift,[27] da letztlich eine Kunstform des Raumes die in jenem Epochenumbruch der „Sattelzeit"[28] dynamisch sich verändernden gesellschaftlichen, politischen, ökonomischen und sozialen Strukturen und ihren steigenden Komplexitätsgrad nicht adäquat repräsentieren kann, im Unterschied zu den Kunstformen der Zeit, vor allem der Literatur (und, so darf aus der medienhistorischen Doppelperspektive gemutmaßt werden, des Films). Die Klage über diese Entleerung klassischer Mythologie, ihre Entfremdung von ihrer ursprünglichen sinnlichen Evidenz und Präsenz wird Friedrich Schlegel in seinem 1800 in der Zeitschrift *Athenäum* veröffentlichten *Gespräch über die Poesie* beklagen und mit dem Postulat einer „neue[n] Mythologie" verknüpfen.[29] Mit der *Tableaux-vivants*-Szene, die den menschlichen Körper als ein Medium, wenn nicht als das Urmedium schlechthin, einführt, kontrastiert eine der Schlüsselszenen für die Beziehungsdynamik der Liebestrias von Caroline, Charlotte und Schiller, die im Gegensatz zur Salonszene in der Natur und während des Rudolstädter Sommers spielt: Nachdem Schiller, dessen Idealismus seine eigentlichen physischen Fähigkeiten übersteigt, als bekennender Nichtschwimmer ein kleines Mädchen aus den Fluten der Saale gerettet hat und nun selbst von den Schwestern, insbesondere Charlotte, gerettet und aus dem reißenden Fluss gezogen werden

---

27 Vgl. Gotthold Ephraim Lessing, „Laokoon: oder über die Grenzen der Malerei und Poesie", in: ders., *Werke in drei Bänden*, hg. von Herbert G. Göpfert, Bd. 3: *Geschichte der Kunst. Theologie. Philosophie*, München 2003, S. 9–188.

28 Zur umfassenden kritischen Diskussion dieses von Reinhart Koselleck geprägten Begriffs, der die Zeit zwischen ca. 1750 und 1850 beschreibt, siehe die Beiträge des Sammelbands von Elisabeth Décultot und Daniel Fulda (Hg.), *Sattelzeit. Historiographiegeschichtliche Revisionen*, Berlin 2016.

29 Friedrich Schlegel, *Gespräch über die Poesie*, mit einem Nachwort von Hans Eichner, Stuttgart 1968, S. 312.

muss, fordert sein kränklicher, frierender Körper den Tribut:[30] Schiller schlottert am ganzen Leib, sodass die Schwestern den jungen Autor nötigen, sich seiner nassen Kleider zu entledigen. Am Rande eines Wäldchens, auf der Grenze zwischen Wald und Wiese – was symbolisch den liminalen Status der gesamten Situation indiziert[31] – lehnt der nackte Schiller am Stamm eines Baumes und wird von den beiden Schwestern mit ihren bekleideten Körpern wie ein Kind gewärmt. Caroline hat ihren Körper dem Mann zugewandt, Charlotte wärmt ihn mit ihrem Rücken und blickt dabei ins Offene der freien Fläche vor sich, was ihr Verhältnis zu Schiller zu diesem Zeitpunkt symbolisiert: In Carolines Liebe dominiert die Gegenwärtigkeit, die jüngere Charlotte richtet ihr Begehren noch mehr auf Zukünftiges (dies entspricht auch der Deutung des Verhältnisses der drei durch die reale Person Schillers, wie sie in den Briefen des Autors zu dieser Zeit angedeutet wird).[32] Dabei ergreift Caroline die Hand ihrer Schwester, um so den Kreis der Drei zu schließen. Diese Geste offenbart die aktive, fast mütterliche, aber doch auch erotische Haltung; der Kreis symbolisiert das Abschirmen des verwundbaren, schwachen und nackten Mannes gegen die Außenwelt, was eine deutliche Umkehrung der gängigen Gender-Rollen darstellt, wie sie zu dieser Zeit auch durch ästhetische Mittel konventionalisiert werden – erinnert sei an entsprechende Stereotypen in Schillers eigenen Gedichten wie *Das Lied von der Glocke* und *Würde der Frauen,*[33] das bei den auch im Verhältnis von

---

[30] Diese – erfundene – Rettungsszene kann durchaus Anklänge an den Schluss von Erich Kästners Roman *Fabian* bzw. *Der Gang vor die Hunde* nicht verleugnen, den Dominik Graf jüngst verfilmt hat.

[31] Zur semantischen Signifikanz der Grenzüberschreitung vgl. Jurij M. Lotman, *Die Struktur literarischer Texte*, übersetzt von Rolf-Dietrich Keil, 4. Aufl., Stuttgart 1993, S. 327–335.

[32] In einem Brief Schillers an Körner vom 26. Mai 1788, in dem der Autor dem Freund seine Situation in Rudolstadt schildert, wird zwar ein mögliches engeres Verhältnis zur Familie Lengefeld angesprochen, allerdings wird deren Realisation ausgeschlossen. Dabei wird intrikaterweise die betreffende Person nicht namentlich spezifiziert, was Deutungsspielräume eröffnet. Schiller schreibt: „In der Stadt selbst habe ich an der Lengenfeldschen und Beulwitzschen Familie eine sehr angenehme Bekanntschaft und bis jetzt noch die einzige, wie sie es vielleicht auch bleiben wird. Doch werde ich eine *sehr nahe* Anhänglichkeit und eine *ausschließliche* an irgendeine einzelne Person aus demselben sehr ernstlich zu vermeiden suchen. Es hätte mir etwas *der* Art begegnen können, wenn ich mich mir selbst ganz hätte überlassen wollen. Aber jetzt wäre es gerade der schlimmste Zeitpunkt, wenn ich das bißchen Ordnung, das ich mit Mühe in meinen Kopf, mein Herz und in meine Geschäfte gebracht habe, durch eine solche Distraktion wieder über den Haufen werfen wollte" (*Schillers Briefe. Mit Einleitung und Kommentar*, hg. von Erwin Streitfeld/Viktor Žmegač, Königstein i. Ts. 1983, S. 127).

[33] Silvia Bovenschen hat in ihrer inzwischen zu einem Klassiker der Gender-Forschung avancierten Monographie *Die imaginierte Weiblichkeit. Exemplarische Untersuchungen zu kulturgeschichtlichen und literarischen Präsentationsformen des Weiblichen* (Frankfurt a. M. 1979) mit

Mann und Frau fortschrittlichen Jenaer Romantikern größte Erheiterung und derben Spott auslöste, wie etwa an August Wilhelm Schlegels Parodie nachzuvollziehen ist.[34] Der nackte Körper des Mannes signalisiert – in überdeutlicher Inversion des gängigen zeittypischen Gemeinplatzes der Gleichsetzung von Natur und Weiblichkeit – durch seine Reduktion auf die unverstellte, verletzliche Physis die Abwesenheit der durch die Kleidung indizierten gesellschaftlichen Konventionen und Rollenmustern, gerade im Kontrast zu den buchstäblich ins Korsett gezwängten Frauenfiguren, die ihn umschließen, er ist zugleich bare Natur in ihrer reinsten Gestalt. Dies wird durch die Kameraführung und den Schnitt noch unterstrichen, da von der Großaufnahme der Drei auf eine Landschaftseinstellung mit einem Schwenk gewechselt wird, um so das Aufgehen der Protagonisten in der sie umgebenden Natur in diesem Moment zu visualisieren – sie werden gewissermaßen zum Teil der Landschaft, fügen sich völlig ein in ein sommerliches, von hellen Lichttönen bestimmtes, idyllisches Naturbild, mit allen Anklängen an den zeitgenössischen Naturdiskurs, der die idyllische bzw. „schöne" Landschaft von der „erhabenen", die im Film durch den motivisch ebenso bedeutsamen Rheinfall bei Schaffhausen repräsentiert wird, trennt. (Hieraus ließe sich, beiläufig angemerkt, auch eine Linie ziehen zur theoretischen Weiterentwicklung und anthropologischen Neufundierung dieses ästhetischen Kerndiskurses in Schillers 1801 veröffentlichter Schrift *Über das Erhabene*.)[35] Zugleich bietet der Film durch den Kameraschwenk über die Großaufnahme der Landschaft ein medial selbstreflexives Zeichen, da er sich, mit Deleuze gesprochen, als „Bewegungs-Bild"[36] von der eigentlichen genrehaften Landschaftsdarstellung der Malerei um 1800, so wie er sie durch die Bildkomposition der Totale anzitiert, absetzt – das historisch frühere Medium erscheint im neuen Medium des Films, allerdings mit einer selbstreflexiven Brechung durch die medienspezifische Struktur des neuen Mediums, die die geschichtliche Differenz markiert. Wenn es Béla Balázs zufolge die Leistung der Filmkunst ist, den „sichtbaren Menschen" in all seiner körperlichen wie seelischen Aus-

---

Blick auf das Frauenbild in Schillers Gedicht „Würde der Frauen" auf die Formel gebracht: „Idealisierung und Domestifikation – dazwischen steht nichts" (S. 243).

34 Vgl. dazu Achim Aurnhammer, „Lyrische Schiller-Parodien", in: *Schiller. Werk-Interpretationen*, hg. von Günter Saße, Heidelberg 2005, S. 243–263, hier S. 251–254.

35 Vgl. Friedrich Schiller, „Über das Erhabene", in: ders., *Theoretische Schriften*, hg. von Rolf-Peter Janz, unter Mitarbeit von Hans Richard Brittnacher/Gerd Kleiner/Fabian Störmer, Frankfurt a. M. 2008, S. 822–840.

36 Vgl. Gilles Deleuze, *Das Bewegungs-Bild. Kino I*, übersetzt von Ulrich Christians/Ulrike Bokelmann, Frankfurt a. M. 1989.

druckstiefe zum Erscheinen zu bringen,[37] so gilt dies für diese Szene ganz und gar, nicht zuletzt, weil der nackte Körper zum Medium seiner eigenen Existenz wird, in wahrhafter Deckungsgleichheit mit seinem Sein, seiner Fragilität, seiner Verwundbarkeit, aber auch zu einem elementaren Teil der Kommunikation der drei Liebenden. Es dürfte klar geworden sein, weshalb hier der Kontrast zwischen den *Tableaux vivants* und ihrer Körpermedialität so bedeutsam ist: Das Körpermedium wird in Opposition zu einer antiquierten Künstlichkeit nun als Ausdruck der neuen gesellschaftlichen Differenzierungen und Diskurse von Ich, Natur, Kunst, Gesellschaft neu und fortschrittlich positioniert. Zugleich zählt diese Szene auch zu den berührendsten des gesamten Films.

Nach dieser kleinen *tour d'horizon* durch das Spektrum der Repräsentation von Medialität in DIE GELIEBTEN SCHWESTERN soll nun wieder die briefliche Korrespondenz in den Blick genommen werden. Dominik Graf hat gelegentlich, am deutlichsten wohl in seiner 2015 gehaltenen Frankfurter Poetik-Vorlesung über den Erzähler im Kino, betont, dass ihn am Film insbesondere das komplexe Verhältnis von Bild und Sprache fasziniere. In einem zu Beginn des *Making of*s von DIE GELIEBTEN SCHWESTERN platzierten Statement äußert sich der Regisseur dann folgendermaßen:

> Das Gefühl von Off-Sprachen, Menschen, die sich off artikulieren, die schreiben, oft heftiger schreiben, als sie reden [...], die Leidenschaft kommt manchmal im schriftlichen Ausdruck fast noch stärker zum Vorschein als im direkten Verbalen, die auch anders, auch emotional anders gebaut sind, die plötzlich mitten in einem Satz anfangen zu weinen, weil sie die Bedeutung dieses Satzes plötzlich übermannt quasi. Das wollte ich, glaube ich, schon, das hat mich auch besonders gereizt, das so auf so einen anderen emotionalen Punkt zu kriegen, weil es eben so eine andere Zeit ist, und vielleicht trotzdem so hinzukriegen, dass es uns nahe ist.[38]

Graf umreißt hier als Zentrum seines Interesses an der Gestaltung des Stoffes die interdependente Verbindung von Schreib- und Affektkultur als eine historische Gemengelage, gewissermaßen, in Anlehnung an Kleist, die Darstellung der ‚allmählichen Verfertigung der Gefühle beim Schreiben'.[39] Einerseits orientiert sich Graf an den Teilen der Korrespondenz zwischen Schiller und den Lengefeld-Schwestern, die noch überliefert sind, u. a. durch die Ausgabe der Briefe

---

37 Vgl. Béla Balász, *Der sichtbare Mensch oder die Kultur des Films*, Frankfurt a. M. 2001.
38 Graf, DIE GELIEBTEN SCHWESTERN (s. Anm. 25), Making of, 00:00:08–00:00:48
39 In Abwandlung des berühmten Diktums von Kleist. Vgl. Heinrich von Kleist, „Über die allmähliche Verfertigung der Gedanken beim Reden", in: ders., *Sämtliche Werke und Briefe in vier Bänden*, Bd. 3: *Erzählungen und Anekdoten. Kleinere Schriften*, hg. von Helmut Sembdner, München/Wien 1982, S. 319–324.

zwischen Charlotte und Schiller, die ihre Tochter Emilie von Gleichen-Rußwurm 1856 erstmals edierte,[40] zugleich nutzt Graf aber auch die Leerstellen, die durch die Vernichtung der Korrespondenz zwischen Schiller und Caroline entstanden sind – Caroline hat diese Zerstörung der Spuren ja selbst vorgenommen, worauf der Film hinweist –; die restlichen noch erhaltenen Briefe Carolines an Schiller wurden jedoch, was der Film nicht benennt, größtenteils von Emilie von Gleichen-Rußwurm im Zuge ihrer Editionstätigkeit vernichtet, da sie nicht in das idealisierte Bild von Schiller und seiner Familie passten, das die Tochter Emilie für die Nachwelt kolportieren wollte.[41] So gibt die Tochter im Vorwort ihrer Ausgabe an, durch die Briefsammlung „ein ganzes treues Bild der schönen Zeit der Liebe Schillers und Lottens" wiedergeben zu wollen.[42] Die einzige tatsächlich erhalten gebliebene Quelle, die auf einen sexuellen Vollzug der Liebe zwischen Schiller und Caroline hindeutet, ist das Billet Schillers vom August 1788: „gestern Abend blieb ich nicht Herr meines Thuens und heute bin ich auf einem eingeladenen folglich späten und langen Diner, werde mich aber wegzustehlen suchen."[43] Dieses Billet zitiert Graf ganz am Ende des Films, gewissermaßen zur Beglaubigung und Legitimierung seiner filmischen Fiktion. Da sich die Symmetrien und Asymmetrien der brieflichen Kommunikation des Liebestrios aufgrund der Quellenlage nicht wirklich historisch exakt rekonstruieren lassen, kann der Film aus den Leerstellen sein spekulatives Kapital ziehen. Gerade aber die Symmetrien und Asymmetrien der brieflichen Kommunikation werden im Film zur Entfaltung der prozessualen Dynamiken der Liebesverhältnisse zwischen den drei Hauptfiguren eingesetzt. Liebe ist, so wird suggeriert, fundamental ein Phänomen der Adressierung – der Adressierung der Gefühle wie derer der Schrift –, die bei einer Dreierkonstellation überhaupt erst problematisch wird, denn im Falle einer klassischen Liebesbeziehung zu zweit liegt die unstrittigste aller Arten des Adressatenbezugs vor. So beantwortet Caroline den ersten Brief, den Schiller an ihre Schwester Charlotte schreibt, und arrangiert nun ihrerseits

---

40 Vgl. Emilie von Gleichen-Rußwurm (Hg.), *Schiller und Lotte 1788. 1789.*, Stuttgart/Augsburg 1856.

41 Vgl. Kirsten Jüngling/Brigitte Roßbeck, *Schillers Doppelliebe. Die Lengefeld-Schwestern Caroline und Charlotte*, 3. Aufl, Berlin 2014, S. 97.

42 Gleichen-Rußwurm, *Schiller und Lotte* (s. Anm. 40), Vorwort [unpag.].

43 Zit. nach Friedrich Schiller Archiv. Online: www.friedrich-schiller-archiv.de/briefe-schillers/an-caroline-von-beulwitz/schiller-an-caroline-von-beulwitz-august-1788/ (letzter Zugriff am 20.7.2020). Siehe auch Jüngling/Roßbeck, *Schillers Doppelliebe* (s. Anm. 41), S. 72. Vgl. den Beitrag von Gaby Pailer in diesem Band.

die Einladung Schillers nach Rudolstadt, die ihre Beziehung begründen wird.[44] Diese erste Phase der Beziehung zeichnet sich durch die symmetrische Adressierung Schillers aus; er schreibt an beide Schwestern dieselben Briefe, die sie – sehr zum Ärger Louise von Lengefelds und Knebels – chiffrieren: „Das ist ein Code", lässt Graf Knebel ausrufen,[45] als die Mutter ihn um die Entschlüsselung der entwendeten Korrespondenz bittet. Der symbolischen Codierung der Verfasser und Adressaten in Kreis, Dreieck und Doppelstrich entspricht eine eigentümliche, fast schon spinozistische Auffassung der Liebe „more geometrico", der ihre ganz und gar nicht formelhafte affektive Dynamik zu widersprechen scheint – wenn man denn die ikonographische und die mathematische Sinndimension der Symbole ausblendet, die dem Kreis als Ausdruck des Vollkommenen und dem Dreieck als abstrakter, durch das jüdische und protestantische Abbildverbot gedeckter Visualisierung der Trinität, der Dreieinigkeit, eignet. Diese Codierung eröffnet den Blick auf die Tiefenschichtung der Liebesutopie, die in dieser ersten Phase der Beziehung als lebbar erscheint – wenngleich ihre wahre Natur vor neugierigen Blicken von außen durch die Codierung chiffriert, geschützt werden muss, da es für sie keinen Ort in der gesellschaftlichen Ordnung der Welt gibt und geben kann, wofür die Bedrohung vor allem von Seiten des eifersüchtigen und ungeliebten Ehemanns Friedrich Wilhelm Ludwig von Beulwitz exemplarisch einsteht. Dass am Ende des Films jener ominöse Brief Schillers an Caroline vom August 1788 zitiert wird, der sich auf das Ereignis bezieht, bei dem das triadische Liebesgeflecht zu einem dyadischen wird, die Dritte also wirklich ausgeschlossen und somit hintergangen wird, was einen eklatanten Verstoß gegen das Aufrichtigkeitsversprechen darstellt, das sich die beiden Schwestern bei ihrem feierlichen Bündnis am Rheinfall von Schaffhausen fünf Jahre zuvor gegeben hatten, lässt sich mit Blick auf die Beziehungsdynamik als Beginn des Scheiterns der *ménage à trois* verstehen: Die Symmetrie der Adressierung in der Kommunikationsstruktur erscheint nun aufgehoben, die Harmonie des utopischen Liebesmodells ist beschädigt. Was nun folgt, sind Heimlichkeiten, eine wachsende Eifersucht zwischen den Schwestern, die sich gegen Ende in der Streitszene der beiden vor der versammelten Familie auf eine höchst (klein-)bürgerliche Weise entlädt, die nichts mehr vom idealistischen Aufbruchspathos in eine neue Form emotional-geistiger Bindung der Anfänge

---

44 Zu einer Rekonstruktion der Entwicklung dieser Beziehungen auf der Basis der tatsächlich erhaltenen Korrespondenz Schillers und der Lengefeld-Schwestern vgl. Ursula Naumann, *Schiller, Lotte und Line. Eine klassische Dreiecksgeschichte*, 2. Aufl., Frankfurt a. M./Leipzig 2014, S. 67–100.

45 Graf, DIE GELIEBTEN SCHWESTERN (s. Anm. 25), 00:30:12–00:30:14.

im Rudolstädter Sommer enthält. Dies wird nur abgemindert durch den Umstand, dass sich die beiden Schwestern nach dem folgenden Blutsturz Schillers einträchtig an dessen Krankenbett versammeln, die eine zur Rechten, die andern zur Linken, wobei in einer subjektiven Kameraeinstellung aus der Perspektive Schillers und mittels der Lichtregie nur der jeweilige Schattenriss erkennbar ist und Schiller – ebenso wie der Zuschauer – die beiden nicht mehr exakt voneinander unterscheiden kann: Er sagt ihre Namen mit einem fragenden Unterton.[46] Die Identifizierung ist nicht möglich, die Adressierung wird nun ebenfalls fragwürdig. Dies steht in einem größeren Motivzusammenhang von Erkennen und Verkennen, der sich durch den gesamten Film zieht. Wie intrinsisch die Emotion und auch der Besitzanspruch mit dem Brief als Medium der Liebeskommunikation verknüpft sind, zeigt sich auch daran, dass Schiller die Affäre mit Charlotte von Kalb endgültig beendet, indem er ihre Briefe zurückgibt – im Beisein ihres Mannes, der die außereheliche Affäre seiner Frau toleriert hatte. Die Parallele zwischen der Beziehung Schillers zu Charlotte von Kalb und der Goethes zu Frau von Stein wird durch die ebenfalls an das Medium des Briefes gebundene Beendigung dieses Verhältnisses durch den anderen Dichter insinuiert. Damit wird allerdings auch klar, dass dieses Beziehungsmodell zu einer adligen Gönnerin und Mätresse für aufstrebende bürgerliche Literaten als nicht mehr tragbar empfunden wurde, was einen sozialhistorischen Kommentar im Kontext der Emanzipation der neuen Klasse des Bürgertums ebenso wie im Selbstverständnis des Autonomiegedankens einer neuen Autorengeneration darstellt, allerdings eingebettet in die spezifischen Medienbedingungen.

Zu diesen spezifischen Medienbedingungen der Epoche gehört auch die Entwicklung des Druckerwesens, der Graf in seinem Film eine Schlüsselposition im historischen Wandel zumisst, zugleich aber auch hier den Wandel der Sensibilitäten mit einbezieht. So spielen zwei korrespondierende Szenen, die im Hinblick auf das Verhältnis Schillers zu den Schwestern von fundamentaler Bedeutung sind, in Druckereien: Als Schiller Charlotte in Weimar zum ersten Mal ausführen darf, besuchen sie zunächst das Grafikkabinett, wo Charlotte über die technischen Details des Holzstichs doziert. Anschließend begeben sich die beiden in eine Druckerei. Anhand der Titelseite des Vorabdrucks von Wielands Roman *Peregrinus Proteus* erörtert Schiller Charlotte die Vorzüge der neuen, aus Frankreich stammenden Didot-Schrifttype:

> Revolutionär, denn ihre Deutlichkeit erleichtert das Lesen. [...] Die Vorstellung, dass eines Tages jeder Mensch ein Flugblatt oder auch ein Buch lesen und verstehen und auch kau-

---

46 Vgl. dazu den Beitrag von Jana Piper in diesem Band.

fen kann, sich leisten kann, dass Bücher eines Tages für jeden erschwinglich sein werden, eine gebundene Ideenmaterie für alle – diese Vorstellung macht mich jedes Mal schwindelig! Ich glaube, dass die Menschheit sich durch Wissen und durch die Ansicht von wahrhaftiger Schönheit weiterentwickeln wird. Ich glaube, dass wir beide, Charlotte, Sie und ich, noch zu Lebzeiten eine andere Welt erleben werden.[47]

Was hier in immens verdichteter Form zum Ausdruck kommt, ist Schillers ästhetisches Erziehungsprogramm als eine Antwort und Alternative zur Französischen Revolution, die er mittels der neuen Verfahren der Textproduktion, -vervielfältigung und -distribution zu erreichen trachtet: Die Drucktype als Element des Mediums erscheint als „[r]evolutionär", die Medienrevolution soll hier an die Stelle der politischen Revolution treten.[48] Dies antizipiert die Programmatik, die Schiller 1793 in den Briefen *Über die ästhetische Erziehung des Menschen* und unter dem Eindruck der Herrschaft des *Terreurs* in dieser Phase der Revolution in Frankreich formulieren wird.[49] Indem Graf diese programmatische Seite des Dichters mit der aufkeimenden Beziehung zu Charlotte verknüpft, suggeriert er, dass sich Schillers Enthusiasmus hinsichtlich einer allgemeinen gesellschaftlichen Utopie auch auf seine intimeren Gefühle überträgt (zumal Charlotte am Ende dieser Rede den Kopf zur Seite wendet), dass öffentliche und private Gemeinschaft für Schiller beide unter der Signatur eines idealistischen Programms stehen – auch wenn er im Verhalten gegenüber Charlotte wie auch gegenüber Caroline immer wieder gegen seine hehren emanzipatorischen Prinzipien verstößt, was auf die Grenzen des utopischen Pathos verweist, die in den doch zu verfestigten Gender-Konventionen selbst in den vermeintlich aufgeklärt-fortschrittlichsten (männlichen) Köpfen liegen. Bemerkenswert ist jedoch, dass Graf die Programmatik des Liebes-, Literatur- und Gesellschaftskonzepts Schillers mit der Medienentwicklung, den Fortschritten im Druckwesen engführt, um die doppelte Perspektive, die Innen- wie Außensicht medienhistorischer Indikationen zu beleuchten, aber auch die doppelte, nämlich mediale und sexuelle, Problematik der (Re-)Produktion in den verschiedenen gendertypologischen Besetzungen durchzuspielen.[50]

---

47 Graf, DIE GELIEBTEN SCHWESTERN (s. Anm. 25), 00:14:55–00:15:23.
48 Vgl. Olaf Möller, „Filmografie" (s. Anm. 25), S. 205.
49 Vgl. Friedrich Schiller, „Über die ästhetische Erziehung des Menschen in einer Reihe von Briefen", in: ders., *Theoretische Schriften* (s. Anm. 35), S. 556–676.
50 Zum Spiel mit medialer und sexueller Reproduktionsthematik und deren respektiven Genderbesetzungen in DIE GELIEBTEN SCHWESTERN siehe Jana Piper, *Goethe und Schiller in der filmischen Erinnerungskultur*, Würzburg 2019, S. 140–147.

Ebenso findet Schillers Wiedersehen mit Caroline nach deren Weggang in einer Druckerei statt, nämlich bei Cotta in Tübingen, als sich Schiller dort aufhält, um die erste Nummer der *Horen* fertigzustellen, der Zeitschrift, in der Schiller auch Carolines Roman *Agnes von Lilien* veröffentlichen wird, freilich ohne Angabe der Verfasserin. Anders als in der historischen Realität erscheinen *Die Horen*, die der stolze Verleger Cotta nun seinem Herausgeber Schiller präsentiert, in der ‚revolutionären' Didot-Schrifttype gesetzt,[51] was diese Szene an die vorherige Offizin-Szene motivisch anschließt. Hinzu kommt, dass Cotta Schiller das neue Verfahren der Stereotypie vorstellt, bei dem durch die Erstellung einer Matrize jederzeit neue Auflagen hergestellt werden können und auch die Aufbewahrung der Matrizen keine Schwierigkeit darstellt, wodurch das Zeitalter der modernen Massendruckverfahren eingeläutet wird. Solche medientechnische Innovationen bilden wesentliche Voraussetzungen für die Art der Wissensdistribution, die Schiller im Gespräch mit Charlotte in der Weimarer Druckerei als Teil seines Programms einer ästhetischen Erziehung formuliert hatte. Korrespondierend mit der zunehmenden Dynamik der Zirkulation von Wissen nimmt auch die Beziehungsdynamik mit dieser erneuten Begegnung zwischen Schiller und Caroline wieder Fahrt auf. Schillers abschätzige Bemerkung über Carolines Lektüre, *Clélie* von Madeleine de Scudéry, lässt schon die Schwierigkeiten erahnen, die Carolines Emanzipation als Autorin von *Agnes von Lilien* zu erdulden hat.[52] Dabei verrät dieser barocke heroisch-galante Roman und besonders die im Film auch gezeigte „Carte de Tendre"[53], eine allegorische Landkarte des Reiches der Liebe, einiges über Traditionen eines weiblichen Liebes- und Schreibkonzepts, das bemüht ist, die amourösen Leidenschaften und Affekte in eine höhere Form seelischer Beziehung zu sublimieren – Traditionen, die Schiller aus seiner vermeintlich progressiven, in Wahrheit aber auch durch seine rigide (und letztlich antiquierte) Gender-Auffassung äußerst voreingenommenen Position allerdings verkennt und abtut. Bei allem revolutionären Impetus, so suggeriert der Film, scheitert Schiller letztlich an konventionalisierten und der Vergangenheit verpflichteten Vorstellungen von männlichen und weiblichen Rollenbildern – und dies gerade dort, wo die Utopie einer Liebe

---

51 Der Pariser Autor, Typograph und Drucker Firmin Didot wird auch mit der Entwicklung und Verbreitung des den Produktionsprozess beschleunigenden Druckverfahrens der Stereotypie in Verbindung gebracht.
52 Vgl. Möller, „Filmografie" (s. Anm. 25), S. 204.
53 Zum Konzept der „Carte de Tendre" bei Scudéry als Ausdruck einer topographisch gefassten, gleichwohl performativen Liebesauffassung vgl. Doris Kolesch, „Performanzen im Reich der Liebe. Die ‚Carte de Tendre' (1954)", in: *Theatralität und die Krisen der Repräsentation*, hg. von Erika Fischer-Lichte, Stuttgart/Weimar 2001, S. 62–82.

zu dritt als Möglichkeit zumindest zeitweilig denk- und vielleicht auch lebbar erschien. Dass diese Szene an dem Ort angesiedelt ist, dem medientechnisch für die Zirkulation von Schillers idealistischem Programm eine entscheidende Bedeutung zukommt – und auch für die Rolle des Dichters, die ihm von Zeitgenossen und Nachwelt zugesprochen wurde –, gehört zu den motivisch konsequenten Ironien des Films, ebenso wie der motivische Rückbezug auf die Szene, in der Schiller und Charlotte sich das erste Mal in Weimar begegnen. Schiller hat sich verlaufen, Charlotte blickt vom Fenster auf ihn hinunter, der Dichter zeichnet eine Karte in den Straßenstaub, um sich orientieren. Er gibt seiner Verwunderung Ausdruck, ob denn Frauen überhaupt Karten lesen könnten; obgleich er, der Mann, es ist, der sich aufgrund seines mangelnden Orientierungssinnes verlaufen hat, also über mangelhafte Fähigkeiten hinsichtlich der nötigen „Praktiken im Raum" verfügt.[54] Auch hier wird die Diskrepanz zwischen den zeitgenössischen Genderauffassungen, denen auch der ansonsten die Freiheit mit großem Pathos feiernde aufstrebende Dichter erlegen ist, und den tatsächlichen Verhältnissen hinsichtlich der intellektuellen und emotionalen Potenziale männlicher und weiblicher Provenienz ironisch ausgeleuchtet. Durch die motivische Verklammerung der beiden Karten-Szenen werden zudem die Symbolisation (in der geographischen Karte) und die Allegorisierung (in der emotionale Bezirke repräsentierenden Karte) im Sinne einer Topographisierung als Verfahren der Repräsentation von Welt zum Zweck der Orientierung des Subjekts (oder der Subjekte) aufeinander bezogen. Diese Formen der Repräsentation lassen sich wiederum im Sinne einer medienreflexiven Auseinandersetzung mit den kommunikativen Energien deuten, als Orientierungsversuche in der räumlichen Welt des Außen wie in der emotionalen Welt des Innen.

Dieser medienreflexive Blick hinsichtlich der Zirkulation der kommunikativen Energien, die in jenen entscheidenden Jahren der „Sattelzeit" die Entwicklung hin zu einer modernen Welt befeuerten, lenkt das Hauptaugenmerk zwar immer wieder auf die persönlichen Figurenkonstellationen der Schwestern und Schillers, die schließlich im Bild des gedoppelten Schattenrisses der beiden wie Todesengel das Bett des kranken Schillers flankierenden Schwestern ihre höchst ambivalente ikonographische Apotheose erfahren (ein Scherenschnitt der anderen Art), blendet aber immer wieder die historischen Ereignisse und Bedingungen mit ein. Im Zentrum, ziemlich genau in der Mitte des Director's

---

54 Zur Differenzierung der damit verbundenen Konzepte von „Räumen" und „Orten" bzw. „Wegstrecken" und „Karten" siehe Michel de Certeau, „Praktiken im Raum", in: *Raumtheorie. Grundlagentexte aus Philosophie und Kulturwissenschaften*, hg. von Jörg Dünne/Stephan Günzel, Frankfurt a. M. 2012, S. 343–353.

Cuts platziert Graf die Jenaer Antrittsvorlesung Schillers, *Was heißt und zu welchem Ende studiert man Universalgeschichte?* (übrigens das einzige Werk Schillers, das im Film eine größere Rolle spielt), und parallelisiert dies mit den Ereignissen der Französischen Revolution und des *Terreurs* der Guillotine. Dem folgt, begleitet von einem Erzählerkommentar, eine Art Porträtgalerie der adligen Hauptfiguren des Films, die als potenzielle ‚Opfer' der historischen Umwälzungen außerhalb des narrativen Zusammenhangs hier aufgeführt werden, wobei die Darstellung im frontalen Halbkörper mit direktem Blick in die Kamera (sonst im Spielfilm ein absolutes Tabu) vor gänzlich schwarzem Hintergrund dieser Porträtgalerie eine schicksalsschwere Anmutung verleiht. Denn in der Porträtmalerei war es üblich, einen schwarzen Hintergrund zu verwenden, um anzuzeigen, dass der Abgebildete bereits verstorben war. Diese ikonographische Tradition überträgt Graf in seinen Film. Zugleich wird hier der Geburtsstand als alleiniges Merkmal und Zugehörigkeitskriterium zum *ancien régime* essentialisiert, wie dies auch dem in weiten Teilen des Adels im 18. Jahrhundert verbreiteten Selbstverständnis entsprach, eine Auffassung jedoch, die gerade die Protagonisten des Films – wie auch andere Vertreter des Sturms und Drangs und der Spätaufklärung – entschieden durch ihr Handeln entgegentreten. Gerade durch den Kontrast zur gemeinschaftsstiftenden Antrittsvorlesung wird hier eine andere Seite der historischen Umwälzungen betont, wenn diese sich in gesellschaftlichen Praktiken manifestieren, nämlich deren Gewalt. Zugleich lässt sich dies auch als ein weiterer Kommentar zur Diskrepanz zwischen dem hehren philosophischen Anspruch des Idealismus, wie ihn Schiller vertritt, und den blutigen Konsequenzen, wenn man Ideale in die schmutzige Welt der politischen Praxis umsetzen will, begreifen. Ideengeschichtlich nährt sich beides von denselben Wurzeln, beides vertritt einen emanzipatorischen Anspruch nebst emphatischem Freiheitsbegriff, der aber jeweils völlig anders gelagert ist. Dies gehört zum kritischen Anspruch, zu den Fragen, die der Film aufwirft, und die in die Gegenwart verweisen, wie die Schlusssequenz nahelegt, die das Weimarer Schiller-Haus in seinem heutigen Zustand und mit Passantinnen und Passanten zeigt. Diese anti-museale Tendenz offenbart sich vor allem, wie bereits erwähnt, in dem durchgängigen Voice-Over-Verfahren, in dem Graf gewissermaßen als Autor-Erzähler fungiert: Mit diesem Stilmittel assoziiert man fast automatisch den deutschen Autorenfilm, so wie er sich seit den späten sechziger Jahren bei Fassbinder, Wenders, Schlöndorff, von Trotta und anderen ausgeprägt hat. Zudem verbinden sich hier klassische Elemente des Biopics mit denen des Filmessays (etwa bei Alexander Kluge). Zugleich erscheint in Die GELIEBTEN SCHWESTERN der Wechsel zwischen Dialog, vorgelesenen Briefen und Erzählerstimme als Mittel, im modernen Medium des Films die Struktur der medialen Präsentation des zentralen Mediums des 18. Jahrhunderts nachzuahmen, nämlich der Literatur, und speziell des Romans mit seinen vielfältigen Möglichkeiten der Einbindung unterschiedlichster Formen und Diskurse: Vor allem die Gattung des Briefromans wird auf diese Weise filmisch reflektiert. Schon in *Die Leiden des jungen Werthers* hat Goethe Briefe und Erzählerstimme als Präsentationsformen kombiniert verwendet, und das Ganze ebenfalls mit Dialogpassagen und intertextuellen Anspielung und Zitaten durchsetzt. Bei Graf entsteht gewissermaßen durch analoge Verfahren ein Film-Roman, der die Grenzen zwischen Faktualität und Fiktionalität, zwischen Filmessay und Biopic, zwischen historischer und gegenwärtiger Sensibilität verwischt – ein Spiel zwischen Erkennen und Verkennen, wie es auch die Protagonisten durchleben.[55] Niklas Luhmann zufolge ist das Moment einer komplexen Realitätsbezogenheit bei gleichzeitigem Autonomiepostulat hinsichtlich der ästhetischen Struktur ein entscheidender Faktor bei der Ausdifferenzierung der Romanliteratur im 18. Jahrhundert gewesen.[56] Damit entstand ein neues Medium der kommunikativen Selbstvergewisserung des Subjekts auf dem Weg in die Moderne. Graf reflektiert dies ebenfalls und bezieht auch die historische und medienhistorische Differenz in umfassender und bewundernswerter Weise im Leitmedium der Moderne par excellence, dem Film, mit ein.

---

55 So erkennen zunächst relativ am Anfang des Films die beiden Schwestern den herannahenden Schiller nicht, gerade als sie sich über die Zeit unterhalten, die er benötigen würde, um zu ihrem Rudolstädter Domizil zu gelangen; am Ende kann der sterbende Schiller die Silhouetten der beiden geliebten Frauen, die an seinem Sterbebett sitzen, nicht mehr unterscheiden.
56 Vgl. Niklas Luhmann, „Lesen lernen", in: ders., *Short Cuts*, hg. von Peter Gente et al., Frankfurt a. M. 2000, S. 150–157, hier S. 150f.

Jana Piper
Drucken, kopieren und kopulieren

Technische, humane und geistige Reproduktionen in
DIE GELIEBTEN SCHWESTERN

Schon der Titel des Biopics DIE GELIEBTEN SCHWESTERN, 2014, verweist auf das
Motiv der Dopplung im Film. Individualisierte Zuschreibungen wie Charakterei-
genschaften oder der Name der Lengefeld-Schwestern, um die es hier geht,
fehlen. Zudem akzentuiert die Passivform im Partizip II eine den Film bestim-
mende triadische Personenkonstellation. DIE GELIEBTEN SCHWESTERN ist der erste
Schiller-Film, der nicht den Namen des Autors oder eines seiner Werke im Titel
trägt. Schiller tritt zwar als empirischer Autor im Film auf, sein poetisches
Schaffen wird jedoch nicht gezeigt. Er fungiert vorrangig als Liebender. Gleichwohl verhilft er durch seine Redaktionsarbeit und durch seine Kontakte in den
Literaturbetrieb der einen geliebten Schwester, Caroline, zur Ausbildung von
Autorschaft. Seine poetischen Leitlinien werden insofern reproduziert und
transformiert.

Neben diesen beiden Autorfiguren weist der Film noch eine dritte Autor-
instanz auf, die wiederum dreifach am Film beteiligt ist: Der Regisseur des
Films, Dominik Graf, nimmt auch die Rolle als Drehbuchautor ein und schreibt
sich damit in die Tradition des Autorenfilms ein – gegen den er sich zuvor immer ausgesprochen hatte.[1] Das Drehbuch von Graf stellt keine Adaption einer
biografischen Literaturvorlage dar und bezieht sich auch nicht auf Schillers
Dramentexte. Vielmehr füllt es eine biografische und literarische Leerstelle zur
Ménage-à-trois zwischen Schiller, Charlotte und Caroline von Lengefeld (später
Beulwitz und Wolzogen), die lediglich in einem einzigen Brief von Schiller angedeutet wird. Graf schreibt sich darüber hinaus auch in den innerfilmischen
diegetischen Raum ein, indem er als Voice-Over-Erzähler die Handlung kommentiert. Die Stimme von Graf, die, nuschelnd und kratzend, die Filmhandlung
verfremdet, durchbricht die geschlossene Historizität, der Historienfilme sonst
unterliegen, und stellt einen markanten Gegenwartsbezug her. Nicht zuletzt auf

---

1 Graf führt den Genrefilm gegen den Autorenfilm an. Vgl. dazu: Nora Burgard-Arp, „‚Drehbü-
cher werden durchgeskriptet und kaputtgemacht': Dominik Graf über den deutschen Film",
in: *Meedia.* http://meedia.de/2015/09/30/wir-koennen-unsere-kinofantasien-im-tv-aus-
leben-dominik-graf-ueber-erzaehltraditionen-des-deutschen-films/ (letzter Zugriff am
16.9.2016).

https://doi.org/10.1515/9783110987591-007

visueller Ebene sprengt der Film konventionelle Formen des linearen Erzählens: Neben Szenen, die das Filmgeschehen aus heutiger Sicht reflektieren oder Rückblenden darstellen, ist der Film geprägt von sich wiederholenden *mises en scènes* oder *mises en abymes.*

1 Reproduktion als medienreflexives Verfahren

Die mediale Vervielfachung im Film begegnet uns auf motivischer, szenischer und intermedialer Ebene. Der Film „greift ihr [der anderen Medien] grundlegendes Prinzip der Wiederholung auf und weitet es auf den ganzen filmischen Text aus."[2] Das Motiv der triadischen Personenverflechtung zwischen Schiller, Caroline von Beulwitz und ihrer Schwester Charlotte spiegelt der Film auch anhand anderer Dreiecksbeziehungen wie der von Goethe, Charlotte und Gottlob von Stein sowie der von Schiller, Charlotte und Heinrich von Kalb wider. Symbolisch wird der Topos der Liebe zu dritt sowohl in einem triadischen Fenstermotiv als auch in Gemälden, die dreigliedrige Personenkonstellationen aufnehmen (*Musikerinnen, Meister der weiblichen Halbfiguren*, 1535), aufgegriffen. Die Symboliken evozieren die Gleichstellung von drei Elementen oder Personen und führen eine (zwischenmenschliche) Balance vor Augen, um die auf der Ebene der filmischen Figurenkonstellationen gerungen wird.

Repetitive Schemata prägen auch die Handlungsstruktur bzw. die sich wiederholenden Sequenzen des Films. Eine an unterschiedlichen Orten lokalisierte, aber immer wiederkehrende Szene ist die der Fensterschau. Die erste Begegnung zwischen Schiller und Charlotte von Lengefeld findet am Fenster des Hinterhauses der Charlotte von Stein in Weimar statt. Die Szene ruft auf den ersten Blick eine klischeehafte Dichotomie zwischen Burgfräulein und Ritter auf, denn Charlotte kommuniziert aus dem ersten Stock des Hauses mit dem auf der Straße stehenden und zum Fenster hochblickenden Schiller. Durch die ironische Gestaltung der Szene, die unweigerlich an Heinrich Heines Gedicht *Die Fensterschau* von 1821 erinnert, bildet sich jedoch eine Brechung von zeitgemäßen Liebes- und Geschlechtervorstellungen ab. Ähnlich wie bei Heines Gedicht stellt Schiller im Kontrast zur schönen Charlotte einen sehr blassen Liebhaber mit einem in die Jahre gekommenen und porösen Kostüm dar. Zudem bleibt Schiller

---

2 Lars Nowak/Peter Podrez, „Wuchernde Wiederholungen und die Kreativität des Kinematografen. Reproduktionsmedien im Film", in: *Medienreflexionen im Film. Ein Handbuch*, hg. von Kay Kirchmann/Jens Ruchatz, Bielefeld 2014, S. 399–413, hier S. 408f.

als Verehrer nicht in einer solitären Position, denn während Charlotte mit ihm im Hinterhaus anbandelt, wartet im Vorderhaus schon ein potentieller Ehemann auf sie, der weitaus vermögender ist als der mittellose Poet. Auch hier bildet sich auf personaler wie topografischer Ebene eine dreigliedrige Verflechtung ab.

Die zweite Fensterschau in Rudolstadt präsentiert dem jungen Autor dann auch schon beide Schwestern, die sich zuerst mit dem Rücken zu ihm drehen, sodass ihre individuellen Eigenschaften im Verborgenen bleiben und Schiller rätseln lassen, welche Frau ihm da vor Augen steht. In einer dritten Fensterschau, die nicht im Kontext einer Liebeswerbung steht, sondern auf den Geniekult des 18. Jahrhunderts verweist, steht ein großes Publikum am Fenster des Rudolstädter Herrenhauses und verfolgt mit Begeisterung die erste Begegnung zwischen Goethe und Schiller, die auf der Bühne der herrlich anmutenden Saalelandschaft stattfindet. Diese sich wiederholenden Sequenzen steigern nicht nur die Komplexität der filmischen Handlung, sondern stellen auch die Potentialität filmischer Inszenierungspraktiken heraus, die wiederum Darstellungstechniken älterer Performanzmedien – wie die des Theaters – kopieren.

Eine intermediale Reproduktion vollzieht der Film auch bei anderen Prämedien, so etwa, wenn der tosende Rheinfall in Schaffhausen erst filmisch und dann auf einem Holzstich gezeigt wird. Ferner enthält der Film eine Vielzahl nicht-expliziter Reenactments, die sich auf Gemälde von Georg Friedrich Kersting beziehen (siehe hierzu den Beitrag von Friedrich Vollhardt). Doch nicht nur auf bildlicher, sondern auch auf schriftlicher Ebene stellt sich der Film in Interdependenz zu älteren Schrift- und Drucktechniken. Beim analogen Schreiben etwa rekurriert der Film auf das Medium des Briefes:

> Es geht dabei um eine Imagination von Unmittelbarkeit, die nicht allein darin besteht, mittels der Schrift im Brief eine direkte Interaktion mit dem Gesprächspartner zu ermöglichen, sondern die zudem besagt, dass sich ein unverstellter Blick in seine Seele gewinnen lässt.[3]

Neben diesem Empfindsamkeitsdiskurs wird anhand des Briefes auch die Möglichkeit der Kopie und damit wiederum der Reproduktion herausgestellt. Schiller betätigt sich als Kopist, wenn er in Rudolstadt beiden Schwestern den glei-

---

3 Christina Bartz, „Antwortlos. Brief, Postkarte und Email in filmischer Reflexion", in: *Medienreflexionen im Film. Ein Handbuch*, hg. von Kay Kirchmann/Jens Ruchatz, Bielefeld 2014, S. 243–257, hier S. 249.

chen Brief schreibt, um keine „Konkurrenz zu entfachen".[4] Charlotte von Lengefeld versucht den Schreibstil von der Nebenbuhlerin Charlotte von Kalb zu kopieren, um mit diesem Brief, gerichtet an sich selbst, einen tragenden Beweis vorzubringen, der Schiller zwingt, die Affäre mit der verheirateten Frau zu beenden. Die filmische Darstellung des Briefverkehrs verweist auf die Dualität der beiden Schwestern und das sich auseinanderdividierende Verhältnis. Wird am Anfang der filmischen Diegese beim Schreiben des Briefes noch mit einem Schuss-Gegenschuss-Verfahren gearbeitet, das die räumlich getrennten Schwestern in einen Dialog treten lässt, beschreiben die späteren Ellipsen, die auf eine fehlende Adressatin deuten, die zerbrochene Beziehung. Das handschriftliche Kopieren konvergiert schließlich mit der technischen Massenproduktion des Buchdrucks. Als Massenmedium bildet der Buchdruck eine Analogie zum Film.

Der Film zeigt eine Genealogie von Medien, an deren Ende er sich selbst konstituiert. Insofern kann nach Bolter und Grusin auf das Konzept der Remediation verwiesen werden, das sich in diesem Biopic durch eine *hypermediacy* darstellt, also durch eine Sichtbarmachung der medialen Bezugnahmen.[5] Wesentlich für die Remediation erscheint, wie der Bezug zwischen den einzelnen Medien gestaltet ist: würdigend oder rivalisierend. „Entsprechend wird das repräsentierte Medium einmal bewahrt, ein andermal transformiert."[6] Tendenziell wird in Grafs GELIEBTEN SCHWESTERN sehr würdigend mit historischen Medien umgegangen. Die filmische Diegese entbehrt aktionshafte Erzählräume und stellt vielmehr eine theatrale Bühnenhaftigkeit aus. Die Errungenschaft des Buchdrucks wird mit Leidenschaft präsentiert. Zudem nimmt das Schreiben und Vorlesen von Briefen in der Verschränkung der beiden kommunikativen Akte einen großen Raum ein. Der Regisseur führt diesbezüglich an, er habe versucht „zu filmen, so wie man schreibt – als wäre das Filmmaterial das Papier".[7]

Handschrift und Druckschrift sowie Druckschrift und digitale Schrift gehen im Film ineinander über, indem sich intradiegetische und extradiegetische Schrift aufeinander beziehen. Es kommt somit zu einer „intermediale[n] Inkor-

---

4 DIE GELIEBTEN SCHWESTERN. SCHILLERS GEHEIMNISVOLLE LEIDENSCHAFT. Director's Cut. Reg.: Dominik Graf. Bavaria Film, DE/AUT 2014, TC:00:24:50.

5 David Bolter/Richard Grusin, *Remediation. Understanding New Media*, Cambridge/MA 1999.

6 Fabienne Liptay/Susanne Marschall, „Remediation", in: *Lexikon der Filmbegriffe*, hg. von Hans Jürgen Wulff. http://filmlexikon.uni-kiel.de/index.php (letzter Zugriff am 10.12.2019).

7 Martina Knoben, *Kritik zu Die geliebten Schwestern*. https://www.epd-film.de/filmkritiken/die-geliebten-schwestern (letzter Zugriff am 12.3.2020).

poration visueller Charakteristika."[8] Denn die extradiegetische Schrift des Films, die durch Zwischentitel eine weitere Erzählinstanz darstellt, ahmt typografisch eine abgetragene Druckschrift nach, die der im Film besprochenen Didot-Schrift des Buchdrucks nahe kommt. Ironisch gebrochen wird die Schrift wiederum durch eine Aktualisierung, da sie digital im Pop Art-Stil knallbunt eingefärbt erscheint. Der Einsatz von Drucktechnik in Kombination mit heutigen Stilkonventionen stellt noch einmal eine Hommage an die Medien der Vergangenheit dar und verweist auch auf Elemente des Steampunks, eines Retro-Futurismus', der die Entwicklung des 19. Jahrhunderts aus einem gegenwärtigen Blickwinkel rekonstruiert und als unabdingbar für die Genese heutiger Medien offenbart.[9]

Die Szenen des Buchdrucks verbinden die dargestellte handwerkliche Produktion mit wesentlichen Ereignissen und Weiterentwicklungen der Protagonisten im Film. Prägnant veranschaulicht wird diese Verflechtung durch eine literarische Referenz zu Schillers *Lied von der Glocke* (1800), für das der empirische Autor mehrfach zu Beobachtungsstudien, die vom Film nicht thematisiert werden, die Glockengießerei in Rudolstadt besuchte. Der erste Besuch in einer Druckwerkstatt findet innerhalb der filmischen Handlung zusammen mit Charlotte statt, die der Autor zu einem ersten Ausgehen überreden konnte. Der zweite Besuch vollzieht sich zusammen mit beiden Schwestern schon in doppelter Konstellation. Das dritte Mal wird die Szenerie des Buchdrucks für ein Wiedertreffen mit Caroline genutzt, wobei die filmische Montage einen Zusammenhang zwischen humaner, technischer und geistiger (Re-)Produktion konstruiert. Symbolhaft werden innerhalb von Einstellungen, die der Assoziationsmontage nahekommen, in chronologischer Abfolge und mittels hartem Schnitt der Buchdruck, der Geschlechtsverkehr Schillers mit Caroline, der fertige Druck der *Horen*, eine läutende Glocke, die den Tod des Herzogs Karl Eugen signalisiert, und schließlich die schwangere Charlotte gezeigt. Die Glocke, die hier sogar als eigenständiges Motiv gezeigt wird, markiert wie im Gedicht Geburt und Tod als Lebensrhythmus. Im Zusammenhang mit dem Tod des Herzogs 1793 rekurriert die Glocke symbolhaft auf die antirevolutionären Strophen des lyrischen Werks und leitet den historischen Umbruch und Schillers Distanzierung von der Französischen Revolution ein. Ebenfalls zeigt die Sequenz eine Zuschreibung von

---

8 Nowak/Podrez, „Wuchernde Wiederholungen und die Kreativität des Kinematografen. Reproduktionsmedien im Film" (s. Anm. 2), S. 411.
9 Daniel Möhle, „Steampunk", in: *Lexikon der Filmbegriffe*, hg. von Hans Jürgen Wulff. http://filmlexikon.uni-kiel.de/index.php (letzter Zugriff am 10.12.2019).

Geschlechterrollen an, die wie im Lied von der Glocke als geschlechterpolitische Polarisierung deklariert werden kann.[10]

2 Humane und geistige Reproduktionen

Die dritte Sequenz des Buchdrucks verweist auf den Topos von Kunst, Zeugung und Geburt. Die Dualismen von Natur/Kultur und Materialität/Idealität werden in Relation zu binären Geschlechtervorstellung auf Mutter- und Vaterschaft verteilt.[11] Während der Geschlechtsakt zwischen Caroline und Schiller zur biologischen Reproduktion durch die Frau führt – hier im doppelten Sinn, denn nach der außerehelich verbrachten Nacht, die zu einer unausgesprochenen Schwangerschaft Carolines führt, wird die schwangere Charlotte gezeigt –, stellt er für den Mann primär die kulturelle Produktion dar, was durch die Einblendung der gedruckten *Horen* unmittelbar nach dem Geschlechtsverkehr vergegenwärtigt wird. Prägnant ist diese Sequenz auch, da sie eine Differenz von weiblicher und männlicher künstlerischer Inspiration demonstriert. Caroline verarbeitet die Liebesnacht psychologisch-affektiv in ihrem Werk *Agnes von Lilien*, wobei wiederum die Relation Gender und Genre aufgerufen wird und das subjektive und emphatische Empfinden der Frau als entscheidend für die literarische Produktion herausgestellt werden. Die *mise en scène* der Liebesnacht zeigt dementsprechend auch mittels subjektiver Kamera aus der Perspektive Carolines in nahen Einstellungen die Tapete des Raums, die durch goldene Lilien strukturiert ist und die Idee zum Titel des Romans plakatiert. Schiller, der bei Carolines Romanarbeit als Lehrerfigur auftritt, vollzieht in der gemeinsamen Nacht nicht nur eine biologische Insemination, sondern auch eine geistige, indem er die Vaterschaft über den anonymen und von ihm in den *Horen* publizierten Roman übernimmt. Es spielt keine unwesentliche Rolle, dass diese intellektuelle Reproduktion in Folge der Filmmontage auf einen außerehelichen Zeugungsakt zurückgeführt wird. Während der eheliche Geschlechtsverkehr nur als kurzer Flashbackmoment Charlottes gezeigt wird, stellt die lange Einstellung des Seitensprungs ein durch die Einmaligkeit provoziertes Begehren und eine Vereini-

---

10 Vgl. Jana Piper, *Goethe und Schiller in der filmischen Erinnerungskultur*, Würzburg 2019, S. 143.

11 Vgl. dazu David E. Wellbery, „Kunst – Zeugung – Geburt: Überlegungen zu einer anthropologischen Grundfigur", in: *Kunst – Zeugung – Geburt. Theorien und Metaphern ästhetischer Produktion in der Neuzeit*, hg. von Christian Begemann/David E. Wellbery, Freiburg im Breisgau 2002, S. 9–36, hier S. 9.

gung von Körper und Seele dar, die allein, wie es scheint, ein vollkommenes Werk hervorbringen kann. Interessant ist, wie der Film hinsichtlich einer intellektuellen Schwangerschaft zwischen weiblicher und männlicher Autorschaft unterscheidet: Der literarische Produktionsprozess wird bei Caroline als nicht teleologisch, sondern realistisch harter Arbeitsprozess markiert, welcher die „vier rhetorischen Änderungskategorien des Hinzufügens, Streichens, Ersetzen und Umstellens"[12] umfasst. Hinzu kommt, dass Schiller Carolines literarische Produktion immer begleitet. Der Film verweist dabei auf eine historische Referenz, denn in der Blütezeit des Weimarer Dilettantismus, im letzten Drittel des 18. Jahrhunderts, entdeckten Goethe und Schiller das Ausbildungspotential junger Dilettantinnen, also Frauen, die künstlerische Ambitionen verfolgten und damit dem *Mann von Fach* entgegenstanden. Die Kategorisierung der *poetischen Weiber* als Dilettantinnen findet sich in den expliziten Kriterien der Dilettantismus-Abhandlung von Goethe und Schiller und unterstellt der Frau eine künstlerische Unvollkommenheit. Caroline von Wolzogen wird häufig zu Arbeitstreffen bei Goethe – bisweilen auch in Anwesenheit von Schiller – geladen, in deren Verlauf sie ihr Werk vorstellt und mit Änderungs- und Verbesserungsvorschlägen konfrontiert wird. Für Goethe und Schiller stand bei diesen Sitzungen nicht die Ausbildung der Autorinnen im Vordergrund, vielmehr fungierten die Frauen für die etablierten *Meister* als Studienobjekte des Dilettantismus.

Die wenigen literarischen Interferenzen zu Schillers Œuvre, die der Film im Buchdruck oder als Rezitation darstellt, beziehen sich auf *Don Carlos* (1787), *Die Geschichte des Abfalls der vereinigten Niederlande von der spanischen Regierung* (1788), *Was heißt und zu welchem Ende studiert man Universalgeschichte?* (1789) sowie *Die Horen* (1795–1797) und werden als fertige literarische Produkte ohne Schreibszenen dargestellt. Schillers Autorschaft kann als Herausgeberschaft der *Horen* und des Romans *Agnes von Lilien* im Zusammenhang mit einer Transformation der Genieästhetik als editoriale Autorschaft konstatiert werden. Die Reinheit der männlichen literarischen intellektuellen Geburt wird mit den Realgeburten der beiden Schwestern kontrastiert, die vom Film als profan, durch Schmerzensschreie und viel Blut vergegenwärtigt werden.[13]

Die Genese von Schillers starker Autorschaft, die in einem reziproken Verhältnis zu seinem geschwächten und kranken Körper steht, womit man, wie so oft in Schiller-Biographien, auf den Topos des *poeta dolens* rekurriert, wird auch

---

12 Martin Stingelin, „‚Schreiben'. Einleitung", in: *„Mir ekelt vor diesem tintenklecksenden Säkulum". Schreibszenen im Zeitalter der Manuskripte*, hg. von Martin Stingelin, München 2004, S. 7–22, hier S. 16.
13 Piper, *Goethe und Schiller in der filmischen Erinnerungskultur* (s. Anm. 10), S. 144.

durch die Reproduktion eines weiblichen Prinzips der Fürsorge bestärkt. Zwar werden den beiden Schwestern eigene und ihre Dualität verstärkende Charakterzüge zugestanden – Charlotte ‚die Weisheit' vs. Caroline ‚die Glut' –, jedoch belebt der Regisseur damit wieder „den alten Gegensatz von treusorgender Hausfrau und erotischer anziehender Geistesaristokratin."[14] Ferner werden die Individualität und die bipolaren Eigenschaften der Frauen, welche auch zur Zerrüttung der Ménage-à-trois führen, immer wieder aufgehoben, indem die Fürsorge und die Entsagung für den gemeinsamen Dichterfreund die Zurückstellung subjektiver Interessen bedingen.

Eine Reproduktion von weiblicher Fürsorge vollzieht sich in drei Szenen des Films und ruft die klischeehafte Vorstellung vom natürlichen Pflegeverhalten der Frau und dem damit verbundenen vermeintlich angeborenen Mutterinstinkt auf. In der ersten Szene rettet Schiller ein Kind vor dem Ertrinken im Fluss. Um ihn vor Unterkühlung zu bewahren, schmiegen sich die beiden Schwestern mit ihren wärmenden Körpern an den unbekleideten Schiller. Die Szene offenbart ein hohes Maß an Erotik und gibt einen Vorausblick auf die sich – auch sexuell – entwickelnde Liebe zu dritt. In der zweiten Szene tritt Caroline – anstelle des schlafenden Schillers – als Geburtshelferin ihrer Schwester bei. Caroline und Charlotte stellen dabei ihre eigenen Interessen zurück, um den überarbeiteten Autor nicht zu stören. Die weibliche Fürsorge offenbart sich vorrangig als körperliche und soziale Aufopferung der Frauen für den Autor. Nur selten unterstützen sie ihn auf geistiger oder intellektueller Ebene, und auch aus den Diskursen zum zeitpolitischen Geschehen werden sie ausgeschlossen. In einer letzten Sequenz des Films führt das Prinzip der weiblichen Fürsorge wieder zu einer Vereinigung der beiden Schwestern, die sich aufgrund von Eifersucht in der Dreiecksbeziehung zwischenzeitlich voneinander distanzieren. Schillers Zusammenbruch und seine schwere Erkrankung reaktivieren eine familiäre Geschlossenheit. Am Bett des fiebernden Schillers erscheinen die Frauen, in einer *mise en scène*, die einem Gemälde gleichkommt, nur noch als Schatten ihrer selbst. In der Perspektive des männlichen Betrachters, der immer wieder das Bewusstsein verliert und sich in einer hypnoseartigen Phantasie befindet, wird der Frauenkörper zu einem immateriellen und überhistorischen Schattenbild und ist in Anbetracht der Krankheit Schillers auch als doppelte Reinkarnation der *Magna Mater*, der Erzeugerin des Lebens, zu lesen. Ermöglicht die me-

---

14 Gert Sautermeister, „Charlotte, Caroline und die Liebe in all ihren Reichtümern. Eine Dreiecks-Konstellation in Friedrich Schillers Leben und in Dominik Grafs Film ‚Die geliebten Schwestern'". http://literaturkritik.de/public/rezension.php?rez_id=19747&ausgabe=201409 (letzter Zugriff am 12.12.2016).

diale Reproduktion bzw. *Remediation* eine Aufbrechung der geschlossenen Erzählung des Historienfilms, verharrt die humane und geistige Reproduktion im Film in Historizität.

Abb. 10: Die beiden Schwestern als Schatten / Standbild aus DIE GELIEBTEN SCHWESTERN (© Frédéric Batier, Bavaria Media GmbH)

Zumindest wird in einer letzten rezeptionsgeschichtlichen Perspektive, die der Film vor dem Schiller-Haus im heutigen Weimar lokalisiert, noch an die bedeutsame Schiller-Biographie von Caroline von Wolzogen erinnert, die sie nach dem Tod des Autors verfasste. In dieser Sequenz bildet sich wiederum eine dreifache Autorschaft ab, welche die Entstehungsgeschichte der filmischen Handlung aufzeigt und legitimiert. Grafs Stimme im Off verweist darauf, dass von Wolzogens Biographie *Schillers Leben*, 1830, jede erotische Bezugnahme unterlässt; die sich anschließende Szene stellt eine Rückblende dar, die Schiller beim Verfassen des einzigen überlieferten Briefes an Caroline zeigt, der eine Zuneigung zu der älteren Schwester vermuten lässt. Der Film endet mit dieser Szene und lässt die Neuinterpretation der Dreieckbeziehung zwischen Schiller und den beiden Lengefeld-Schwestern durch Dominik Graf nur konsequent erscheinen. Der Abspann des Films zeigt eine Reihe von Namen der Produktionsbeteiligten, an dessen Ende sich Dominik Graf konstituiert, auf altem Papier und in der intradiegetischen Zwischentitelschrift an, die im Hintergrund noch einmal serifenlos – zur besseren Lesbarkeit – reproduziert wird. In Kontinuität zu den beiden literarischen Vorlagen, die vom Film transformiert und neuinterpretiert werden, schafft der filmische *auteur* letztlich ein eigenes Kunstwerk mit literarischem Anspruch.

Astrid Dröse

Zwischen Propaganda und innerer Emigration – Intermediale Schiller-Rezeption vor 1945

1 Zeitgeist und Ambivalenzen

Am 13. November 1940 – also rund 14 Monate nach Kriegsbeginn – hatte in Stuttgart und parallel in Straßburg ein Film Premiere, der als „das erstaunlichste Filmkunstwerk" bezeichnet worden ist, „das im Dritten Reich gedreht wurde"[1]: FRIEDRICH SCHILLER – DER TRIUMPH EINES GENIES.[2] Die Tobis, nach der UFA die zweitgrößte deutsche Filmgesellschaft der Zeit, hatte weder Kosten noch Mühen gescheut, um die erste Riege der Filmszene zu engagieren.[3] Die Erstaufführung in Berlin am 17. November im Capitol am Zoo wurde symbolträchtig von einer konzertanten Aufführung von Beethovens *Die Geschöpfe des Prometheus* ge-

---

1 Rudolf Oertel, *Macht und Magie des Films. Weltgeschichte einer Massensuggestion*, Wien 1959, S. 418.
2 Im Folgenden mit der Sigle TG abgekürzt. Der Film ist immer wieder Gegenstand von Einzelanalysen gewesen: Jana Piper, *Goethe und Schiller in der filmischen Erinnerungskultur. Rezeptionskulturen in Literatur- und Mediengeschichte*, Würzburg 2019, S. 107–118; Rolf Seubert, „,Friedrich Schiller – Der Triumph eines Genies' oder: Die Umdeutung eines Dichters der universalen Freiheit zum Propheten der nationalsozialistischen Revolution", in: *Journalismus und Öffentlichkeit*, hg. von Tobias Eberwein/Daniel Müller, Wiesbaden 2010, S. 467–481; Sigrid Nieberle, *Literarhistorische Filmbiographien: Autorschaft und Literaturgeschichte im Kino*, Berlin 2008, S. 46–48 und S. 116–130; Harro Segeberg, „Literatur als Medienereignis: ,Friedrich Schiller. Der Triumph eines Genies' (1940)", in: *Jahrbuch der deutschen Schillergesellschaft 45* (2001), S. 491–533; Linda Schulte-Sasse, „National Socialism's Aestheticization of Genius: the Case of Herbert Maisch's ,Friedrich Schiller – Triumph eines Genies'", in: *The Germanic Review* 66/1 (1991), S. 4–15. Das Drehbuch liegt in einer Edition vor: Walter Wassermann/C. H. Diller, *Drehbuch zu dem Film „Friedrich Schiller. Der Triumph eines Genies" (1940)*, hg. von Thomas Reis, Frankfurt a. M. 1983.
3 Die Literatur zum Film der NS-Zeit ist umfangreich; in einer aktuellen Auswahlbibliographie werden rund 200 (v. a. neuere) Titel erfasst: Friedemann Beyer/Norbert Grob (Hg.), *Der NS-Film*, Ditzingen 2018. Immer noch als klassisch gelten können: Francis Courtade/Pierre Cadars, *Geschichte des Films im Dritten Reich*, München 1975; Bogusław Drewniak, *Der deutsche Film 1938–1945. Ein Gesamtüberblick*, Düsseldorf 1987; Jerzy Toeplitz, *Geschichte des Films*. Bde. 2–4: 1928–1933; 1933–1939; 1939–1945, Berlin 1982; vgl. auch Karsten Witte, „Film im Nationalsozialismus. Blendung oder Überblendung", in: *Geschichte des deutschen Films*, hg. von Wolfgang Jacobsen, Stuttgart/Weimar 1993, S. 119–170; Peter Reichelt, *Der schöne Schein des Dritten Reiches. Faszination und Gewalt des Faschismus*, Frankfurt a. M. ²1993.

https://doi.org/10.1515/9783110987591-008

rahmt.[4] In ihrer offiziellen Ankündigung machte die Tobis den Stellenwert des Films deutlich:

> Hier ist Respekt nötig, Herr Theaterbesitzer! Durch diesen Film weht der starke Atem einer Schicksalsstunde, der Stunde, in der ein erwachendes Genie sich seiner Berufung zu seiner Lebensaufgabe bewusst wird. [...] Die Tobis und alle Mitarbeiter dieses Schiller-Films haben alle Kräfte angespannt, um dieses Werk von nationaler Bedeutung zu einer Spitzenleistung des deutschen Films zu machen.[5]

Für die Regie hatte man den ehemaligen Intendanten des Nationaltheaters Mannheim, Herbert Maisch, gewonnen, der zeitweise als ‚politisch unzuverlässig' galt und daher seine Position am öffentlichen Theater in den 30er-Jahren räumen musste, sich dann aber dem Regime zunehmend anpasste. Nach 1945 wirkte er als Generalintendant der Kölner Bühne, wo er u. a. *Des Teufels General* und *Der Hauptmann von Köpenick* inszenierte.[6] Obwohl er 1941 an der Produktion des antibritischen Propagandafilms OHM KRÜGER beteiligt war, zählt Carl Zuckmayer ihn in seinem für das amerikanische *Office of Strategic Services* (OSS) verfassten *Geheimreport* (1943/44) zu den dezidiert nichtnationalsozialistischen Kunstschaffenden („Seiner Gesinnung nach immer fortschrittlich, [...] nicht linksradikal aber überzeugt demokratisch, wenn auch in einer konservativen Facon [sic] [...] in keiner Faser ein Nazi").[7] Die Musik für TRIUMPH EINES GENIES schuf Herbert Windt, der auch den Soundtrack zu Riefenstahl-Filmen wie TRIUMPH DES WILLENS (1935) und OLYMPIA (1938) geschrieben hatte. Die Hauptrollen übernahmen mit Heinrich George als Karl Eugen, Lil Dagover als Gräfin Franziska von Hohenheim und Horst Caspar als der junge Schiller Stars der Theater- und Filmwelt. Caspar galt als einer der begabtesten Nachwuchsschauspieler und hatte sich in ganz Deutschland auf den großen Theatern v. a. in den Rollen von Schillers Dramen, insbesondere als Ferdinand (*Kabale und Liebe*), Karl Moor (*Die Räuber*) und Max in der *Wallenstein*-Trilogie einen Namen gemacht.[8] Nach den sog. Nürnberger Gesetzen galt er aufgrund

---

4 Segeberg, „Literatur als Medienereignis" (s. Anm. 2), S. 503.

5 „Appell der Tobis-Filmkunst an die deutsche Kinobranche", zitiert nach https://roos.jugend1918-1945.de/default.aspx?id=28647 (Website eines Projekts zu „Jugend in der NS-Zeit", das u. a. in Kooperation mit dem NS-Dokumentationszentrums der Stadt Köln entwickelt wurde, letzter Zugriff am 20.12.2023).

6 Carl Zuckmayer, *Geheimreport*, hg. von Gunther Nickel/Johann Schrön, München 2004, S. 402f. (Anmerkungen).

7 Ebd., S. 186.

8 Karla Ludwiga Vortisch, *Horst Caspar (1913–1952). Ein Schauspieler im Wandel einer Epoche*, Berlin 1966.

seiner jüdischen Vorfahren als „Mischling zweiten Grades", was eigentlich zu Berufsverbot geführt hätte, doch ließ sich die Reichstheaterkammer in Absprache mit dem Theater Bochum, das Caspar protegierte, auf eine Sondergenehmigung ein. So gelang es Caspar, weiterhin Karriere zu machen.[9]

Joseph Goebbels selbst hatte wenige Tage vor der Premiere den Streifen begutachtet. Am 10. November 1940 notiert er in sein Tagebuch: „Neuen Schiller-Film geprüft. Von Maisch mit Caspar. Ein ganz großer Wurf. Eine Meisterleistung erster Klasse. Ich bin ganz hingerissen. Der Triumph des Genies."[10] Der Film wurde dementsprechend auch mit sämtlichen Auszeichnungen dekoriert, erhielt die Prädikate „staatspolitisch wertvoll" und „künstlerisch wertvoll" sowie „jugendwert".[11] Die Begeisterung des Propagandaministers verwundert jedoch, denn der Film fügt sich bei näherer Betrachtung nicht umstandslos in die Reihe der ideologiegetränkten Filme ein, zu denen der kurz danach erschienene JUD SÜß (1940, Regie: Veit Harlan; wiederum mit George in der Rolle eines württembergischen Herzogs) oder „der in seiner Infamie nicht zu überbietende antisemitische ‚Dokumentarfilm' DER EWIGE JUDE (1940, Regie: Fritz Hippler)" zählen.[12] Bereits das Premierenpublikum vernahm „verschiedentlich leise Zeitkritik", wie in einem Bericht von offizieller Seite zu lesen ist.[13] „Wie konnte es einer 1940 wagen, zwar getarnt, aber doch eindeutig gegen Tyrannei, Diktatur, gegen die Staatsidee aufzutreten", heißt es in einem Beitrag der Reeducation-Zeitschrift *Der Ruf*, in dem von einer Vorführung aus dem Jahr 1945 im amerikanischen Kriegsgefangenenlager auf Rhode Island berichtet wird. Auch eine Antwort auf diese Frage wird formuliert: „Ja, sie [die Nationalsozialisten, A. D.] empfahlen diesen Film in der Presse. [...] Sie ließen dich einfachmal ungestraft

---

9 Ebd., S. 17f.
10 *Die Tagebücher von Joseph Goebbels. Sämtliche Fragmente*, hg. von Elke Fröhlich im Auftrag des Instituts für Zeitgeschichte und in Verbindung mit dem Bundesarchiv, Teil 1: *Aufzeichnungen 1924–1941*, Bd. 4: 1.1.1940–8.7.1941, München u. a. 1987, S. 392; zitiert auch bei Segeberg, „Literatur als Medienereignis" (s. Anm. 2), S. 491f.
11 Die offizielle Zensur vergab verschiedene Prädikate: I: „Film der Nation", „staatspolitisch und künstlerisch besonders wertvoll"; II: „staatspolitisch wertvoll", „künstlerisch wertvoll", „kulturell wertvoll", „volkstümlich wertvoll", „anerkennenswert" und „volksbildend"; III: „jugendwert", „Lehrfilm". Vgl. Courtade/Cadars, *Geschichte des Films im Dritten Reich* (s. Anm. 3), S. 17f.
12 Segeberg, „Literatur als Medienereignis" (s. Anm. 2), S. 506; Ernst Seidl (Hg.), „Jud Süss". *Propagandafilm im NS-Staat*, Ausstellungskatalog, Dezember 2007–September 2008, Haus der Geschichte Baden-Württemberg, Stuttgart 2007.
13 Bericht des Sicherheitsdiensts des Reichsführers SS vom 27. Januar 1941, zitiert nach Seubert, „Friedrich Schiller" (s. Anm. 2), S. 469.

vor Zeugen ‚Freiheit!' rufen, um alle ‚inoffiziellen' Fälle zu tarnen, die aus dem gleichen Grund im Konzentrationslager endeten."[14]

Nach 1945 wurde der Film nur vorübergehend mit einem Aufführungsverbot belegt; zu Schillers 200. Geburtstag 1959 wurde er öffentlich aufgeführt und sogar als Jugendfilm empfohlen.[15] In seinem semi-dokumentarischen DEFA-Film FRIEDRICH SCHILLER (1955), der den Autor und sein Werk „aus marxistischer Perspektive" interpretiert,[16] arbeitet Regisseur Max Jaap mit „intramedialen Bezügen"[17] auf TRIUMPH EINES GENIES. Weitere Ausstrahlungen erfolgten anlässlich der Schiller-Jahre 2005 und 2009 (200. Todestag resp. 250. Geburtstag); Maischs Biopic scheint im intermedialen Diskurs über Schiller also bis in die Gegenwart präsent geblieben zu sein: „Die Rezeptionsgeschichte des Autors wird auf einer Metaebene auch mit der gemeinsamen Ausstrahlung der Biopic-Trilogie zu Schiller auf 3Sat (FRIEDRICH SCHILLER – EINE DICHTERJUGEND [1923], FRIEDRICH SCHILLER – TRIUMPH EINES GENIES [1940] und dem zum Jubiläumsjahr neu produzierten Film SCHILLER [2005], (erneut ausgestrahlt 2009, Regie: Martin Weinhart) reflektiert."[18]

Nicht nur die ersten Rezipienten, auch die Forschung scheint sich mit einer ideologiekritischen Analyse des Films schwerzutun: Der These, der Film wolle „erkennbar" machen, „dass das deutsche Volk in Schiller seinen Dichter und in Hitler seinen ‚Führer' gefunden habe", entgeht die Ambivalenz des Streifens.[19] Subtilere Interpretationen gehen davon aus, dass Maischs Schiller-Film „Ideal-

---

14 Peter Hoefer, „Freiheit, die ich meine...! Ein Wort zum Schiller-Film", in: *Der Ruf, Zeitschrift der deutschen Kriegsgefangenen in den USA* 18 (1.12.1945), zitiert nach Christiane Schönfeld, „‚Blut muss ich saufen, es wird vorübergehen!' Herbert Maischs Propaganda Film ‚Friedrich Schiller – Triumph eines Genies' (1940)", in: *Germanistik in Ireland* 1 (2006), S. 75–88, hier S. 86.

15 Segeberg, „Literatur als Medienereignis" (s. Anm. 2), S. 503; Piper, *Goethe und Schiller in der filmischen Erinnerungskultur* (s. Anm. 2), S. 209.

16 Piper, *Goethe und Schiller in der filmischen Erinnerungskultur* (s. Anm. 2), S. 200.

17 Ebd., S. 207.

18 Ebd., S. 276. Der an den originalen Schauplätzen gedrehte Film FRIEDRICH SCHILLER – EINE DICHTERJUGEND (1927, Regie: Curd Goetze) wurde 2005 vom Filmmuseum München restauriert und ist als DVD erhältlich.

19 Fanja Sommer, *Ein Feierkult um Schiller? Untersuchung der Schillerfeiern im Dritten Reich in seiner Geburtsstadt Marbach am Neckar*, Marburg 2015, S. 123. Laut Erwin Leiser (*„Deutschland, erwache!" Propaganda im Film des Dritten Reiches*, Reinbek 1968, S. 92) werde „[d]er Autor der ‚Räuber' [...] zum Vorläufer des Verfassers von ‚Mein Kampf'" stilisiert. Leisers einflussreiche Analyse stützt sich u. a. auf die Ankündigung des Films im *Völkischen Beobachter*; die Ambivalenzen des Films werden auf dieser Basis, gewissermaßen der ‚Eigeninterpretation' der Nazis, zu wenig herausgearbeitet. Vgl. auch Helmut Koopmann, *Schiller und die Folgen*, Stuttgart 2016, S. 145.

vorstellungen nationalsozialistischer Propaganda dokumentiert, derzufolge die Tendenz nicht mit der Keule, sondern vielmehr sublim und versteckt vermittelt werden sollte".[20] „The film is rife with ambiguities", konstatiert Christiane Schönfeld.[21]

Wie sind die Schwierigkeiten, alle Ebenen des Films in eine überzeugende Interpretation zu integrieren, erklärbar? Konnten bzw. wollten die Filmmacher ihr Werk einer eindeutigen politischen Verwertung im Sinne des Zeitgeists vielleicht gar entziehen? Im Folgenden möchte ich einen neuen Blick auf diesen zwiespältigen Gegenstand gewinnen, indem ich aus literaturwissenschaftlicher Sicht die intermedialen und literarischen Bezüge des Films aufzeige und analysiere. Meine These ist, dass die Ambivalenz des Films, die in der Forschung immer wieder konstatiert worden ist, gerade aus dieser intertextuellen bzw. intermedialen Dimension resultiert: Aspekte der prophetischen Klassikerverehrung um 1900 (Stichwort „Dichter als Führer"[22]) und der NS-Propaganda (Riefenstahls TRIUMPH DES WILLENS, Fabricius' *Schiller als Kampfgenosse Hitlers*[23] etc.) verbinden sich mit der *In-Tyrannos*-Thematik der *Räuber*, freiheitlichdemokratischen Adaptionen des Schiller-Sujets des 19. Jahrhunderts (Laubes *Die Karlsschüler*) und Handlungselementen aus einem Roman der inneren Emigration: Norbert Jacques' belletristischer Schiller-Biographie *Leidenschaft* (1939). Dieser Roman wiederum bildete die Basis für Jacques' von der Tobis verworfenen Drehbuchentwurf mit dem Titel *Tyrann*.

2 Intermedialität und Handlungsstruktur

Es kann an dieser Stelle nur angedeutet werden, welche immense Bedeutung dem Filmwesen während der NS-Diktatur zukam. Goebbels, ebenso wie Hitler von Jugend an ein geradezu fanatischer Kinogänger,[24] hatte die Filmbranche zur

---

20 Wassermann/Diller, „Vorwort", in: *Drehbuch zu dem Film „Friedrich Schiller"* (s. Anm. 2), Klappentext.
21 Schönfeld, „Blut muss ich saufen, es wird vorübergehen!" (s. Anm. 14), hier S. 86.
22 Max Kommerell, *Der Dichter als Führer in der deutschen Klassik*, Berlin 1928.
23 Hans Fabricius, *Schiller als Kampfgenosse Hitlers. Nationalsozialismus in Schillers Dramen*, Berlin 1934.
24 Nach 1933 ließ sich Hitler jeden Abend in der Reichskanzlei einen Film vorführen. Jean Amsler berichtet, man habe stets nach dem Abendessen Hitler eine Liste von etwa fünf Filmen vorgelegt, aus denen er einen auswählte, den er am Abend zu sehen wünschte. Vgl. Courtade/Cadars, *Geschichte des Films im Dritten Reich* (s. Anm. 3), S. 7f. Vgl. auch Felix Moeller, *Der Filmminister. Goebbels und der Film im Dritten Reich*, Berlin 1998.

‚Chefsache' erklärt. Der Film wurde neben dem Rundfunk zum „Leit- und Ba-
sismedium einer Mediengesellschaft [...], die nicht länger literal, sondern tech-
nisch-visuell und technisch-auditiv sein sollte".[25] In seinen Tagebüchern räso-
niert Goebbels unentwegt über die Möglichkeiten eines „affektiven Über-
wältigungskinos",[26] im Film sah er das größte Potenzial einer ‚geistigen Mobil-
machung' – viel mehr als in allen anderen Bereichen von Kunst und Kultur.
Zwischen 1933 und 1945 entstanden rund 1100 Filme,[27] ein Großteil freilich Unterhaltungsfilme; etwa ein Viertel kann als Propagandafilm bezeichnet werden.
Dass die heiteren Unterhaltungsfilme eine wichtige politische Funktion erfüll-
ten, ist hinlänglich bekannt.[28]

Doch zurück zum Schiller-Film, dessen ästhetische Faktur zunächst zu betrachten ist. Generell wirkt TRIUMPH EINES GENIES wie ein Hybrid aus Film, Literatur und – vor allem – Theater. Immer wieder wird das ‚alte' Medium Theater in
Szene gesetzt, wodurch „die Kraft eines anderen [des Films, A. D.] zur Entfaltung" kommt.[29] Diese intermediale Dimension entfaltet sich auf verschiedenen

---

25 Segeberg, „Literatur als Medienereignis" (s. Anm. 2), S. 499.

26 Ebd., S. 495.

27 Gerd Albrecht, *Nationalsozialistische Filmpolitik. Eine soziologische Untersuchung über die
Spielfilme des Dritten Reichs*, Stuttgart 1969, S. 97.

28 Die Zuständigkeiten des Films in der NS-Zeit liefen über drei Körperschaften: das Reichs-
ministerium für Volksaufklärung und Propaganda, die Reichskulturkammer und die Reichsfilmkammer. Trotz dieser strengen Kontrolle und akribischen, administrativen Durchorganisa-
tion des Filmwesens ist in der Forschung gelegentlich bemerkt worden, dass gerade in diesem
Bereich des gleichgeschalteten Kulturlebens disparate regimekritische Tendenzen erkennbar
sind – camoufliert und vielleicht durchaus vom Machtapparat geduldet. Es gab „Grenzfäll[e]
nationalsozialistische[r] Filmpolitik", wie sie sich beispielsweise an dem UFA-Prachtfilm
MÜNCHHAUSEN (1943) zeigen lassen, dessen Drehbuch bekanntlich vom Regime-Gegner Erich
Kästner stammt. Selbst den Aushänge-Regisseur der UFA, Veit Harlan, der mit JUD SÜß (1940)
einen der erschreckendsten antisemitischen Filme der NS-Zeit gedreht hatte, musste Goebbels
gelegentlich, wie er notiert, „ins Gebet nehmen". Es ging hier um den Film OPFERGANG (1944),
dazu Segeberg, „Literatur als Medienereignis" (s. Anm. 2), S. 497.

29 Marshall McLuhan, *Die magischen Kanäle. ‚Understanding Media'* (zuerst engl. *Understanding Media. The Extensions of Man*, 1964), Düsseldorf u. a. 1992, S. 71. Zu McLuhans Theorie
der intermedialen ‚Hybridisierung' vgl. Jörg Robert, *Einführung in die Intermedialität*, Darmstadt 2014, S. 66–70; die mediale Kombination ‚Theater/Film' hat in den letzten Jahren verstärkt Aufmerksamkeit gefunden und ein Forschungsinteresse an medialer Hybridisierung
geweckt, die die Filmgeschichte von Beginn an prägt. Schon die Pioniere des Films (Méliès
u. a.), die Vertreter der frühen Avantgarde (Eisenstein, Murnau, Pabst, Renoir, Bergmann u. a.)
und später der Nouvelle Vague (Rohmer, die Rive Gauche-Gruppe u. a.) kombinierten Theatertraditionen mit den neuen medialen Möglichkeiten und entwickelten dabei auf unterschiedliche Weise neue Spielarten von Intermedialität (mise en abyme etc.). Auch der (Kunst-)Film der
Gegenwart weist im Zeichen „zunehmender Visualisierung und Virtualisierung" verstärkt

Ebenen und prägt die Ästhetik des gesamten Films entscheidend: Zum einen handelt es sich bei Maisch um einen ‚gelernten' Theaterregisseur, der gewisse Stilprinzipien offenbar für den Film übernahm. Doch auch die Hauptdarsteller, v. a. Heinrich George und Horst Caspar, hatten eine Ausbildung als Theaterschauspieler erhalten und verfolgten ihre Theaterkarriere neben ihrer Filmkarriere konsequent weiter; gerade bei Caspars expressiver Spiel- und Sprechweise wird die Bühnenerfahrung deutlich. Zum anderen gibt es zahlreiche ‚Theaterim-Film-Szenen', die sich aus dem thematischen Zentrum der Handlung ergeben. Erzählt wird die Entstehung von Schillers erstem Drama, *Die Räuber*. Die Eleven der Karlsschule inszenieren mehrfach heimlich Szenen des Stücks, am Ende wird die Uraufführung in Mannheim gezeigt.[30] Dennoch wirkt der Streifen nicht wie Theater-Kino – im Gegenteil: Trotz höchster Eile (der Film wurde in kürzester Zeit im Mai 1940 gedreht) wurde von den neuesten Filmtechniken Gebrauch gemacht. Fritz Arno Wagner, in Weimarer Zeit enger Mitarbeiter Friedrich Wilhelm Murnaus und Fritz Langs, setzte in seiner virtuosen Kameraführung Montagen, Close-up-Einstellungen u. v. m. ein; die „extradiegetisch/heterodiegetisch agierende Kamera" erhält „auktoriale Omnipräsenz",[31] verschiedene Filmschnitttechniken (wie Überblendungen) stellen Verbindungen zwischen Szenen her (z. B. Schubart im Gefängnis/Drill in der Karlsschule). Beleuchtung, aufwendige Rokoko-Ausstattung und Massenszenen erzeugen eine realistische Szenerie, die den Stuttgarter Hof und das Württemberg des späten 18. Jahrhunderts vor den Augen des Kinopublikums entstehen lassen.

Die intermediale Hybridisierung von Film und Theater erweist sich somit als ästhetisches Charakteristikum des Films: ‚Historische' Theaterszenen, ‚Spiel-im-Spiel'-Szenen, theatrale Körpersprache und Sprechweise der (Bühnen-)Schauspieler verbinden sich mit neuesten Filmtechniken. Der Soundtrack bedient sich einerseits historisierender Elemente (höfische Musik des 18. Jahrhunderts, Militärmusik, Kammermusik), die vor allem szenisch eingesetzt werden (Paraden, Feierlichkeiten), auch das „Räuberlied" („Ein freies Leben führen wir") wird von den Kommilitonen heimlich gesungen, andererseits kommt moderne Stimmungsmusik zum Einsatz, die vor allem die Eröffnung und das Ende des Films, die Flucht in die Freiheit, dramatisch untermalt. Bemerkenswert ist auch der

---

Tendenzen zur ‚théatralité' (Deleuze), zur Integration der Theatertraditionen, auf. Vgl. Michael Lommel/Isabel Maurer Queipo/Nanette Rißler-Pipka (Hg.), *Theater und Schaulust im aktuellen Film*, Bielefeld 2004.

30 Vgl. dazu auch Piper, *Goethe und Schiller in der filmischen Erinnerungskultur* (s. Anm. 2), S. 116–118.

31 Nieberle, *Literarhistorische Filmbiographien* (s. Anm. 2), S. 48.

ikonographische Bezug, der durch die äußerliche Gestaltung der Schiller-Figur
hergestellt wird: Unverkennbar ist die Maske Caspars sowie sein oft in die Ferne
schweifender ‚Sternenblick' der berühmten Schiller-Büste von Johann Heinrich
Dannecker nachempfunden, die schon im 19. Jahrhundert fester Bestandteil der
Schiller-Memoria war.

*

Die Problematik, die Schillers Leben für die Konzeption eines Biopics darstellt,
fasst der *Deutsche Filmkurier* in seiner Ankündigung des Films zusammen:

> Ist das überhaupt möglich, einen Schiller-Film zu machen? Schiller, der geliebteste Dich-
> ter des deutschen Volkes, der Abgott seiner Jugend, Schöpfer ihrer Lieblinge und Helden-
> gestalten, wie des Karl Moor und des Fiesco, des Ferdinand und Don Carlos. Wie sollte es
> gelingen, die weite Größe dieses ganz und gar idealistischen Dichters zu fassen! Und gar
> sein Leben! Wie und wo sollte man beginnen: bei der heroischen Qual seiner Jugend, der
> kämpferischen Not der Mannesjahre, dem Leben und Suchen des Jenaer Universitätspro-
> fessors und Geschichtsdramatikers, den Weimarer Dulderjahren des bereits von Tode ge-
> zeichneten Meisters und endlich dem tragisch frühen, aber triumphalen Ausklang eines
> an Erfolgen und Kämpfen ebenso reichen Dichterlebens? Hätte nicht alle und ein jedes
> davon in einem Schiller-Film anklingen müssen? Jeder weiß, dass so etwas unmöglich ist.
> Man muss sich für einen Ausschnitt dieses dramatischen Heldenlebens entscheiden.[32]

Man hatte sich für den ‚jungen Schiller', den Eleven und Autor der *Räuber* entschieden, also für die Darstellung der Jahre vom Eintritt in die Karlsschule
(1773) bis zur Mannheimer Uraufführung bzw. der Flucht aus Württemberg
(1781) – eine Phase, die Dominik Graf rund 75 Jahre später in seinem Schiller-
Film DIE GELIEBTEN SCHWESTERN (2014) nicht berücksichtigen wird. Vielleicht
spielte Maischs Fokussierung auf die Karlsschulzeit als „Ausschnitt dieses dramatischen Heldenlebens" für Grafs Entscheidung, diesen Teil der Dichterbio-
graphie gerade nicht zu thematisieren, eine Rolle. Eine Revision des umstrittenen Biopics bieten DIE GELIEBTEN SCHWESTERN daher nicht. Graf behandelt vor
allem die Jahre *nach* den *Räubern* und *vor* der Klassik; die Weimarer Zeit bis zu
Schillers Tod wird zeitraffend berücksichtigt. Die Dreiecksbeziehung mit den
Lengefeld-Schwestern bildet den Dreh- und Angelpunkt des neuen Biopics, aus
dem sich die dramatischen Konflikte entwickeln. Der Film SCHILLER! (2005) mit
Matthias Schweighöfer wiederum erzählt von Schillers Zeit am Mannheimer
Theater, vom Erfolg der *Räuber* über das Fiasko des *Fiesko* bis zur endgültigen
Abreise aus Mannheim (und dem Plan, die *Thalia* zu gründen).

---

32 Auszug aus dem *Film-Kurier*, zitiert nach „Eine Jugend in der NS-Zeit" (s. Anm. 5).

Maischs Film hingegen rückt Schillers Zeit an der Stuttgarter Militär-Pflanzschule Herzog Karl Eugens ins Zentrum. Ausführlich werden die rigiden Erziehungsmaßnahmen dargestellt, die in historisch verbürgten Details eine Atmosphäre von Unterdrückung und militärischem Drill in Szene setzen. Karl Eugen (Heinrich George) erscheint als scharfsinniger Psychologe, dem Schiller selbst in seiner Dissertation *Ueber den Zusammenhang der thierischen Natur des Menschen mit seiner geistigen* das „durchdringende Auge eines Menschenkenners" attestiert hat.[33] Dieses durchdringende Auge des Herzogs wird in zahlreichen *close-up*-Einstellungen filmisch umgesetzt. Gegen die Demütigungen lehnt sich der junge Schiller auf, er tanzt buchstäblich aus der Reihe, wenn die Eleven in Reih und Glied zu Ehren des Herzogs aufmarschieren müssen, widerspricht getrieben von Freiheitsdrang und Gerechtigkeitsgefühl den Autoritäten und verfasst heimlich ein Widerstandsdrama, nämlich *Die Räuber*. Schillers Erstling ist also, so legt es der Film nahe, ein Schlüsseldrama der Karlsschulzeit, ein *In-Tyrannos*-Stück. Dieses Motto fügt Schiller (Caspar) entgegen der historisch verbürgten Textgeschichte dem Drama eigenhändig hinzu.[34] Auch scheinen die filmische Dramenfigur des Karl Moor und die filmische Dichterfigur Schillers zu verschmelzen. Die Kommilitonen sprechen Schiller immer häufiger als „Hauptmann" an. Nachts treffen sie sich in einem Gewölbe, um Szenen des Dramas zu lesen.

In der geheimen Inszenierung wird die erste Szene aus dem fünften Akt der *Räuber* verlesen, die Unterredung Pastor Mosers mit Franz, nach der sich Franz erdrosseln wird. Schiller schlüpft hier in die Rolle des Pastors, des Vertreters von Moral und Religion, der Franz – einige Passagen des Dramas collageartig deklamierend (u. a. „Nun glaubt Ihr wohl, Gott werde es zugeben, dass ein einziger Mensch in seiner Welt wie ein Wüterich hause, und das Oberste zuunterst

---

33 Jörg Robert (*Vor der Klassik. Die Ästhetik Schillers zwischen Karlsschule und Kant-Rezeption*, Berlin/Boston 2011, S. 124) mit Blick auf den Don Carlos: „Neben der theologischen zeigt sich hier eine psychobiographische Erfahrung, die in den Texten zwischen Räubern und Don Karlos immer wieder durch- und abgearbeitet wird. Es ist eine Welt, die sich aufteilt in Wächter und Bewacher, Observierende und Observierte. Archetyp dieses Aufsehers dürfte niemand anders als der herzogliche Psychologe Carl Eugen sein, dem Schiller in der Vorrede zum Versuch Ueber den Zusammenhang das ,durchdringende Auge eines Menschenkenners' attestiert."
34 Eigentlich erfolgte der Abdruck der berühmten Titelvignette mit dem zum Sprung ansetzenden Löwen und der Inschrift „In Tirannos" erst bei der zweiten Auflage 1782. Zur Entstehungsgeschichte der Räuber vgl. Gert Sautermeister, „„Die Räuber. Ein Schauspiel' (1781)", in: *Schiller Handbuch. Leben – Werk – Wirkung*, hg. von Matthias Luserke-Jaqui, Stuttgart/Weimar 2011, S. 1–45, hier S. 1–3; Peter-André Alt, *Schiller. Leben – Werk – Zeit*, 2 Bde., München 2000, hier Bd. 1, S. 276–302.

kehre?") – des Mordes anklagt. Man sieht nur den Dichter, der umringt von seinen Mitschülern im Halbdunkel die ewige Verdammnis des verbrecherischen Franz Moor verheißt (TG 49:30–50:40). Aufführungssituation und Anklage verschwimmen hier, denn das Arrangement der Filmszene gibt zu verstehen, dass sich die Worte auf den despotischen Herzog beziehen. Karl Eugen, das ist hier die dramaturgische Pointe, wird durch Verrat und Intrige heimlich Zeuge der verbotenen Lesung. Er, der kurz zuvor den Verkauf von Landeskindern als Soldaten in die Wege geleitet hat, bezieht den Wortlaut zurecht auf sich und erkennt sofort das gefährliche, aufrührerische Potenzial des Werks. Damit läutet diese Szene die Peripetie ein. Eine Aussöhnung ist nicht mehr möglich, die Heirat mit (der fiktiven) Laura ausgeschlossen, dem rebellischen Dichter droht die Gefangenschaft auf der Festung Hohenasperg. Dennoch gelingt Schiller – hier wieder den historischen Fakten gemäß – die Flucht nach Mannheim, wo sein Stück durch Vermittlung seines neuen Bekannten, Andreas Streicher, auf die Bühne kommt.

Der Film findet mit der Uraufführung der *Räuber* am Mannheimer Theater sein großes Finale. Die *Räuber*-Szene (V, 1) der klandestinen Lesung wird erneut ins Zentrum gerückt – diesmal auf der Bühne als Dialog zwischen Pastor Moser und Franz Moor. Hier weicht der Film erneut von den historischen Begebenheiten und der Chronologie der Ereignisse ab: Zum einen findet die Uraufführung mit einigem Abstand erst 1782 statt, im Film werden diese Jahre ab 1776 stark zeitraffend erzählt bzw. übersprungen. Zum anderen wurde in der Fassung der Mannheimer Uraufführung (überliefert im sog. *Mannheimer Soufflierbuch*) gerade die Figur des Pastors gestrichen. Auch begeht Franz in dieser Fassung keinen Selbstmord, wie es die filmische Theaterszene zeigt und wie es in der Erstfassung steht, sondern er wird von den Räubern hingerichtet. Außerdem hatte der Mannheimer Intendant Dalberg die Handlung ins Mittelalter verlegt, offenbar mit der Absicht, „den aktuellen politischen Sprengstoff der *Räuber* [zu] entschärfen".[35] Der Film will also offensichtlich nicht die ‚zensierten' *Räuber* in Szene setzen, sondern das Rebellen- und Freiheitsstück des Karlsschülers.

Bei der Unterredung mit Pastor Moser und Franz' anschließendem Selbstmord handelt es sich um eine brisante Kernszene des Dramas. Für Schillers Dramenkonzeption ist hier die „Konstellation von Religion, Gewissen und Selbstgericht im Rahmen des Theaters"[36] entscheidend: Die Schaubühne wird zum Weltgericht, indem sie „die Laster vor einen schrecklichen Richterstuhl" reißt, wie er kurze Zeit später in seinem Aufsatz *Was kann eine gute stehende Schaubühne eigentlich wirken* (1784/85) auch mit Blick auf *Die Räuber* formulie-

---

35 Sautermeister, „Die Räuber" (s. Anm. 34), S. 2.
36 Ebd., S. 44.

ren wird.[37] Pastor Moser konfrontiert den Atheisten und absolutistischen Tyrannen Franz Moor mit einer sozial-religiösen Anklage, die „zugleich eine allgemein politische" ist und „den absolutistischen Despotismus der Epoche überhaupt verurteilt".[38] Die entsprechende Passage wird im Wortlaut der unzensierten Erstfassung (von einigen Auslassungen und leichten Umstellungen abgesehen) auf der filmischen Theaterbühne wiedergegeben:

> Moser: Nun, glaubet Ihr wohl, Gott werde es zugeben, dass ein einziger Mensch in seiner Welt wie ein Wüterich hause, und das Oberste zuunterst kehre? Sehet, Moor, Ihr habt das Leben von Tausenden an der Spitze Eures Fingers, und von diesen Tausenden habt Ihr neunhundertneunundneunzig elend gemacht. Glaubt Ihr wohl, diese neunhundertneunundneunzig seien nur zum Verderben da?
> Moor: Nichts mehr, kein Wort mehr!
> Moser: Meint Ihr, dem Arm des Vergelters zu entlaufen?
> Moor: Pfaffengewäsche, Pfaffengewäsche!
> Moser: Und führet Ihr gen Himmel, so ist er da! Und bettet Ihr Euch in der Hölle, so ist er wieder da! Und sprächet Ihr zu der Nacht: verhülle mich! Und zu der Finsternis: birg mich!, so muss die Finsternis leuchten um Euch, und um den Verdammten die Mitternacht tagen.
> Moor: Dass dich der Donner stumm mache, Lügengeist, du!
> Moser: Jetzt zum ersten Mal werden die Schwerter einer Ewigkeit durch Eure Seele schneiden, und jetzt zum ersten Mal zu spät. Der Gedanke Gott weckt einen fürchterlichen Nachbarn auf, sein Name heißt Richter.
> [Szenenapplaus] (TG 1:24:07–1:25:08)

Der Selbstmord Moors schließt sich an. Das Premierenpublikum ist begeistert. Eine der bekanntesten Episoden aus der Entstehungsgeschichte des Dramas wird cineastisch ausgekostet:

> Das Theater glich einem Irrenhaus, rollende Augen, geballte Fäuste, stampfende Füße, heisere Aufschreie im Zuschauerraum! Fremde Menschen fielen einander schluchzend in die Arme, Frauen wankten, einer Ohnmacht nahe, zur Tür. Es war eine allgemeine Auflösung wie im Chaos, aus dessen Nebeln eine neue Schöpfung hervorbricht,[39]

lauten die Worte des anonymen Augenzeugenberichts, der geradezu die Regieanweisung für die Filmszene zu liefern scheint. Die Pointe ist jedoch, dass das Film-Theaterpublikum seine Begeisterung und Zustimmung für eine Szene zum Ausdruck bringt, die historisch gerade *nicht* gezeigt wurde.

---

37 Friedrich Schiller, *Werke. Nationalausgabe*, Bd. 20, begründet von Julius Petersen, fortgeführt von Lieselotte Blumenthal/Benno von Wiese/Siegfried Seidel, hg. von Benno von Wiese unter Mitwirkung von Helmut Koopmann, Weimar 1962, S. 92.
38 Sautermeister, „Die Räuber" (s. Anm. 34), S. 43.
39 Zitiert nach ebd., S. 8.

Schiller, (den historischen Tatsachen entsprechend) inkognito anwesend, gibt sich zu erkennen (historisch nicht belegt) und empfängt vom Theaterbalkon aus die Huldigungen der begeisterten Menge. Mit der anachronistischen Feier Schillers als Nationaldichter (ein Zuschauer ruft aus: „Heute ist dem deutschen Volk sein Nationaldichter geschenkt worden!", TG 1:27:24–1:27:26) knüpft der Film „an die nationale Schiller-Rezeption [an], die ihren ersten Höhepunkt 1859 gegen Ende der Nationalstaatsbildung fand".[40] Bei der Rückkehr nach Württemberg warnen Schillers Freunde ihn vor den Verhaftungsplänen des Herzogs. Im letzten Moment kann er in Begleitung seines Freundes Streicher die Grenzen des despotischen Staates überqueren. Er ist in Sicherheit.

In dieses Handlungsgerüst ist eine fiktive Liebesgeschichte integriert. Diese weist Elemente des bürgerlichen Trauerspiels auf und erinnert bisweilen sogar direkt an *Kabale und Liebe*.[41] Schiller trägt Züge Ferdinands, Franziska von Hohenheim, die Mätresse des Herzogs, erinnert an Lady Milford; zudem tritt ein lüsterner Hofmarschall namens Silberkalb auf, der bereits durch seinen Namen an den Hofmarschall von Kalb denken lässt. Laura erinnert an Amalia und Luise. Im Film heißt die Geliebte des jungen Schiller wie erwähnt Laura – angespielt wird damit auf die Adressatin seiner petrarkisierenden Jugendlyrik (*Oden an Laura*) und eine biographische Lesart dieser Texte im Sinne von ‚Erlebnislyrik' umgesetzt. Laura ist im Film eine uneheliche Tochter des Herzogs. Unterstützt von der Mätresse Karl Eugens, gespielt von Lil Dagover, und deren ‚weiblicher Diplomatie' gelingt es, heimliche Treffen und ständigen Briefverkehr zu organisieren. Am Ende erkennt Laura jedoch, dass Schiller zu Höherem berufen ist als zu sinnlicher Liebe. Die Liebesgeschichte endet also in Entsagung, obwohl der Herzog zeitweilig sogar mit der Liaison einverstanden gewesen wäre.

Ein dritter Handlungsstrang rankt sich um Christian Friedrich Daniel Schubart. Mit seiner Gefangennahme und Inhaftierung auf dem Hohenasperg beginnt der Film. Immer wieder werden Szenen aus der Karlsschule mit dem Gefängnis des politischen Häftlings in Analogiemontage überblendet, die Zuchtanstalt – so die unschwer erkennbare Botschaft – ist nichts anderes als ein Zuchthaus. Schließlich gibt es einen vierten Strang, ein Thema, das sich leitmotivisch durch die Handlung zieht: Die Frage, ob ein Genie geboren oder erzogen wird. Genie als Zentralbegriff wird dann auch titelgebend – und zwar im Nachhinein: Ursprünglich war der Titel REBELLEN. EIN FRIEDRICH-SCHILLER-FILM vorgesehen, womit man von offizieller Seite nicht einverstanden war. Der Titelvor-

---

40 Piper, *Goethe und Schiller in der filmischen Erinnerungskultur* (s. Anm. 2), S. 117.
41 Vgl. dazu Schulte-Sasse, „National Socialism's Aestheticization of Genius" (s. Anm. 2), S. 6–11.

schlag der Reichsfilmkammer TRIUMPH EINES GENIES stellt dagegen die unmissverständliche Verbindung zu Riefenstahls Reichsparteitagsfilm TRIUMPH DES WILLENS her.[42] Damit wurde der Film bereits durch den Titel in eine Reihe cineastischer Künstler- und Erfinderporträts gestellt, die einen neuen „Typus des Auserwählten, des durch die Natur, Gott oder letztlich der Vorsehung berufenen geistigen Führers" als nationalen Helden feierten (z. B. ROBERT KOCH, DER BEKÄMPFER DES TODES, 1939, Regie: Hans Steinhoff; REMBRANDT, 1940, Regie: Hans Steinhoff; ANDREAS SCHLÜTER, 1942, Regie: Herbert Maisch; PARACELSUS, 1940, Regie: Georg Wilhelm Pabst).

Kennzeichnend für diese ‚Helden' ist, dass sie gegen gesellschaftliche Widerstände und gar Ablehnung „unter Einsatz der eigenen Existenz" einer inneren Pflicht gehorchend „zum Wohl der Kunst, der Wissenschaft, des Vaterlandes Dinge [...] tun, die ungewöhnlich, bisweilen auch ungesetzlich, aber notwendig sind". Es handelt sich also, so Helmut Korte, „um Filme letztlich über die Art und Weise, wie die NS-Führer sich als ‚Auserwählte' selbst sahen, oder gesehen werden wollten."[43] Die Fährte ‚Schiller als Führer und Präfiguration Hitlers' wird hier gelegt. Entspricht der Film gänzlich diesem Muster?

3 Schlüsselszenen und ideologische Transformationen

Schiller war in der NS-Zeit eine ambivalente Figur der Literaturgeschichte, die in ein „Ensemble verschiedenster Erwartungshaltungen und Deutungsmuster" integriert wurde.[44] Die offizielle Schiller-Philologie zwischen 1933 und 1945 vollzog in weiten Teilen eine Deutung des Klassikers im Sinne der Diktatur. Besonders wirkmächtig und zum Teil sogar in der Tagespresse präsent waren z. B. Herbert Cysarz' Abhandlung *Vom Dichtertum Friedrich Schillers* (1934), Hans Kindermanns Artikel im *Völkischen Beobachter* „Der Dichter der heldischen Lebensform" (1934) oder die in damaligen germanistischen Fachkreisen kritisch aufgenommene Schrift *Schiller als Kampfgenosse Hitlers* (1932) des NS-Juristen Hans Fabricius. Bis „an die Grenzen des Karikaturistischen – nach dem Verhältnis von Volk und Führer" werden die Dramen Schillers hier durchge-

---

42 Segeberg, „Literatur als Medienereignis" (s. Anm. 2), S. 504.
43 Helmut Korte, *Der Spielfilm und das Ende der Weimarer Republik*, Göttingen 1998, S. 417.
44 Claudia Albert, „Schiller als Kampfgenosse?", in: *Deutsche Klassiker des Nationalsozialismus. Schiller – Kleist – Hölderlin*, hg. von ders., Stuttgart/Weimar 1994, S. 48–76, hier S. 70.

mustert.[45] Andererseits stellte der Dichter des *Wilhelm Tell* und des *Don Karlos* das Propagandaministerium bzw. die Reichskulturkammer vor Herausforderungen. Bekannt ist die Aufführungsgeschichte des *Wilhelm Tell*: Nach 1933 zunächst eines der meistinszenierten Stücke, dann 1941 – also ein Jahr nach der Uraufführung von TRIUMPH EINES GENIES – erließ Hitler den Befehl, sämtliche *Tell*-Auszüge in Schulbüchern zu tilgen und Aufführungen reichsweit zu unterbinden. Einen Dichter, der den Tyrannenmord als legitime *ultima ratio* verhandelte, konnte das Regime nach diversen Attentaten schwer zu seinem Parteigänger stilisieren. Andererseits war Schiller in den 30er-Jahren zu einer Ikone des Nationalsozialismus geworden, was sich nicht zuletzt in monumentalen Schiller-Feiern, z. B. zum Jubiläumsjahr 1934 (175. Geburtstag), manifestierte. In der offiziellen Interpretation des Klassikers, beispielsweise in der Rede Goebbels' anlässlich des Jubiläumsjahrs, wurden die „system- und herrschaftskritischen Momente von Schillers Empörergestalten durch seine Integration in einen behaupteten Nationalcharakter" neutralisiert.[46] Seine Figuren bezeugen, so Goebbels, die „starke Zuversicht einer künstlerischen Schöpferkraft, die sich in sich selbst erneuert".[47]

Ich muss es bei diesen Hinweisen bewenden lassen, um nun einige Szenen zu akzentuieren, die die ambivalenten Deutungsmöglichkeiten des Films – neben der bereits erwähnten Mannheimer Uraufführung – aufzeigen können: der Beginn des Films, der die Verhaftung Schubarts und darauf den Drill der Karlsschule zeigt, die bereits vorgestellte *Räuber*-Lesung und die Genie-Disputatio – eine Szene, in der Schiller mit dem Herzog vor den Augen der gesamten Schüler- und Lehrerschaft ein Wortgefecht über die Vorstellung des ‚Genies' führt.

*

Zu Beginn des Films ziehen galoppierende Reiter gefesselte junge Männer hinter sich her. Der Szenenwechsel führt in eine Schänke bei Ulm; Schubart (Eugen Klöpfer) verflucht im kräftigen schwäbischen Dialekt den Herzog Karl Eugen, der in Württemberg die Freiheit unterdrückt („Wie solls denn besser werden, wenn keiner sagt, wie es isch. Es muss anderscht werden", TG 2:45), und deklamiert Verse, die dem Tyrannen Rache und Vergeltung ankündigen. Es folgt ein Schnitt (Überblendung), der das Publikum mitten in die Pflanzschule ver-

---

45 Ebd., S. 73.
46 Ebd., S. 69.
47 *Völkischer Beobachter* vom 13.11.1934, zitiert nach Albert, „Schiller als Kampfgenosse?" (s. Anm. 44), S. 69.

setzt und zu Zeugen des Morgenrituals werden lässt: Ein Trompetensignal ertönt, auf Kommando heben die Eleven die Hände zum Gebet. Das groteske Schauspiel des synchronen Zopfflechtens schließt sich an. Schiller erscheint als Empörer, setzt sich für den kranken Kameraden ein, wagt es, dem Sergeanten Riess (Paul Dahlke) zu widersprechen. Der Film zeigt auch im Folgenden eindrücklich den Alltag auf der Karlsschule mit ihrem beklemmenden Strafsystem, der gegenseitigen Bespitzelung und einer geisttötenden Dressur. Im Gegensatz dazu steht der Aufbruch der Jugend, die die hohle Disziplin einer vergangenen Erziehungsform überwindet – symbolisiert durch den Dichter als wahren Führer. Dies passt auch zur Propagandalinie des NS, der sich gerne als Bewegung der Jugend stilisierte.

Die Genie-Disputatio im späteren Filmverlauf kann als „Schlüsselszene" bezeichnet werden.[48] Der historische und ästhetisch-philosophische Kontext, vor dessen Folie diese Szene zu interpretieren ist, sei kurz in Erinnerung gerufen: An den jährlichen Stiftungsfeiern der Karlsschule wurden nach den Prüfungen akademische Reden gehalten, wozu die lehrenden Professoren Themen vorschlugen, aus denen Karl Eugen auswählte.[49] Maisch zeigt die berühmte Genie-Rede von Jakob Friedrich Abel (vom 14. Dezember 1776), der als „führende[r] philosophische[r] Kopf der Herzoglichen Karlsschule" und Vertreter der neuen „empirischen Psychologie" bezeichnet wurde.[50] Die Genie-Rede behandelt die seit der antiken Poetik thematisierte Frage nach der Bedeutung des *ingenium* für den Dichter (z. B. Horaz, *Ars Poetica*, V. 408ff.); sie erschien im selben Jahr (1776) auch im Druck. Sie trug den vollständigen Titel *Rede über das Genie. Werden große Geister geboren oder erzogen und welches sind die Merkmale derselbigen?* Abel knüpft hier an den Genie-Diskurs des 18. Jahrhunderts an (Thomas Abbt, C. F. Flögel, Helvétius und E. Young)[51] und vertritt eine ausgleichende Position zwischen aktueller ‚Milieu'-Theorie (v. a. Helvétius) und Inspirationsidee, die in dem Satz gipfelt: „der große Geist ist ein Werk der Natur und

---

48 Vgl. auch Thomas Koelner/Rolf-Peter Janz/Frank Trommler (Hg.), *Mit uns zieht die neue Zeit. Der Mythos Jugend*, Frankfurt a. M. 1995; Seubert, „Friedrich Schiller" (s. Anm. 2), S. 473.
49 *Jacob Friedrich Abel. Eine Quellenedition zum Philosophieunterricht an der Stuttgarter Karlsschule (1773–1782)*, mit Einleitung, Übersetzung, Kommentar und Bibliographie hg. von Wolfgang Riedel, Würzburg 1995; Walter Müller-Seidel, „Nachwort", in: *Jakob Friedrich Abel. Rede über das Genie – Werden große Geister geboren oder erzogen und welches sind die Merkmale derselbigen?*, Neudruck der Rede Abels vom 14. Dezember 1776 in der Herzoglichen Militär-Akademie zu Stuttgart, hg. von Walter Müller-Seidel, Marbach am Neckar 1955, S. 58–70.
50 Wolfgang Riedel, „Einleitung", in: *Abel. Eine Quellenedition* (s. Anm. 49), S. 5.
51 Vgl. ebd., S. 5–12.

Erziehung zugleich"[52]. Es versteht sich, dass hier der Kontext der Karlsschule mit ihrem Erziehungsprogramm im Geist der Aufklärung mitzudenken ist. Entscheidend bleibt für Abel der Anspruch des Genies auf Autonomie:

> Das Genie voll Gefühl seiner Kraft, voll edlen Stolzes, wirft die entehrenden Fesseln hinweg, höhnend den engen Kerker, in dem der gemeine Sterbliche schmachtet, reißt sichs voll Heldenkühnheit los und fliegt gleich dem königlichen Adler weit über die kleine niedre Erde hinweg und wandelt in der Sonne.[53]

Wie ist die Integration und Transformation der Abel'schen Genie-Rede nun im Film gestaltet? Maisch lässt Abel, der während der Szene hinter seinem Katheder agiert, einige Passagen aus der Genie-Rede fast wörtlich zitieren: „Die Welt verhöhnt das Genie, weil es sich vielleicht nicht nach ihren Regeln bückt oder weil es vielleicht den Staub auf seinen Kleidern nicht entdeckt!" (Original 1776: „Ihr höhnt ihn, weil er vielleicht nicht nach euren Regeln sich bückt oder weil er den Staub auf seinem Kleid nicht entdeckt."[54]) Schließlich stellt der Herzog selbst die zentrale Frage: „Werden große Geister geboren oder erzogen und welches sind die Merkmale derselbigen?" Während der Chor der Schüler daraufhin einstimmig „erzogen" murmelt, springt Schiller auf, dessen Antwort wie ein NS-Diktum anmutet: „Das Genie wird nicht allein von seiner Mutter, sondern von seinem ganzen Volke geboren." In der Tat ist eine solche Aussage weder von Schiller noch von Abel überliefert, auch wenn die Karlsschulschrift die Kategorie der „Nation" als Voraussetzung für das „Genie" kontinuierlich aufführt. Auch die im Folgenden vom Zelluloid-Fürsten eingeworfene Gegenthese („Wenn große Geister nur geboren zu werden brauchten, da gäb's ja lauter Genies; selbst unter den primitivsten Völkern dieser Erde!") findet sich sinngemäß in den klimatheoretischen Überlegungen Abels („Warum hat die Natur die großen Geister nur in die engen Grenzen des mittleren Erdstriches eingeschränkt, warum hat man nie von Neutonen oder Epaminoden des Nord- und Südpols gehört?"[55]). Der pädagogische Impetus, der Abels Schrift leitet, wird ebenfalls dem Herzog sinngemäß in den Mund gelegt („Aber der Staat weist ihm erst auf seinen hohen Schulen den Weg zur Vollkommenheit") und provoziert Schillers rebellische (fiktive) Gegenposition: „Nein, das Genie vermag auch ohne so unvollkommene Einrichtungen, wie es Schulen sind, durch eigene Kraft den Weg zur Vollkommenheit zu finden." Am Ende des Streitge-

---

52 Edition Müller-Seidel, S. 7 bzw. Edition Riedel, S. 185 (s. Anm. 49).
53 Edition Müller-Seidel, S. 31 bzw. Edition Riedel, S. 203 (s. Anm. 49).
54 Edition Müller-Seidel, S. 40f. bzw. Edition Riedel, S. 210 (s. Anm. 49).
55 Edition Müller-Seidel, S. 10f. bzw. Edition Riedel, S. 187f. (s. Anm. 49).

sprächs bekennt sich Schiller zu seinen großen schriftstellerischen Plänen, Karl Eugen verlässt wütend den Saal, die Kommilitonen und Abel gratulieren dem Rebellen. Festzuhalten bleibt, dass die Positionen Abels zum Teil wörtlich, zum Teil sinngemäß-paraphrasierend zitiert und aus dem Kontext gelöst auf verschiedene Figuren verteilt werden (Schiller/Abel/Karl Eugen). Am Ende erscheinen sowohl Schiller als auch Abel als Vertreter der *ingenium*-These, die durch Umformulierungen ‚völkisch' eingefärbt wird.

Dennoch kann man die drei genannten Szenen insgesamt betrachtet in verschiedene Richtungen lesen. Karl Eugen erscheint als Despot, vor allem aber auch als Vertreter des *Ancien Régime* und als Duodez-Fürst, dem Deutschland, das sagt er nahezu wörtlich, egal ist (Herzog: „Sein Werk ist Stümperei", Schiller: „Deutschland bewundert es." Herzog: „Was schert mich Deutschland? Ich bin Württemberg."). Stattdessen kultiviert er an seinem Hof französische Sitten und Sinneslüste. Zugleich verfolgt er – historisch durchaus korrekt dargestellt – ein aufklärerisches, rationales Bildungsideal, nach dem junge Menschen durch entsprechende Erziehung zu tüchtigen Staatsbürgern herangebildet werden können, und er verteidigt das Akademische, die alten Fakultäten sind für ihn von zentraler Bedeutung. Der Film zeigt Karl Eugen somit als Paradigma des *Ancien*, sein Regime ist im wahrsten Sinne des Wortes verzopft, die Karlsschule wird bild- und wortgewaltig als Symbol der überkommenen, absolutistischen Kleinstaaterei in Szene gesetzt. Dass der junge Schiller gegen einen solchen Fürsten aufbegehrt, konnte durchaus im NS-Sinne interpretiert werden. „Das Pathos des Aufbruchs und der Befreiung von zersetzender [...] Rationalität gehört zu den Topoi" der nationalsozialistischen Programmatik.[56] Der Nationalsozialismus verstand sich als eine Bewegung der Jugend, des Protests und Aufbruchs; der Kleinstaaterei des Alten Reiches stellte das Regime das Prinzip eines geeinten Staates mit zentralistischer Regierung entgegen. Schiller wurde in der NS-Propaganda dabei als prototypische Protestfigur, als Symbol der nationalsozialistischen Revolution dargestellt und zu einer historischen Figur stilisiert, die eine höhere Einheit, die ‚Volksgemeinschaft', integrieren konnte.

Aber musste der Rezipient 1940 bei dem Tyrannen nicht zugleich auch an einen anderen Diktator denken?[57] Riefen die Karlsschulszenen nicht auch Asso-

---

56 Albert, „Schiller als Kampfgenosse?" (s. Anm. 44), S. 50.
57 Segeberg („Literatur als Medienereignis", s. Anm. 2, S. 518) lehnt diese These ab, denn sie setze „den um 1940 wohl eher seltenen, ebenso überzeugten wie hintergründig informierten Nazi-Gegner voraus". Abgesehen davon, dass es auch 1940 nicht wenige Regime-Gegner gegeben haben wird, sind die Bezüge, die die Karl-Eugen-Figur und v. a. die Schubart-Figur als politisch verfolgten Häftling erlauben, nicht allzu verklausuliert dargestellt (was Segeberg mit Blick auf die Schubart-Episode später, S. 519f., auch einräumt). Dass das Propagandaministeri-

ziationen an die Napolas, die nationalsozialistischen Erziehungsanstalten, wach? Regisseur Maisch selbst hatte – freilich noch im Kaiserreich – eine Kadettenschule besucht; er kehrte als Invalide aus dem Ersten Weltkrieg zurück. Wollte er Kritik an Drill und militärischen Erziehungsmethoden üben? Erinnert die komische Szene, in der Schiller vor seinen Freunden das Gehabe des Fürsten parodiert, sogar an Charlie Chaplins Hitler-Persiflage in THE GREAT DICTATOR (DER GROßE DIKTATOR, 1940)?[58] Und wie ist schließlich die im Film exponierte *In-Tyrannos*-Interpretation der *Räuber* zu verstehen?

Hierzu einige Überlegungen: Die *Räuber* waren seit ihrer Uraufführung 1781 stets als brisantes Zeitstück empfunden worden (darauf weisen schon die besorgten Änderungen Dalbergs hin), und auch das moderne Drama seit den 1920er Jahren sah in Schillers Jugenddrama eine explosive, politische Aktualität. In der Inszenierung Erwin Piscators am Staatlichen Schauspielhaus Berlin (12. September 1926) wurde die Räuberbande als ein Kollektiv aus jungen, heruntergekommenen Kriegsheimkehrern und Proletariern interpretiert. „[N]icht die Inszenierung eines Klassikers" wurde hier geboten, sondern „die Aufführung eines neuen Revolutionsschauspiels".[59] Diese Aktualisierung im Sinne eines ‚Revolutionsdramas' prägt die Inszenierungsgeschichte der *Räuber* auch im Laufe des 20. Jahrhunderts.[60] Der Film geht einen Schritt weiter, *Die Räuber* – so die Interpretation – ist ein ‚Widerstandsdrama'. Wie sollte diese Botschaft 1940 aufgenommen werden? Auf die ambivalenten Reaktionen habe ich einleitend hingewiesen.

Am Ende wird Schillers Flucht in die Freiheit des Exils gezeigt – der einzige Ausweg, der Verfolgung zu entkommen und weiterschreiben zu können. „Freiheit" sollte Horst Caspar am Ende laut Drehbuch ausrufen – dieses Wort musste

---

um und die Reichsfilmkammer den Film dennoch prämierten, statt ihn zu zensieren, gehört zu den infamen Dialektiken der Diktatur, die es weiter zu ergründen und analysieren gilt.

58 Johannes Geng, „Friedrich Schiller – Der Triumph eines Genies", in: Beyer/Grob, *Der NS-Film* (s. Anm. 3), S. 303–309, hier S. 308. Dass Maisch den Film kannte, ist eher unwahrscheinlich.

59 Herbert Ihering, zitiert nach Sautermeister, „Die Räuber" (s. Anm. 34), S. 16.

60 Vgl. (o. A.), *Das Räuberbuch. Die Rolle der Literaturwissenschaft in der Ideologie des deutschen Bürgertums am Beispiel von Schillers „Die Räuber"*, Frankfurt a. M. 1974; demgegenüber hat die neuere Schiller-Forschung die These vom sozialrevolutionären ‚Rebellen-Stück' relativiert. Eine aufs „Revolutionäre" zielende Intention ist in dieser Interpretationslinie nirgends greifbar, sie scheint eher als Mythos. Die Räuberbande selbst bleibt in ihren „terroristischen" Handlungen an den herrschenden Despotismus gebunden, von dem sie sich nur durch ihre Entstehung kritisch abhebt" (Sautermeister, „Die Räuber", s. Anm. 34, S. 22). Am Ende des Dramas tritt dementsprechend die Polizei in Erscheinung, die für Ordnung sorgt.

gestrichen werden.[61] Politisch brisant sind ferner die Szenen mit Schubart, der unter menschenunwürdigen Umständen von Karl Eugen auf der Feste Hohenasperg gefangen gehalten wird. „Ohne jedes Recht, ohne jede Schuld" wird Schubart, wie Schiller entsetzt beim Besuch im Kerker ausruft, „das Herz, der Mund der Jugend Schwabens", hier eingesperrt, „alles, das menschenwürdig" an ihm sei, „mit Füßen getreten". „Fluch über den, der das zuwege brachte", lauten die Schlussworte Schillers an dieser Stelle (TG: 59:00–1:00:15). Liegt hier eine psychoanalytisch zu interpretierende Szene vor, die zeigt, dass eine „Über-Ich anmutende Vaterfigur [gemeint ist Schubart, A. D.] zerstört werden" muss, wie es in der neuesten Studie zum Film heißt?[62] Oder konnte Schubart vom Publikum des Jahres 1940 nicht vielmehr als Präfiguration der politisch Gefangenen oder mit Schreibverbot behafteten, missliebigen Autoren der eigenen Gegenwart aufgefasst werden? Und die gewaltigen Aufmärsche mit den dem Fürsten zujubelnden Untertanen sowie der/die Auftritt(e) des Herzogs auf dem Balkon – knüpfen sie nicht „ikonographisch an die Erfahrungen der Zuschauer mit Hitlers Aufmärschen an", wie man sie aus der Wochenschau oder TRIUMPH DES WILLENS kannte?[63] Schließlich die Mannheimer Uraufführung: Gezeigt wird gerade nicht die zensierte Fassung der historischen Uraufführung, sondern die gestrichene Szene der Erstfassung, in der der Mörder, Despot und Atheist Franz Moor politisch und moralisch angeklagt wird und Selbstmord begeht. Das Publikum applaudiert frenetisch, das Theater wird somit ganz im Sinne der Schiller'schen Dramenpoetik zum Tribunal der Geschichte – konnte auch dies, zumindest vom gebildeten Schiller-Kenner, auf die eigene Gegenwart bezogen werden? Der Film exponiert gerade diese Szene doppelt (Gewölbekeller und Uraufführung), macht sie damit sogar zu einem Leitmotiv, das zugleich intermedial gebrochen wird. Denn: gezeigt wird ja ‚nur', was in den *Räubern* steht bzw. was auf dem Theater inszeniert wird. All diese Ambivalenzen liegen somit bereits dem Hauptthema des Films selbst, Schillers Erstlingsdrama, zugrunde. *Die Räuber* ins Zentrum der Handlung zu rücken, stellte zweifellos ein Risiko dar. Nur am Rande sei erwähnt, dass Gustaf Gründgens im Juni 1944 als letzte Premiere am Staatstheater in Berlin *Die Räuber* inszenierte und dabei alle nur denkbar ‚provozierenden' Passagen gestrichen hatte.[64]

---

61 Courtade/Cadars, *Geschichte des Films im Dritten Reich* (s. Anm. 3), S. 97.
62 Piper, *Goethe und Schiller in der filmischen Erinnerungskultur* (s. Anm. 2), S. 115.
63 Ebd., S. 21.
64 Bernd Zegowitz, „Schiller auf der Bühne", in: *Schiller Handbuch*, hg. von Luserke-Jaqui (s. Anm. 34), S. 591.

4 Innere Immigration? Norbert Jacques' Drehbuchentwurf *Tyrann*

Blickt man auf die Vorlagen des Drehbuchs, ist festzustellen, dass eine Reihe von (populären) Schiller-Biographien sowie belletristische Adaptionen der Dichtervita in das Drehbuch eingeflossen sind.[65] Vor allem Heinrich Laubes Drama *Die Karlsschüler* (1847) spielte für die Konzeption des Films eine Rolle.[66] Bei Laubes Drama handelt es sich um ein politisches Stück des Vormärz, in dem sich der junge Schiller gegen „die Verhöhnung des Freiheitsgedankens"[67] an der Karlsschule aufbäumt. Im Vorwort hatte Laube die Stoffwahl begründet: Der „ungestüme, drangvolle Regimentsmedikus Fritz Schiller" sollte im Zentrum stehen, nicht der „vom Reich geadelt[e] Schiller in Weimar". Diesem Drama ist auch die fiktive Liebesgeschichte mit Laura entnommen, die bei Laube mit dem Verfassen der Laura-Gedichte verknüpft wird. Auch manche dramaturgische Volte der Liebeshandlung ist Laube entlehnt, in dessen Drama eine „plötzliche Wendung auf die nächste" folgt und ein „Theatercoup [...] den anderen" jagt.[68] Bemerkenswert ist darüber hinaus die Fülle von Spiel-im-Spiel-Szenen sowie von Zitaten aus Schillers eigenen Dramen, sodass *Die Karlsschüler* – wie viele andere Dramen Laubes – metatheatralische Ebenen aufweisen. Diese Intertextualität, Metatheatralität und Intermedialität wird in DER TRIUMPH EINES GENIES noch einmal potenziert, genau dadurch wird aber die Botschaft verdunkelt: Referiert wird in unterschiedlicher Frequenz und Intensität auf Schillers Sturm-und-Drang-Dramen, auf Laubes freiheitliches Vormärz-Stück, aber auch (bereits durch den Titel markiert) auf Propagandastreifen wie TRIUMPH DES WILLENS, auf die populären Biographien des 19. Jahrhunderts, die Schiller-Filme der Weima-

---

65 Vieles deutet darauf hin, dass Hermann Kurz' Roman *Schillers Heimathjahre* (1846) Handlungselemente entnommen sind; die Biographie des Schiller-Nachfahren Alexander von Gleichen-Rußwurm (*Schiller. Die Geschichte seines Lebens*, Stuttgart 1913), die die ausgeprägte Willenskraft des Dichters als Charaktermerkmal herausstellte, war 1913 erschienen. Sie hatte den Schiller-Diskurs des frühen 20. Jahrhunderts mitgeprägt und verband sich bald mit der Vorstellung vom „Dichter als Führer" (Kommerell, *Der Dichter als Führer in der deutschen Klassik*, s. Anm. 22). Vgl. Nieberle, *Literarhistorische Filmbiographien* (s. Anm. 2), S. 121.
66 Segeberg, „Literatur als Medienereignis" (s. Anm. 2), S. 509; bereits für die Schiller-Filme der Weimarer Republik war das Drama eine entscheidende Vorlage. Vgl. Nieberle, *Literarhistorische Filmbiographien* (s. Anm. 2), S. 110f.
67 Heinrich Laube, *Die Karlsschüler*, Leipzig 1847, S. 215.
68 Thomas Boyken, „Die Intrige als dramaturgisches Zentrum der Dramen Laubes", in: *Heinrich Laube (1806–1884): Leben und Werk: Bestandsaufnahmen – Facetten – Zusammenhänge*, hg. von Marek Halub/Matthias Weber, Leipzig 2016, S. 139–155, hier S. 137.

rer Zeit sowie auf Schriften der NS-Klassikerverehrung, die Schiller „als Kampf-genossen Adolf Hitlers" feierten, auf die klassizistische Dannecker-Büste und den Genie-Diskurs des 18. Jahrhunderts wie auf den „Geniewahn"[69] des NS. Ein wichtiger Bezug ist abschließend zu nennen: Entscheidender Impuls gerade für die Tobis, das Projekt eines Schiller-Films überhaupt in Angriff zu nehmen, war Norbert Jacques' (1880–1954) 1939 im Deutschen Verlag Berlin (ehemals Ullstein) erschienener historischer Unterhaltungsroman *Leidenschaft*, der – historiographisch informiert[70] – als „eine der bis heute eindrucksvollsten Bearbeitungen des Schillerstoffs" bezeichnet worden ist.[71] Er handelt von dem jungen Schiller und der Entstehung der *Räuber*, eines Dramas, mit dem Schiller „eine Verwahrung des Menschlichen gegen dessen Mißbrauch" zum Ausdruck habe bringen wollen, „um mit fordernder Auflehnung Ordnung in eine Natur zurückzubringen, die sich in den Händen von Bösewichtern hatte verludern lassen", wie es an einer Stelle heißt.[72] Hervorzuheben bleibt, dass Jacques in populärer Form ein durchaus vielschichtiges Bild des frühen Schiller zeichnet: Weder der bildungsbürgerliche Schulklassiker der wilhelminischen Ära noch der romantische Freiheitskämpfer oder der „Dichter als Führer" (Kommerell) wird hier porträtiert, sondern der von ‚Leidenschaft' zur Literatur getriebene, renitente junge Mann mit „steckenmagerem Oberleib" und „Hahnengurgel" (S. 181). Gelegentlich wurde *Leidenschaft* als Protestroman der inneren Emigration bezeichnet,[73] was wegen der kritischen Töne gegen Freiheitsberaubung (s. Zitat oben), der Darstellung von Willkürherrschaft und dem Exil als letztem

---

69 Birgit Schwarz, *Geniewahn: Hitler und die Kunst*, Wien/Köln/Weimar 2009.

70 In der Neuausgabe hebt der Herausgeber hervor, Jacques habe sich für Recherchearbeiten längere Zeit im Literaturarchiv Marbach aufgehalten.

71 Frank Steinmeyer/Marco Schüller, „Jacques, Norbert", in: *Killy Literaturlexikon*, 2. völlig überarbeitete Auflage, Bd. 6, hg. von Wilhelm Kühlmann, Berlin/New York 2009, S. 82. Jacques gehört zu den produktivsten und erfolgreichsten Unterhaltungsschriftstellern seiner Generation. Rund 60 Romane und Erzählungen, meist Abenteuerromane und Reiseberichte, liegen vor. Sein größter Erfolg war der Roman *Dr. Mabuse, der Spieler* (1921), der durch die filmische Adaptation von Thea von Habour und Fritz Lang berühmt wurde.

72 Norbert Jacques, *Leidenschaft. Ein Schiller-Roman*, Berlin 1939, S. 115. Eine Neuauflage (Blieskastel 2001), hg. von Günter Scholdt, liegt vor.

73 Norbert Jacques, „Nachwort", in: *Mit Lust gelebt: Roman meines Lebens*, kommentierte, illustrierte und wesentlich erweiterte Neuausgabe hg. von Hermann Gätje u. a., St. Ingbert 2004, S. 568; vgl. auch Günter Scholdt, „Geschichte als Ausweg? Zum Widerstandspotential literarischer Geschichtsdeutung in der ‚Inneren Emigration'", in: *Schriftsteller und Widerstand: Facetten und Probleme der „Inneren Emigration"*, hg. von Frank-Lothar Kroll/Rüdiger von Voss, Göttingen 2012, S. 101–124, hier S. 103; ders., *Der Fall Norbert Jacques. Über Rang und Niedergang eines Erzählers*, Stuttgart 1976.

Ausweg für den nonkonformen Dichter so gesehen werden könnte.[74] In erster Linie handelt es sich jedoch um einen historisch informierten Unterhaltungsroman mit wenig subversivem Potential. Ob tatsächlich von einer „widerständigen Poetik" gesprochen werden kann, bleibt zu untersuchen.[75]

Dennoch: Jacques befand sich Ende des Jahres 1939 unerwartet und ohne nachvollziehbaren Grund, wie er in seiner Autobiographie schreibt, für einige Wochen in Gestapo-Haft. Vermutlich handelte es sich, so zumindest Jacques' eigene Erklärung, um eine „Schreckverhaftung" systemkritischer Personen in Folge des Attentats im Bürgerbräukeller.[76] In dieser Situation habe er, so berichtet der aus Luxemburg stammende Autor, der die deutsche Staatsbürgerschaft angenommen hatte, weiter, den bereits zuvor erteilten Auftrag der Tobis in Angriff genommen, ein Drehbuch auf Basis des Romans zu verfassen:

> Ich hatte mit blindem Ingrimm an dem Drehbuch gearbeitet und mir damit über den Vorgang und den Zustand der Gefangensetzung hinweggeholfen. Ich hatte mich hineingeflüchtet wie in eine tiefe Höhle, die mich vor der Wirklichkeit versteckte, vor der Wirklichkeit des entsetzlichen Entzugs der Freiheit [...]. Täglich vierzig, fünfzig Einstellungen und alles vier-, fünf-, sechsfach überholt [...].

Nach der Entlassung sei der Schillerfilm „nach einem anderen Drehbuch gemacht worden als meinem, das aber reichlich mitbenutzt wurde." Der Titel „Tyrann" sei verworfen worden.[77]

Das Manuskript befindet sich heute im Literaturarchiv Saar-Lor-Lux-Elsass. In der Tat zeigt sich, dass viele Szenen und Szenenelemente für den Maisch-Film übernommen wurden: So spielen schon bei Jacques die Schubart-Szenen eine zentrale Rolle, die Genie-Rede wird anzitiert, erhält aber nicht die breite Ausgestaltung wie bei Maisch. Interessant ist auch, dass im Rohdrehbuch zu *Tyrann* die Mannheimer Theaterszene in Form eines Botenberichts eingebunden ist: Schiller diskutiert voll Euphorie nach der Premiere mit Anhängern, die ihn feiern. Besonders sticht außerdem der leitmotivische Einsatz des Räuber-Liedes („Ein freies Leben führen wir") hervor. Ansonsten wirkt der Entwurf zu *Tyrann* im Gegensatz zu Triumph eines Genies wie das Drehbuch zu einem historischen Unterhaltungsfilm, gerade der Liebeshandlung um Laura wird besonders viel Raum gegeben. Politisch ambige Botschaften sind kaum erkennbar. Auffällig sind in dieser Hinsicht lediglich die exponierten Szenen, die Schubart auf dem

---

74 Vgl. das Nachwort der Neuauflage, v. a. S. 443–455.
75 Ebd., S. 448.
76 Jacques, *Mit Lust gelebt* (s. Anm. 73), S. 445.
77 Segeberg, „Literatur als Medienereignis" (s. Anm. 2), S. 501.

Hohenasperg zeigen – gerade, wenn man den von Jacques überlieferten Entstehungshintergrund bedenkt. Eine detaillierte Analyse des Rohdrehbuchs steht noch aus.[78]
    Was bedeutet dies alles für eine historische Einordnung von Maischs Schiller-Film? Der Regisseur hat nach 1945 TRIUMPH EINES GENIES ausdrücklich zu seiner Verteidigung angeführt.[79] In seiner Autobiographie *Helm ab – Vorhang auf* (1968) nennt er verschiedene Passagen, etwa auch die oben analysierte Premieren-Szene, mit denen er Kritik am Regime habe üben wollen; dass er später Co-Regisseur im Propagandastreifen OHM KRÜGER war, sei an dieser Stelle noch einmal in Erinnerung gerufen. In Bezug auf den Titel seines bis heute meistdiskutierten Werks erklärt er:

> Man forderte statt der ,Rebellen' den schulmeisterlichen Titel ,Friedrich Schiller, der Triumph des Genies' [sic] und glaubte damit blind und vermessen, daß nun alle Welt Schiller mit dem zum Genie propagierten Hitler parallelisiere und nicht mit dem Diktator Carl Eugen. Man verlangte nur, daß das letzte Wort des Films, das Wort ,Freiheit' gestrichen werde, das der aus Württemberg Fliehende hinter der Grenze seinem Freunde Streicher im Wagen zuhaucht. Sonst konnte der Film passieren. Er war ,künstlerisch besonders wertvoll'!![80]

---

78 Norbert Jacques, *Der Tyrann: Nach Motiven des Romans „Leidenschaft" von Norbert Jacques: Rohdrehbuch.* [nach 1939]. 169 S. Gebundenes Typoskript mit geringfügigen hs. Änderungen. Literaturarchiv Saar-Lor-Lux-Elsass, Nachlass Norbert Jacques, Fi7. Ich danke Dr. Hermann Gätje (Literaturarchiv Saar-Lor-Lux-Elsass), der mir das Manuskript zur Verfügung gestellt und weitere Hinweise und Material übermittelt hat.
79 Segeberg, „Literatur als Medienereignis" (s. Anm. 2), S. 492.
80 Herbert Maisch, *Helm ab – Vorhang auf. Siebzig Jahre eines ungewöhnlichen Lebens*, Emsdetten 1968, S. 294.

.

DIE
GELIEBTEN
SCHWESTERN

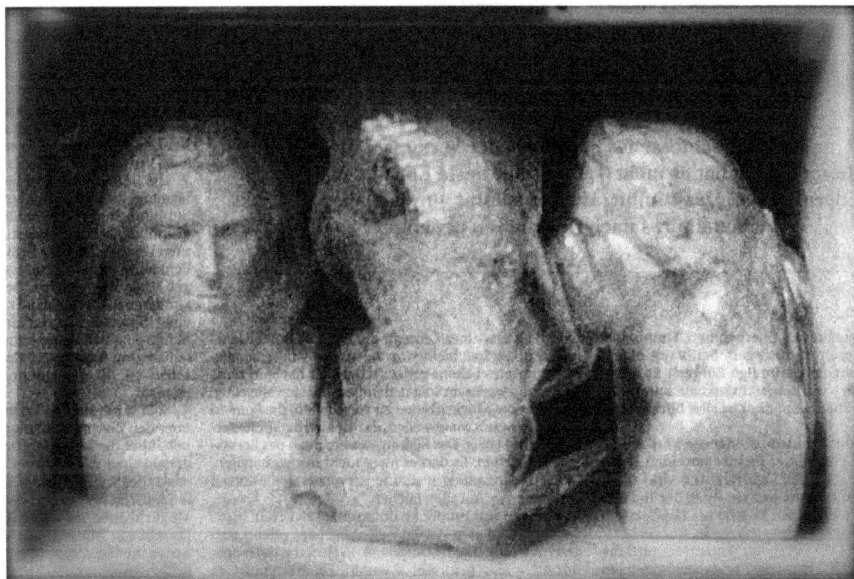

SKRIPT/3. FASSUNG
von Dominik Graf
6/2012

https://doi.org/10.1515/9783110987591-009

1. KUTSCHE   INNEN/MORGENDÄMMERUNG

Die Titel gehen über in eine Großaufnahme Charlotte von Lengefelds. In der engen Kutsche mit anderen Mitreisenden sitzend. Sie wirkt noch sehr jung. Sie hat in der Morgendämmerung geschlafen... Jemand im Inneren macht kurz eine Kerze an, das Licht fällt auf ihr Gesicht, dann ist wieder Halbschatten. Sie blickt aus dem Fenster:

2. POV AUS KUTSCHE   AUSSEN/MORGENDÄMMERUNG

Die Landschaft rollt nicht allzu schnell vorbei: Wälder, Hügel, Felsen, deutsches Mittelgebirge dämmern noch vor sich hin. (Titel gehen weiter)

3. WEG RUDOLSTADT/WEIMAR/KUTSCHE   AUSSEN/DÄMMERUNG

Totale: Die Kutschenstrecke Rudolstadt-Weimar, die wir öfters sehen werden. Eine langgestreckte, sehr gerade – je nach Jahreszeit in verschiedenem Zustand befindliche – (natürlich ungeteerte) Straße durch einen Wald. Im Hintergrund sind Thüringisch-Sächsische Berge sichtbar. Klein wie aus einem Helikopter gesehen rattert die Kutsche unten dahin als wäre sie ganz allein auf der Welt. (Titel gehen weiter)

4. KUTSCHE/POV AUS KUTSCHE   INNEN/TAG

Wie 1. Es ist inzwischen Tag geworden. Die Reisenden sind offenbar alle müde. Vom leisen Gespräch in der Kutsche hören wir nicht viel. Charlotte ist etwas wacher, sieht auf die Landschaft draußen, die sich scheinbar kaum verändert hat: Immer noch Bäume, Wälder, Bäume... Die Kamera fährt nahe an Charlottes Gesicht: Von dort überblendet das Bild in den Abschied von ihrer Familie vor 2 Tagen: (TITEL gehen weiter)

5. RUDOLSTADT/VOR DOPPELHAUS BEULWITZ/LENGEFELD   AUSSEN/TAG

Kurze, erinnernde Assoziation vom Abschied vor dem Haus in Rudolstadt von Caroline (unmerklich älter als Charlotte, hübsch, ein wenig koketter im Benehmen), der Mutter Lengefeld (eine reife, schöne Frau, beherrschend, warmherzig). Der Ehemann von Caroline: Beulwitz, der etwas trocken wirkt. An einer kleinen Geste zwischen ihm und Caroline ahnt man schon den Widerstand, den ihrem

Mann gegenüber empfindet. Charlotte verabschiedet sich, Tränen in den Augen. Umarmungen. Ihr Gepäck, nicht sehr viele Stücke, liegt auf einem Karren. Zwei Diener geleiten sie mit dem Karren in Richtung Postkutschen-Halt, den man am Ende der Straße erkennen kann... (TITEL gehen weiter.)

6. KUTSCHE INNEN/AUSSEN/TAG

Wieder Charlottes Gesicht. Die Erinnerung weicht vor der Realität zurück: POV aus Kutsche: Plötzlich reißt der endlose Wald auf und in einer weiten Senke der Landschaft wird Weimar sichtbar: Wir sehen eine Fanfaren-ähnliche Totale der Stadt (CGI). 1787, Residenzstadt des Herzogtums Sachsen-Weimar, regiert von Herzog Carl-August, bevölkert von jeder Menge deutscher Dichtergrößen. (TITEL enden mit diesem Bild)

7. WEIMAR//INNENSTADT/VOR HAUS VON STEIN AUSSEN/TAG

Vor dem sehr ansehnlichen, breiten Haus der Frau von Stein in der Innenstadt Weimars kommt Charlotte zu Fuß an. Sie trägt einen Koffer selbst, ein bezahlter Helfer trägt ihr zwei weitere Koffer nach. Sie gibt dem Mann Geld. Steht allein vor einer der Front-Türen des herrschaftlichen Gebäudes. Hier setzt die Stimme des Erzählers ein:

ERZÄHLER (OFF):
„Im Herbst 1787 trat die junge Charlotte von Lengefeld in den Dienst ihrer Paten-tante in Weimar, Sie war in die Residenzstadt des Herzogtums Sachsen-Weimar geschickt worden, in der Hoffnung, es möge unter den Augen ihrer berühmten Tante Charlotte Albertine Ernestine von Stein eine Hofdame aus ihr werden. Und sie kam mit dem Hintergedanken ihrer Mutter im Gepäck, eine gute Partie für sich ausfindig zu machen, einen Mann von möglichst hohem Adel und mit Vermögen. Charlotte galt zu Hause als brave und verständige Tochter, die im Allgemeinen stets das tat und sagte, was man ihr auftrug, zu tun und zu sagen."

Während des Textes: Charlotte klingelt an einer der Front-Türen. Es wird nach einer Weile geöffnet. Zunächst ein Dienstmädchen. Sie wird zum Seiten-Eingang gebeten. Die Tür schließt sich wieder. Sie geht um das Gebäude herum. Die Kamera folgt. Charlotte wird hinten eingelassen. Fährt auf die hinter ihr geschlossene Tür zu.

8. WEIMAR//SALON FRAU VON STEIN   INNEN/NACHT

Ein gesellschaftlicher Abend im Salon der Steins. 30 Leute anwesend. Es werden Spiele gespielt, zum Beispiel: Antike Figuren oder Sagen in Kostümen darstellen, die die Gäste dann erraten müssen.

Frau von Stein beobachtet vom Sofa aus genau ihr Patenkind. Wir haben Zeit, sie zu betrachten: zu diesem Zeitpunkt 45 Jahre alt. Melancholie, Schönheit, Stärke.

ERZÄHLER (OFF):

„...Frau von Stein, ein funkelnder Stern am Hof des Herzogs Carl-August, litt seit einem Jahr schwer unter der Abreise ihres großen Verehrers nach Italien. Sie war anfangs nicht immer nur liebevoll mit ihrem Patenkind...“

Soeben wird eine „Wahl des Paris“ dargestellt, d. h. 3 Damen und ein Herr posieren in mehr oder weniger griechischen Bekleidungen. Charlotte macht keinen schlechten Eindruck unter den Gästen, sie ist beliebt, sie wird angesprochen. Trotzdem:

ERZÄHLER (OFF):

„...Charlotte verbrachte einen Winter mit Manieren-Erlernen, mit literarischen Gesellschaften, Musik und Festen bei Hof. Als der Frühling kam, hatte sie viele Einladungen erhalten, hatte die meisten angenommen, hatte viel getanzt und viele geistreiche Unterhaltungen geführt...“

9. WEIMAR//WOHNUNG/HAUS VON STEIN/CHARLOTTES ZIMMER

AUSSEN/INNEN/TAG

ERZÄHLER (OFF):

„...aber wohin ihr Leben gehen sollte und vor allem, zu <u>wem</u> – das wusste sie jetzt noch weniger als am Tag ihrer Ankunft. Ihre Briefe nach Hause bekamen einen anderen Tonfall. Aus dem Respekt vor der höfischen Gesellschaft wurde Spott, aus ihrer Zurückhaltung wurde Einsamkeit. Im Frühjahr 1788 war nur noch ein schottischer Captain übrig, der sie mit seiner Zuneigung belagerte...“

Charlotte, nun deutlich eine junge Frau geworden, sitzt am Fenster ihres kleinen Erdgeschoss-Zimmers bei Frau von Stein in Weimar und schreibt einen Brief an ihre Schwester in Thüringen. Vor ihr auf dem Schreibtisch ein Bildnis des Schotten Henry Heron.

CHARLOTTE (OFF)
„Liebste, sehnlich vermisste Caroline, ich muss dir heute den Vorfall des falschen Begräbnisses der Frau von Werthausen berichten. Die sehr junge Frau des sehr alten Herrn von Werthausen war am Vorabend noch gesund auf einer Gesellschaft gewesen, als ihrem Gatten anderntags um die Mittagszeit in seiner Kanzlei ihr plötzlicher Tod angezeigt wurde...“

10.–13. Montage
Diese Episode wird – während Charlotte sie schreibt und ihrer Schwester erzählt – in „lebenden Bildern" dargestellt. Das heißt, wir sehen die Dekorationen, die Schauspieler – aber so wie eben bei der „Wahl des Paris" verharren alle in jeweils emotionalen Posen von Trauer, Überraschung usw.

CHARLOTTE (OFF)
„Der alte Mann eilte nach Hause und fand seine Frau dort tatsächlich bereits im Sarg, angeblich wegen Seuchengefahr. Er beweinte sie, ließ sie im geschlossenen Sarg aufbahren und 3 Tage später begraben. Doch seiner Schwester war aufgefallen, dass sowohl ein gewisser Marquis von Bernbach, der sich mit Frau von Werthausen in den Wochen zuvor recht gut verstanden hatte, sehr plötzlich abgängig war – so wie auch die halbe Garderobe der jungen Frau. Und so fand man – als schließlich die gemeinsame Flucht der beiden ruchbar wurde – und man das Grab öffnete, im Sarg statt ihrer liegend eine lebensgroße Puppe...“

14. WEIMAR//WOHNUNG/HAUS VON STEIN/CHARLOTTES ZIMMER
AUSSEN/INNEN/TAG
Wie zuvor: Charlotte schreibt noch.

CHARLOTTE (OFF/weiter:) „...Man beurteilt diese Episode hier hinter vorgehaltener Hand als recht bewundernswert und von internationalem Flair. Und darüber hinaus, sagt man, eröffnet sie unvermuteten Ideenreichtum, wie man in gewissen Notfällen aus einer lästigen Ehe entfliehen kann, tu comprends...“

Jetzt wird sie beim Briefeschreiben unterbrochen, weil draußen...

15. RÜCKFRONT HAUS VON STEIN/CHARLOTTES ZIMMER

AUSSEN/INNEN/TAG

...ein junger Mann mehrmals – und offensichtlich geographisch verwirrt – an Charlottes Fenster aus verschiedenen Richtungen vorbeigeht. Beim dritten Mal sieht er Charlotte hinter dem Fenster ihn anschauen und bittet sie, zu öffnen:

>SCHILLER (lüftet den Hut)
>Verzeihung. Ich habe mich verlaufen, kennen Sie den Weg zum Marktplatz?
>CHARLOTTE (nett)
>Freilich. Zurück bis zum Ende der Häuserreihe, links, eine dunkle Gasse geradeaus, dann sind Sie am alten Kirchhof, dann wieder links...
>SCHILLER (unterbricht)
>Wie kann das sein ... (er zeichnet mit einem Ast einen Grundriss der Innenstadt in den Boden)? Ich bin doch hier entlang gekommen ... (er dreht sich um, dann zeigt er auf eine Stelle seines kleinen Plans am Boden:) Jetzt bin ich hier!
>CHARLOTTE (deutet auf eine andere Stelle im Plan)
>Nein, Sie sind da.
>SCHILLER
>Wo?
>CHARLOTTE
>Da...

Schiller verlängert sozusagen ihren Zeigefinger mit dem Stock durch die Luft auf seinen kleinen Plan. (Das Niveau der Straße am Rückfenster des Hauses ist deutlich tiefer gelegt. Schiller steht also ein wenig wie ein Ritter vor seinem Burgfräulein.)

>SCHILLER
>Da?
>CHARLOTTE (lächelt)
>Nein, daneben. Da.

Schiller legt den Kopf lustig schief, um auf dem kleinen Plan ihre Behauptung zu verifizieren. Sie sieht ihn an: Ein junger Mann, braunhaarig, leicht rötlich, sehr helle Haut. Irgendwie ein heldenhaftes männlich-jugendliches Gesicht. Leid, Entbehrungen, Krankheit haben sich aber schon ein wenig eingegraben. Vergeistigung auch. Dann:

SCHILLER (frech)
Können denn Frauen Landkarten lesen? Brauchts dazu nicht einen strategischen männlichen Überblicks- und Gestaltungs-Willen...?
CHARLOTTE
...Sie meinen so wie er vor allem beim Krieg führen unerlässlich ist?
SCHILLER (erfreut über die Schlagfertigkeit)
So ist es. (bezogen auf den Weg) Aber Sie irren sich. Wir sind nicht hier.
CHARLOTTE
Aber Sie irren sich ja auch, sonst hätten Sie sich nicht verlaufen.
SCHILLER
Das ist wahr. Ich gebe nach und probiers aus. Wenn Sie unrecht haben komme ich wieder bei Ihnen vorbei und mache Sie verantwortlich.
CHARLOTTE
Wenn Sie den Weg zurück zu mir finden.

Er verbeugt sich und geht in die von Charlotte angedeutete Richtung. Er geht rückwärts.

CHARLOTTE
Warum gehen Sie rückwärts?!
SCHILLER
Weil ich Ihren Anblick noch einen Moment länger genießen will!
CHARLOTTE (wird rot)
Ich werde das Fenster aber jetzt schließen.

Schiller nickt und zuckt die Achseln, „schade", geht aber weiter rückwärts. Hinter Charlotte taucht jetzt das Dienstmädchen von Frau von Stein auf:

DIENSTMÄDCHEN (sächsisch)
Ich überbringe dem gnädigen Fräulein die Bitte der gnädigen Frau Patin, Sie sollen ganz schnell in den Salon kommen.

16. WEIMAR/ SALON DER FRAU VON STEIN   INNEN/TAG

Auftritt Frau von Stein in ihrem Salon.

> FRAU VON STEIN
> Wir wohnen in dieser Saison zwar direkt neben der Irrenanstalt,
> weil es partout kein anderes Herrschaftshaus mit Garten in der
> Stadt zu mieten gab, aber, mein Kind: Das gibt uns noch keinen
> Anlass, uns so zu verhalten, dass Passanten unser Haus mit der
> nämlichen Anstalt verwechseln! ...

Charlotte macht den Mund auf, aber die Patin redet unbeirrbar weiter:

> FRAU VON STEIN
> ...Was sie aber zweifellos tun, wenn ein Fräulein von Stand wie
> du mit ihnen vom Fenster aus parliert wie eine Küchenhilfe!

Frau von Stein spricht ihre Sätze wie in aufsteigenden und absteigenden kurzen
Wellen. Charlotte muss kichern, denn ihre Patin leidet zwar unter der langen Abwesenheit Goethes wie eine griechische Tragödin, hat aber ihren Sarkasmus dabei niemals verlegt. (Daheim hat sie noch einen Herrn von Stein – aber der zählt
nicht.)

> FRAU VON STEIN
> Und vor allem, Lollo, solltest du nicht am Hinterausgang mit
> dem einen Mann schäkern, während am Vordereingang schon
> ein anderer wartet. (zum Dienstmädchen) Sagen Sie dem Cap-
> tain, wir lassen bitten.

Ein Engländer, Henry Heron macht (offenbar nicht zum ersten Mal) Charlotte
seine Aufwartung. Ein schmucker, schon ein wenig älterer Captain in Uniform.

> HENRY HERON (mit britischem Akzent)
> Geibe es die Mouglischkeit, die Fraulein zu Lengefeld für eine
> Spaziergang in de herzogliche Geholz zu fuhren?
> CHARLOTTE
> Gehölz, Herr Captain!
> HERON (versucht es wenigstens)
> Ge-houlz...

Frau von Stein ist wohlwollend skeptisch. Gibt aber gestisch ihre gnädige Erlaubnis.

17. RUDOLSTADT//VORDERHAUS BEULWITZ-LENGEFELD   INNEN/TAG

Der nächste kurze Brief ist umgekehrt von Caroline an Charlotte gerichtet. (Bislang sehen wir noch ganz klassisches Kino-Briefeschreiben: Die schreibende Person sitzt an ihrem Schreibtisch, wir sehen ihr Gesicht, hören den Federkiel sanft auf dem Papier gleiten – bitte nicht kratzen! – hören die Stimme dazu.) Caroline sitzt im Arbeitszimmer ihres Vorderhauses in Rudolstadt. Jetzt sehen wir erstmals: Ihr linkes Auge zuckt ab und zu. Ein Tick zeitlebens, der sich manchmal bis zu regelrechten Gesichtszuckungen steigern wird.

CAROLINE (OFF)
„...und danke dir, meine liebste Lollo, für die Idee, sich als Ehefrau tot zu stellen und fälschlich begraben zu lassen, um so aus einer ungewollten Ehe zu entfliehen. Aber ganz so weit ist es bei mir mit Beulwitz dann doch noch nicht. Und er lässt mir ja wenigstens die Freiheit, dich bald zu besuchen. Ich freue mich schon sehr auf den Engländer im roten Rock... PS: verzeih, ich weiß, er ist ein Schotte...“

18. WEIMAR//SALON DER FRAU VON STEIN   INNEN/TAG

Aber als Caroline ihre Schwester dann besucht hat, da ist das Unglück schon geschehen. Sie sitzen alle drei in Frau von Steins Salon. Charlotte steht am Fenster. Ihre Hand ist an der Brust als müsse sie ihren Atem festhalten. Charlotte von Stein und Caroline beschäftigen sich sitzend mit einem Brief.

FRAU VON STEIN
Ich habe Erkundigungen eingezogen. Mr. Heron ist bereits gestern Mittag mit der Kutsche Richtung Berlin aufgebrochen. Dass er von dort aus nach Indien will und ein soldatisches Heldenleben führen will, hat er uns ja nun in aller Ausführlichkeit in seinem Abschiedsbrief mitgeteilt.
CAROLINE
Kann man das glauben?
FRAU VON STEIN (schwenkt den Brief)
Man sollte es glauben. Sonst gäbe man nur Raum für noch andere Unterstellungen. Tatsache bleibt aber: der nette Schotte hat dich sitzen gelassen, Lollo. Er hat zwar viele nette Verse

darum gemacht und er will auch gleich nach seiner Rückkehr aus dem Orient wieder bei dir vorbeischauen –

Der Rest ist eine vage Geste. Charlotte sagt nichts, geht jetzt langsam aus dem Raum.

> FRAU VON STEIN
> Wohin, mein Kind?
> CHARLOTTE (kommt nochmal kurz zurück, man sieht Tränen)
> Verzeihung. Ich bitte Sie, Tante, mich zurückziehen zu dürfen...

Frau von Stein gewährt das. Caroline will mit.

> CHARLOTTE (macht eine distanzierende Handbewegung)
> Lass mir einen Augenblick Zeit für mich, Line.

Die Patentante lässt eine kurze Pause. Dann, leise:

> FRAU VON STEIN (zu Caroline)
> Charlotte kennt ihren Marktwert noch nicht. Sie zeigt keinen Ehrgeiz, sich zu zieren, sich bei den Festen und überhaupt ins rechte Licht zu rücken. Das ist sympathisch, mais ... nicht sehr erfolgversprechend.
> CAROLINE
> Vielleicht muss man ihr mehr Mut machen?
> FRAU VON STEIN
> Ja! Sie hat doch so viel zu bieten.

Frau von Stein lässt danach eine bedeutsame Pause (die uns ihre Aussage schon fast ein wenig anzweifeln lässt.)

> FRAU VON STEIN
> Gut, in der Konversation könnte sie noch dazulernen. Witz ist ihre Sache nicht. Aber so wie sie sich gibt, verkauft sie sich zu billig. Der Bursche aus Schottland musste nur einmal nachts unten am Fluss Dudelsack für sie spielen – was für ein unanständiges Wort übrigens, ich werde es nicht mehr aussprechen! (sie grinst) – und schon war sie completement enchantée.

Caroline meint jetzt, das Schluchzen ihrer Schwester im Gang zu hören und läuft zu ihr. Tatsächlich steht Charlotte ein paar Meter weiter im Gang im Dunkeln und hat wohl alles mit angehört. Caroline nimmt sie in den Arm. Man spürt jetzt, dass sie die ältere Schwester ist. Charlotte lässt sich gern von ihr umarmen. Und plötzlich bricht es aus ihr heraus:

CHARLOTTE (schluchzend/leise)
Es ist gar nicht, was du denkst. Ich bin nicht traurig wegen dem Captain. Ich schäme mich nur so, denn Maman hat mich doch hierhergeschickt, zur Patentante, und all die neuen Kleider, die ihr für mich bezahlt habt, dein Mann auch, und ich sollte hier doch einen Ehemann finden, einen, der gut gestellt ist... Und jetzt kann ich nicht mal diesen englischen Soldaten-Gaul halten.
CAROLINE
Wolltest du ihn denn überhaupt haben?
CHARLOTTE
Nein. Nein. Nein. Um Gottes willen. – Aber ich hätte ihn sicher geheiratet, wenn ihr mir alle zugeredet hättet. Wenn ihr gesagt hättet: komm, nimm ihn, einen besseren findest du ohnehin nicht. (sie lacht unter Tränen)
CAROLINE
Das hätten wir sicher nicht gesagt. Du sollst doch niemanden für für Maman und mich heiraten! Du sollst jemanden finden, den du liebst. Der dich glücklich macht.
CHARLOTTE
Ich glaube, ich traue mich nicht, zu lieben.
CAROLINE
Warum nicht?
CHARLOTTE
Ich würde mir ja doch einen Mann wünschen, der ein bisschen so ist wie unser Vater war.
CAROLINE (küsste sie)
Du kleines Kind! Unser Vater war ein armer geschwächter Mann, er war gelähmt...
CHARLOTTE
...Er war zartfühlend und redete immer nur liebevoll. Von allem. Von den Menschen, von der Natur. Nicht wie diese Giftpfeile

hier am Hof, wo alles ständig bewertet und geprüft und jedes Wort auf die Waage gelegt wird. (Pause)
CAROLINE
Hast du denn noch keinen einzigen jungen Mann hier in Weimar getroffen, der dir gefiel?

Charlotte schüttelt den Kopf. Und Frau von Stein geht in ihrem Salon währenddessen zum Fenster als höre sie einen fernen Ruf aus Italien...

19. WEIMAR//HAUS VON STEIN/ZIMMER CHARLOTTE   INNEN/TAG
Caroline hat sich für die Rückreise nach Hause angezogen, Im Mantel schaut sie in Charlottes Zimmer nach, ob sie dort etwas vergessen hat. Sie findet an dem Schreibtisch ihrer Schwester ein Billet. (Das Bild von Captain Heron ist verschwunden oder aufs Gesicht gelegt.)

ERZÄHLER (OFF)
„Als Caroline am Tag ihrer Rückreise auf dem Schreibtisch ihrer Schwester ein bereits zwei Wochen altes Schreiben eines Herrn Friedrich Schiller fand, darin er Charlotte schrieb, dass er nach ihrer beider erstem Treffen am Fenster ihres Zimmers noch öfters am nämlichen Ort nach ihr Ausschau gehalten und nun in Erfahrung gebracht habe, wer sie sei und dass er sie bäte, ihm ein Zeichen zu geben, ob es ein Wiedersehen geben könne – da schrieb Caroline ihm kurz entschlossen eine Antwort:"

Caroline zieht die Handschuhe aus, setzt sich im Reisemantel hin und schreibt, eilig:

CAROLINE (OFF):
„Sehr geehrter Herr Friedrich Schiller, Sie kennen mich nicht, aber ich habe Ihren kleinen Brief an meine Schwester Charlotte von Lengefeld bei ihr gefunden und unerlaubterweise gelesen. Es wirkt auf mich so, als hätten Sie beide sich in aller Kürze auf Anhieb gut verstanden. Ich mache mir ein wenig Sorgen um meine kleine Schwester, vous savez. Würden Sie vielleicht ein bisschen auf sie Acht geben? Sagen Sie ihr nicht, dass ich Ihnen geschrieben habe. Und wenn Sie mögen, dann können Sie uns im Sommer in Rudolstadt an der Saale besuchen. Unsere Mutter, die bei mir und meinem Mann wohnt, wäre sicher sehr gespannt darauf, einen in jungen Jahren so berühmten Dichter kennenzulernen, der wegen seines Stückes, die „Räuber", auch ein wenig skandalös ist. Rudolstadt ist eine

Tagesreise südlich von hier, ein friedliches kleines Herzogtum. Sie können ja kommen und es ein wenig durcheinanderbringen."

Wir sehen – noch während sie im OFF weiterspricht – wie sie den Brief faltet, adressiert. (Sehen wir wie Schiller in seinem Weimarer Quartier den Brief öffnet? **19A)** Während des Brieftextes kann man die folgenden Szenen als Montage gesehen, aber ohne Dialoge:

20. WEIMAR/HAUS VON STEIN/SALON   INNEN/TAG

MONTAGE: Gutgelaunte Musik. Es klingelt an der Tür und Friedrich Schiller wird kurz darauf in den Salon eingelassen. Charlotte las der Patentante gerade etwas vor und ist völlig überrascht, ihn zu sehen. Begrüßung. Offenbar fragt Schiller um die Erlaubnis, Charlotte treffen zu dürfen. Die kriegt er. Und zieht sich mit einem Verabredungstermin wieder zurück.

21. WEIMAR//STRASSEN VOR BIBLIOTHEK   AUSSEN/TAG

MONTAGE: Schiller versucht Charlotte in Weimar aufzumuntern. Sie zeigt ihm die Bibliotheken. Sie leihen sich Bücher. Charlotte immer mit Begleitung des Dienstmädchens oder einer Zofe.

22. WEIMAR//NATURALIENSAMMLUNG   INNEN/TAG

MONTAGE: Sie bilden sich in der Naturaliensammlung: Steine, Mineralien. Und Medizin.

23. WEIMAR//KUPFERSTICHKABINETT   INNEN/TAG

MONTAGE: ... Sie bewundern das Kupferstichkabinett des Herzogs. Charlotte weiß etwas übers Kupferstechen, man sieht das daran, wie sie es Schiller erklärt.

24. WEIMAR//DRUCKEREI   INNEN/TAG

MONTAGE: Schiller in seinem Element. Beim Lärm einer Druckmaschine erklärt er Charlotte den Hergang der Bücherherstellung, des Druckens. Das Setzen der Buchstaben, die Verschiedenartigkeit der Alphabete, das Erstellen der Drucker-

Matrize, dann den Vorgang der Buch-Erzeugung. Er wirkt sehr feurig dabei, kriegt rote Backen vor Begeisterung. Das meiste, was er sagt, geht im Lärm der handgetriebenen Walzen unter, wir sehen, wie er Charlotte einen klassizistischen Buchstabensatz zeigt und hören in etwa dies:

> SCHILLER
> Schauen Sie, diese Buchstaben aus Frankreich! Man nennt sie die „Didot-Schrift". Sie ist gestochen klar, sie ist revolutionär, denn ihre Deutlichkeit erleichtert das Lesen. Die Vorstellung, dass eines Tages jeder Mensch ein Flugblatt oder ein Buch – wie dies hier beispielsweise (er hebt ein fertiges Buch hoch, einen Band von Goethe!) – nicht nur lesen und verstehen, auch kaufen kann, sich leisten kann... Dass Bücher eines Tages für jeden erschwinglich sein werden, eine gebundene Materie, angefüllt mit Ideen, sein werden- das macht mich jedes Mal schwindlig. Ich glaube, dass die Menschheit sich durch Wissen – und auch durch die Ansicht von wahrhaftiger Schönheit! – weiter entwickeln wird, dass sie ihre Bürden abwerfen wird. Ich glaube, dass wir beide, Charlotte, Sie und ich, noch zu Lebzeiten eine andere Welt erleben werden!

Charlotte mag es wie Schiller sich echauffiert. Ernst und dieses Mal ganz ohne Humor oder Ironie. (Wir werden noch öfter in diesem Film Druckereien sehen und wir werden sehen, wie in dieser Zeit sich die technischen Voraussetzungen verändern und verbessern.)

25. WEIMAR//VOR HAUS VON STEIN/ NEBENEINGANG   AUSSEN/TAG

Am Nebeneingang. Nachmittäglich schönes Licht. Sie verabschieden sich. Charlotte entdeckt einen Riss an Schillers ohnehin schon recht abgenutztem Jackett. Sie überredet ihn, es auszuziehen. Sie wird es ihm bis morgen flicken.

26. WEIMAR//HAUS VON STEIN/ZIMMER CHARLOTTE   INNEN/NACHT

Charlotte flickt Schillers Jacke. Da geht die Tür auf und die junge Bedienstete holt Charlotte hektisch zur Frau des Hauses. Charlotte hat die Männerjacke gleich unter die Bettdecke geschoben.

DIENSTMÄDCHEN (thüringisch)
Madame ruft nach Ihnen!
CHARLOTTE
Was ist?
DIENSTMÄDCHEN
Sie hat einen Brief gekriegt aus Italien. Vom Goethe.
CHARLOTTE (verbessert)
Von „Herrn von Goethe". – Wann?
JUNGE DIENERIN
Heute Mittag als Sie spazieren waren...

Charlotte eilt mit ihr hinaus.

27. WEIMAR//HAUS VON STEIN/ZIMMER STEIN   **INNEN/NACHT**
Frau von Stein in ihrem Bett. Völlig aufgelöst. Neben ihrem Bett ein Brief aus Italien.
Charlotte nimmt sie in die Arme. Ruft der Dienerin etwas zu, die eilt hinaus. Charlotte nimmt Steins Hände. Wärmt sie, haucht sie an. Die Stein ist vollkommen außer sich. „Er kommt nicht ... er kommt nicht mehr zu mir..." murmelt sie manisch vor sich hin.
Charlotte schielt hinüber zu dem Brief. Wir erfahren nicht, was darin steht. Sehen das Schriftbild. Eine vertrocknete mediterrane Blüte darin.

28. WEIMAR//HAUS VON STEIN/ZIMMER STEIN   **INNEN/NACHT**
ZEITSPRUNG, selber Ort : Frau von Stein schläft. Erschöpft, verweint das schöne Gesicht. Ihr Mann – auch ein viel älterer Mann – tritt ein. Er begrüßt Charlotte leise und setzt sich ans Bett. Charlotte betrachtet die beiden.

ERZÄHLER (OFF)
„Vielleicht waren es diese Erlebnisse, die Charlotte den Eindruck vermittelten, dass in der allergrössten Liebe immer der Verzicht und der Verlust überwogen und dass sie den, der leiden mußte wie mit einer Aura von überirdischer Schönheit umgaben. Charlotte liebte ihre Patentante nicht, aber sie bewunderte sie für den schweren Weg, den sie in der Leidenschaft zu Goethe gegangen war. Es war die Musik der Tragik, die sie hier erstmals zu hören bekam, und die sie wie mit einem großen Atem streifte. Die aber auch zu sagen schien: für Empfindungen dieser Größe bist du nicht gemacht, kleine Charlotte von Lengefeld. Lass die

Finger von der Liebe! Als ihre Schwester sie bald darauf anfragte, ob sie den Herrn Schiller – ihren neuen Bekannten, mehr sah Charlotte in ihm noch nicht – im Sommer nach Rudolstadt einladen wolle, weil es sonst dort vielleicht dieses Jahr allzu langweilig würde – da war sie einverstanden. Und Schiller sagte zu."

29. RUDOLSTADT//DOPPELHAUS BEULWITZ/WHG LENGEFELD/BLICK INS SAALE-TAL INNEN/AUSSEN/ TAG

1788, Sommer in Rudolstadt.

Caroline und Charlotte erwarten Schillers Ankunft: sie befinden sich im nicht sehr großen Salon ihrer Wohnung – d.h. im Lengefeld'schen Teil des Doppel-Hauses – mit einem weiten Blick nach hinten hinaus auf das Saaletal. Sie sind aufgeregt. Sie alle sind umschwirrt von Hausfreunden, Dienstboten. Normalerweise gehts im Haus Lengefeld-Beulwitz zu wie im Taubenschlag. Die folgende Unterhaltung mit der eindrucksvollen Mutter Lengefeld wird teilweise auf Französisch geführt. (Mit ein paar Untertiteln)

> MME LENGEFELD (frz.)
> Wann soll er kommen?
> CHARLOTTE (frz.)
> Morgen Nachmittag. Wenn die Kutsche pünktlich ist.
> MME LENGEFELD (frz.)
> Wo soll er wohnen?
> CAROLINE (teils deutsch – teils frz.)
> Lollo (küsst die Schwester) hat ihm ein Zimmer in Volkstedt (sie deutet den Fluss hinunter) gemietet. Von da sehen wir ihn jeden Tag dann schon von weitem kommen, wenn er uns besucht.

Die Mutter überprüft das, legt sich aus dem Fenster: Man kann tatsächlich den Fluss hinunter sehen bis zu den Dörfern, die vor Rudolstadt liegen. Mutter schwingt ihren prachtvollen kräftigen Körper wieder zurück ins Zimmer:

> MME LENGEFELD (frz.)
> Je schlechter es uns materiell geht ... desto wichtiger ist unser Ruf.

In den zweiten Teil des Satzes sind die beiden Mädchen fast unisono eingefallen. Der Merksatz ist offenbar in der Familie schon sehr gut bekannt.

In der offenen Tür zum Gang steht ein etwa 50-jähriger feingliedriger Mann in Schwarz – Knebel. Gebildet, intelligent, mit Goethe vertraut. Hier in Rudolstadt scheint er eher mit Mme sehr gut vertraut. (In Wirklichkeit verzehrt er sich nach Charlotte, aber das ist er zu stolz, zuzugeben) Seine Oberlippen zucken beständig zu einem vermeintlich ironischen Lächeln, das aber nie bleiben will.

> MME LENGEFELD (zu Knebel/frz)
> Chére ami, haben Sie auch noch was zu dem Thema Schiller beizutragen?
> KNEBEL (deutsch)
> Ja, Madame, und zwar, es ist ja nun so, dass dem Herrn Schiller auf Grund seines allbekannten Revolutionsstücks von den rebellischen „Räubern" sicherlich ein ungerechter Ruf vorauseilt.
> MME LENGEFELD
> Inwiefern ungerecht?
> KNEBEL (weiter deutsch)
> ...Ja, und zwar ist dieser Ruf dergestalt, dass er ein junger Mann sei, von übermäßiger Hitze angetrieben. Sie können aber unbesorgt sein. Er ist ein Dichter <u>und</u> ein Ehrenmann. Werfen Sie ihn nur zweimal täglich zum Abkühlen in die Saale und verhindern Sie, dass er anfängt, sein ganz großes historisch-politisches Rad zu drehen – denn dann trägts ihn mit seinen Worten davon. Ansonsten ist er ein nettes Haustier für Ihre Töchter.

> Kurze Pause.
> MME LENGEFELD (zu ihren Töchtern)
> Quelle Expertise exceptionelle, ha?

Damit rauscht „chere Maman" samt Knebel hinaus. Die Mädchen sprechen jetzt miteinander deutsch. Schnell. Nervös.

> CAROLINE
> Was hast du?
> CHARLOTTE
> Ich fürchte, dass er sich zu viel von uns erwartet. Was, wenn er sich langweilt?
> CAROLINE (Sie lacht)
> Ach, was. Wir werden das mal proben, wenn er kommt... (sie schaut aus dem Fenster, irgendwo am Fluss kommt ein Passant

näher) Er wird uns sicher in der Früh immer eine Nachricht bringen lassen, zu welcher Uhrzeit er zu kommen gedenkt – morgens wird er ja sicher arbeiten wollen – und wir werden ihn dann hier am frühen Nachmittag erwarten und ihn sehen wie er den Fluss entlangläuft. Wir messen mal an dem Spaziergänger da hinten wie lange es dauert, von der Brücke hierher...

Eine Uhr im Raum schlägt ein Viertel...

CAROLINE (blickt auf die Uhr)
Ab jetzt.
CHARLOTTE
Der geht aber sehr lahm. Schiller hat einen anderen Schritt...
CAROLINE
Gut, wir rechnen dann ein wenig Zeit wieder ab. Wir legen – wenn wir ihn kommen sehen – noch ein paar neue Bücher hier auf den Tisch und dort drüben auch, täglich andere, und wir stellen bei gutem Wetter im Garten gekühlte Getränke bereit...
CHARLOTTE
Maman hat gesagt, wir sollen Schiller bei euch drüben im Vorderhaus empfangen...
CAROLINE
Warum?
CHARLOTTE
Sie schämt sich für ihre Wohnung...
CAROLINE
Aber drüben riecht doch alles nach meinem Mann...
CHARLOTTE
Bist du nicht ungerecht? Friedrich...

Sie schweigt plötzlich. Dann:

CAROLINE
Ja, seltsam, nicht, dass sie beide den gleichen Vornamen haben? Dein Freund, mein Mann...
CHARLOTTE
Sie sind aber viel zu verschieden als dass man an Gemeinsamkeiten denken könnte.

CAROLINE
Das wäre gut.

Inzwischen kommt der Spaziergänger näher. Caroline schaut aus dem Fenster.

CAROLINE
Schau... Noch ein paar Minuten. Du könntest jetzt noch in Ruhe
Deine Perücke aufsetzen...
CHARLOTTE
Du zum zehnten Mal frischen Puder auflegen...
CAROLINE
...Käme er von der Straße her und würde sich erst am Vorder-
haus anmelden, dann wäre noch mehr Zeit, weil er dann erst
die alte Flussgasse noch hoch muss...
CHARLOTTE
...oder wir würden ihn bereits vom Garten aus einlassen?
CAROLINE (schüttelt den Kopf)
Das könnte zu zwanglos wirken.
CHARLOTTE
Ah, ja. – Wo wäre er jetzt?
CAROLINE (blickt kurz hinaus)
Bei der Bank. Er würde uns von dort schon erkennen. Weg vom
Fenster.
CHARLOTTE (amüsiert, gelassener als die Schwester)
Er soll sich nicht zu sicher sein, wie sehr wir ihn erwarten?
CAROLINE
Nein. Allenfalls ihm den Rücken zuwenden. (Sie macht es am
Fenster vor.) Wir freuen uns, aber wir fiebern ihm nicht entge-
gen. Frauen dürfen sich nicht anbieten wie saure Milch, weißt
du.
CHARLOTTE (ironisch, schüttelt den Kopf)
Nein, Line, das weiß ich nicht. Ich bin doch noch so dumm.

Und macht eine Blöd-Mädchen-Pose, Finger in den Mund stecken, die Hüften
schwenken wie ein täppisches, sich zierendes Bauernmädchen, das zum Tanz
aufgefordert wird. Caroline lacht.
Und jetzt sehen wir den Mann, der am Ufer entlang kommt, von nahe: er kommt
uns sehr bekannt vor. Er kommt an der Rückseite des Hauses an, hört die Mädchen lachen, sieht hoch, eins der Mädchen steht mit dem Rücken am Fenster.

> SCHILLER (leise)
> Lotte!?

Es klingt schüchtern. Trotzdem hört sie es, dreht sich um – aber es ist Caroline. Schiller zieht den Hut. Die beiden kennen sich noch nicht. Und wissen doch gleich, wer sie sind. An ihrem Blick sehen wir es.

> SCHILLER
> Verzeihung. Ich hab Sie verwechselt...

Caroline schaut ihn an. Ihr Gesicht strahlt noch vom Lachen. Wird jetzt aber ernst. Einen ewigen Moment lang schauen sie sich an. Dann zieht Caroline ihrerseits ein imaginäres Hütchen.

> CAROLINE
> Zeigen Sie mir nicht zu deutlich Ihre Enttäuschung, Herr Schiller. Hier ist die Richtige. Und: „Lollo" heißt sie bei uns, nicht „Lotte".

Und führt Charlotte an den Schultern zum Fenster. Sie grüßt. Schiller ebenfalls.

> CHARLOTTE
> Sie sind einen Tag zu früh.
> SCHILLER
> Ich weiß.

Beide wissen nun aber nicht mehr so ganz, was sie sagen sollen. Also hilft Caroline aus:

> CAROLINE (fröhlich)
> Wir sind wie asiatische Zwillinge zusammengewachsen, ein Körper, ein Geist, uns bekommt man nur zu zweit.
> SCHILLER (überrascht)
> Was sagt Ihr Mann dazu?
> CAROLINE (kokett)
> Der kann sich nicht beklagen.

30. RUDOLSTADT//DOPPELHAUS BEULWITZ/GARTEN/ RÜCKFRONT
AUSSEN/TAG

Kurzer Zeitsprung: Jetzt stehen sich die drei im Garten gegenüber. Ein wenig unbeholfen noch. Die Verbeugungen werden gemacht, die Hände gereicht.

> CHARLOTTE (deutet flussabwärts)
> Und das Zimmer in Volkstedt? War alles gut?
> SCHILLER
> Ja. Obwohl ich zu früh hier war. Sehr angenehme Leute. Ich bekam schon einen Kaffee. – Unbegreiflich, wie konnte ich mich im Datum so vertun?
> CAROLINE (glaubts ihm nicht so recht)
> Ja.
> SCHILLER
> Tun Sie vielleicht so als wäre ich noch gar nicht da? Ist das möglich?
> CHARLOTTE
> Nein, denn wir müssen Sie jetzt unserer Mutter vorstellen.
> SCHILLER (wendet sich halb ab)
> Ich wollte nur mal den Weg zu Ihnen zur Probe abgehen. Und ich zieh mich jetzt wieder zurück in mein Quartier, um dann morgen erstmals offiziell anzukommen?
> CHARLOTTE (unterbricht)
> Das kommt nicht in Frage.
> CAROLINE (leicht)
> Jetzt, wo Sie da sind, geben wir sie doch nicht mehr her.

31. RUDOLSTADT//DOPPELHAUS BEULWITZ/WHG BEULWITZ
INNEN/TAG

Maman und Knebel haben gemeinsam gearbeitet. Knebel zeigt Schiller die Bilder und Schriften auf dem Tisch, die mal ein Buch ergeben sollen. Die Mädchen mit im Raum.

> KNEBEL
> Es wird dies der 1. Band der forstwirtschaftlichen Schriften vom verstorbenen Herrn von Lengefeld werden. Das Roh-Exemplar ist gedruckt, wir haben es gemeinsam noch einmal korrigiert und mit den Original-Aufzeichnungen verglichen.

SCHILLER (wendet sich zu den beiden Mädchen)
Dies ist die Handschrift Ihres Vaters?

Die beiden nicken. Schiller macht eine Mimik der Beeindruckung.

SCHILLER
Sehr ausdrucksstark.
MME LENGEFELD
Mein Mann war halbseitig durch einen Schlag gelähmt...
SCHILLER
Ich weiß...
MME LENGEFELD
...Er musste sich danach das Schreiben von der rechten in die
linke Hand hinüber angewöhnen – man kann das Gekrakel
manchmal kaum entziffern.
KNEBEL (zuckende Mundwinkel)
Daher die Ausdrucksstärke...

Aus dem kleinen Hof zwischen den beiden Halb-Häusern ertönt vielstimmiges
frühabendliches Vogelgezwitscher. Es ist im Raum ein Schweigen entstanden.
Maman betrachtet Schiller. Knebel bleibt zunächst überflüssigerweise ebenfalls
mit dabei.

MME LENGEFELD
Chére Ami, das wird ein Gespräch im internen Familienkreis s'il
vous plait.
KNEBEL (geht raus, mit immer noch zuckender Oberlippe)
Ouh!
SCHILLER (schüchtern)
Sie leben hier im Vorderhaus, Madame?
MME LENGEFELD
Nein. Aber ich empfange im Salon meines Schwiegersohns. Er
ist ja zurzeit abwesend. In Berlin.

Schiller blickt sich um.

MME LENGEFELD
Seit dem Tod meines Mannes vor mehr als zehn Jahren sind wir

zu ständigen Kompromissen in unserem Lebensstil gezwungen worden.
SCHILLER (zeigt im Raum herum)
Herr von Beulwitz ist vermögend?
MME LENGEFELD
Er ist von Haus aus gut gestellt. Und hat inzwischen eine beachtliche Kammerherren-Position beim Fürsten Schwarzenberg. Er steht auf dem Sprung zum geheimen Legationsrat. Für diesen Sommer hat er sich als Sonder-Botschafter unseres Fürstentums nach Berlin versetzen lassen. Und – wie Sie es vermuten, Herr Schiller – ja, man kann nicht sagen, dass seine glänzenden Aussichten der Verbindung mit meiner Tochter wesentlich im Weg gestanden wären.

Schiller versteht natürlich. Er dreht sich um, als müsse er sich unter diesen Voraussetzungen den Raum nochmal mit anderen Blicken ansehen. Mme Lengefeld wendet sich zu ihren Töchtern.

MME LENGEFELD (zu ihren Töchtern/frz)
Er ist mir sympathisch, aber er hat weder Geschmack, noch hat er offenbar das geringste bisschen Geld. Seine Kleider sehen aus wie vom Lumpensammler. Lollo, ich hab dich nicht an den Hof nach Weimar geschickt, um uns zu guter Letzt nach dem einen oder anderen vielversprechenden Herren nun einen armen Dichter anzuschleppen. Nimm dir ein Beispiel an deiner Schwester.
CAROLINE (deutsch, leise – schüttelt den Kopf)
Tus nicht.
MME LENGEFELD (frz.)
Quoi? Ein Habenichts ist doch dieser Mann! Und wahrscheinlich denkt er, bei uns sei was zu holen? (deutsch) Hast Du ihn vielleicht absichtlich in dem Glauben gelassen, Charlotte?

Charlotte ist darüber sehr verletzt. Ihre Augen füllen sich mit Wasser.

CHARLOTTE (tapfer, französisch)
Ich habe es nicht nötig, mich zu einer guten Partie hin zu lügen, Maman. Jedermann weiß, dass wir nicht von goldenen Tellern essen. Die Zuneigung Herrn Schillers, die ich erfahren darf,

kommt aus freien Stücken. Er ist ein großer Dichter. Ich bin stolz, dass er bei uns ist. Und ich sehe in ihm einen Freund.

Charlotte spricht selbst in emotionalsten Momenten immer leiser als alle anderen. Das macht ihre höfische Erziehung. Mme Lengefeld wird gleich ganz weich und küsst jüngste Tochter.

> MME LENGEFELD (frz.)
> Entschuldige, ich hab vergessen, wie frisch die Wunde in deiner Seele noch ist...
> CAROLINE (frz.)
> Maman, der Mann versteht französisch.
> SCHILLER (überraschend, aus dem Hintergrund)
> Oui, je parle français, parce que le français, c'est la langue de la grande... (jetzt fehlt ihm die Vokabel) ‚Aufklärung'!

„Aufklärung" hat er deutsch ausgesprochen. Damit hat er aber nicht unbedingt einen Pluspunkt bei Maman gesammelt. Sie sieht ihn an. Man hat den Eindruck, sie kämpft gegen ihre Sympathie an, die sie spontan für ihn fühlt. Schiller rudert. Da fällt ihm was ein:

> SCHILLER (deutsch)
> „Bringt Licht in die Welt" spricht zu uns die neue Zeit. Eine der edelsten Errungenschaften der Aufklärung ist ein gänzlich neuer, ein freier Umgang mit der Natur und mit ihren Schönheiten und Lebensquellen. Ihr Mann ist in seiner Eigenschaft als Forst-Verwalter des hiesigen Fürsten ein Leuchtturm des Fortschritts gewesen. Er hat die Segnungen der Natur mit frischgewaschenen Augen gesehen. Bis nach Berlin zum preußischen König ist der Ruhm des Grafen von Lengefeld gedrungen.

„M. de Lengefeld" hängt im Zimmer als Bild an der Wand und blickt freundlich.

> MME LENGEFELD (frz.)
> Mein Mann war kein Graf, Herr Schiller. (jetzt deutsch:) Und Sie müssen mir hier nicht daher geschmeichelt kommen wie auf einer Brautschau.

Man kann sich nicht sicher sein, ob Schiller alles Französische verstanden hat. „chére mére" legt den Kopf schief und schaut sich den Gast nochmal an.

MME LENGEFELD (jetzt deutsch)
Ich möchte die Zukunft meiner Töchter gerne in hellen Farben sehen, Herr Schiller.
SCHILLER
Das kann ein jeder verstehen.
MME LENGEFELD
Als mein Mann starb, da fragte mich Charlotte, sie war damals 8 Jahre alt, jeden Tag „Maman, sind wir jetzt arm?" Und ich antwortete: „Charlotte, Du bist kein kleines Kind mehr! Du kannst unterscheiden zwischen der Armut der kleinen Leute und unsereins. Wir sind arm, wenn wir nur noch ein einziges von unseren zwölf 26 Teile-Services besitzen. Wir sind arm, wenn wir Vaters berühmte Tabakdosen-Sammlung verkaufen müssen und wir sind arm wenn wir in einem Haus wohnen müssen, in dem jede von uns nur ein einziges Zimmer zur Verfügung hat, in dem es keine richtige Bibliothek und nur drei Dienstboten gibt..." Das habe ich ihr damals geantwortet. Und was ist uns geblieben? (Sie deutet nach drüben zum Hinterhaus) Herr Schiller, die innere Haltung und die Hoffnung sind meine Überlebens-Garantie. Meine Töchter haben ein Leben ohne Sorgen verdient.

Hinter ihr winden sich Charlotte und Caroline in Unangenehmheit. Heutige junge Töchter würden zu diesem Monolog ihrer Mutter sowas sagen wie: „Krass, ey! Voll peinlich!!"

32. RUDOLSTADT//DOPPELHAUS BEULWITZ/INNENHOF
INNEN/AUSSEN/SPÄTNACHMITTAG

Das Fenster eines Zwischengangs im ersten Stock, der die beiden Häuser verbindet, ist weit geöffnet. Die Wände des Innenhofs sind weiß gestrichen, fast ein wenig südländisch. Das Vogelgezwitscher ist noch lauter geworden. Im Innenhof ein hoher Baum, der aus dem Hof hinausgewachsen ist. In seiner Krone Vögel, die den nahenden Abend ansingen. Der Hall ihres Gezwitschers gibt dem Klang etwas Palazzohaftes.

Am Fenster im ersten Stock stehen, sitzen auf dem Sims Schiller und die beiden Schwestern. Sie hören zu. Langsame Ranfahrt an die drei. Nach einer Weile:

> SCHILLER (leise)
> Italien.

Nach einer Pause:

> CAROLINE (auch leise)
> Ja.
> SCHILLER
> ER ist dort. Ich werde nie hinkommen.

Eine Sekunde Dunkelheit, Vorahnung, Tragik. Pause. Mit ER ist Goethe gemeint.

> CHARLOTTE (ebenso leise)
> Er ist auf dem Rückweg. Als ich in Weimar meine Frau von Stein verließ, da kam sein letzter Brief schon aus Meran...

Gezwitscher.

33. RUDOLSTADT//HAUS BEULWITZ/WHG LENGEFELD

INNEN/AUSSEN/NACHT

(Das erste Nachtbild des Films): Die Kamera nähert sich dem erleuchteten Hinterhaus Beulwitz, vom Fluss her. Im kleinen Salon der Lengefelds wird musiziert. Die Schwestern spielen vierhändig Klavier. Gar nicht übel. Etliche Gäste sind da, hören zu.

Wir beobachten speziell Schiller, der seinerseits Knebel beobachtet, der zwar neben der sitzenden Mme steht, aber jetzt sehr direkt Charlotte am Klavier anstarrt. Wieder zucken seine Mundwinkel in imaginärem Amüsement.

34. RUDOLSTADT//ZIMMER SCHILLER   INNEN/TAG

Schiller an seinem Schreibtisch in der kleinen Stube, er schreibt an seinen Freund Wolzogen:

SCHILLER (OFF):
„...Jeden Nachmittag holen die Schwestern mich zum festgelegten Termin an einer Saalebrücke vor der Stadt ab, um mich für den Rest des Tages und des Abends zu sich nach Hause zu führen. Sie erscheinen mir dann wie zwei Flussgöttinnen..."

35. RUDOLSTADT//BRÜCKE ÜBER DIE SAALE   **AUSSEN/TAG**
Zufahrt: Da stehen sie, die beiden Mädchen.

SCHILLER (OFF)
„...Als stünden sie an der Pforte eines unbekannten Paradieses, das sich auch mir irgendwann erschließen wird..."

Die Saale: an diesem Tag recht reißend, bräunliche dicke Fluten.

SCHILLER (OFF)
„...Wir haben uns Tarn-Namen gegeben, noms de guerre, geheime Kriegsnamen wie der Franzose sagt – Charlotte ist die „Weisheit". Caroline ist die „Glut"..."

36. MONTAGEBILD WOLZOGEN   **AUSSEN/TAG**
Zum Ende des Briefs sehen wir zum ersten Mal Wilhelm von Wolzogen. Er reitet auf uns zu und springt ab. Sehr sympathisch steht er neben einem Pferd, ist etwas außer Atem und lacht in die Kamera, so als würde er viel Verständnis für Schillers Gefühle haben...

SCHILLER (OFF)
„...Wilhelm, nimms mir nicht übel. Ich weiß, ich hatte Dir eine klassische Tragödie und ein halbes Dutzend schöner, satter langer Gedichte versprochen, wenn Du mir schleunigst eine Frau mit mindestens 12tausend Taler Aussteuer verschafft hättest. Aber nun bin ich glücklich und verwirrt. Denn Geld haben sie auch keines, die Lengefeld-Schwestern. Aber der Sommer, der Fluss... Wirst du mir verzeihen, wenn ich aus Thüringen ohne Meisterwerke zurückkomme, aber dafür mit zwei Flammen in meinem Herzen?"

37. RUDOLSTADT//WEG AN DER SAALE   AUSSEN/TAG

Fortsetzung von **35**: Die drei spazieren jetzt Richtung Rudolstadt. Die Silhouette der Stadt mit dem Schloss oben ist schon nah. Da sehen sie schreiende Kinder am Ufer: „Sie ersauft, sie ersauft!" rufen sie und deuten aufs Wasser.

Die Lage ist zunächst unübersichtlich, dann erkennt man: ein Kind, ein Mädchen, scheint einem jungen Hund ins Wasser nachspaziert zu sein und ist jetzt von der Strömung weggerissen worden. Der kleine Hund ist zurück ans Ufer gepaddelt, das Mädchen schreit um Hilfe.

Schiller zögert, als ihm die Situation klar wird, keinen Moment lang, rennt zum Wasser, streift die obersten Kleider weg, rennt am Ufer entlang, überholt das hilflos treibende Kind und wirft sich an der richtigen Stelle ins Wasser. „Komm, komm!" ruft er mehr sich selbst als dem Kind zu, das tatsächlich in seine Arme treibt, aber wir sehen: auch Schiller ist kein großer Schwimmer...

> CAROLINE
> Könnt Ihr denn schwimmen? Schiller!?
> SCHILLER (lachend, halb im Untergehen)
> Nein! Keine Rede davon! Oh, Gott, ist das kalt!!

Seine Beine haben keinen Grund mehr und auch er treibt weg – zurück in Richtung einer Brücke. (Nicht ihre Treffpunkt-Brücke!) Die Frauen laufen am Weg nebenher. Versuchen, die Brücke zu erreichen, bevor Schiller mit dem Mädchen angetrieben wird. Legen sich auf das Holz der Brücke, strecken ihm die Hände entgegen. Die Situation wird ernst. Eine seiner Hände packt Charlottes Arm. Wir sehen die Kraft, die sie in den Oberarmen hat, ihn fest zu halten. Während Caroline nur sein Hemd zu fassen bekommt, das prompt zerreißt.

> SCHILLER (völlig außer Atem)
> Nehmt mir das Kind ab! Das Kind!

Das halb ertrunkene Mädchen hängt jetzt an Charlottes anderem starken Arm. Charlotte schreit laut, weil sie das Gewicht kaum halten kann, während Schiller mit Carolines Hilfe endlich die Planken der Brücke zu fassen bekommt.

Leute kommen den Weg am Ufer entlang gelaufen, wollen helfen. Aber es ist alles gut gegangen, den Helfern bietet sich ein seltsames Bild: Caroline hat das Mädchen von hinten in den Arm genommen, hat sie nach vorne gebeugt und das Kind spuckt konvulsivisch Wasser aus. Schiller liegt völlig erledigt und triefnass auf dem Rücken auf den Brettern der Brücke in der Sonne. Charlotte liegt tatsächlich halb daneben, von ihrer Kraftanstrengung schier verausgabt. Wasserpfützen glitzern auf der Brücke in der Sonne. Die Szene gleicht für einen Moment eher einer stattgefundenen Orgie als einer dramatischen Rettungsaktion. Als die Leute kommen richtet Charlotte sich schnell wieder zusammen. Das Kind wird von einem Mann entgegengenommen, der sich dramatisch bedankt. Kleine Leute. Die beiden Mädchen und Schiller nehmen die Danksagungen schüchtern entgegen.

> CHARLOTTE (atemlos)
> Schiller, Sie brauchen trockene Kleider.
> SCHILLER (auch außer Atem)
> Ja.
> CAROLINE
> Wir begleiten Sie nach Hause. Wir beide.

Zu ihrer Schwester, die zögert, macht sie ein Winkzeichen, „komm mit...“

38. RUDOLSTADT//WEG DURCH DEN WALD NACH VOLKSSTEDT
AUSSEN/TAG

Deutscher Wald im Hochsommer. Eine suchende schnelle Kamerafahrt durch den Wald, quer zu den Bäumen. Lichtsäulen brechen von oben durch die Stämme nach unten. Die drei sind auf dem Weg zurück nach Volksstedt. Schiller friert wie ein Schneider in den nassen Klamotten. Die Mädchen – vor allem Caroline – wollen ihn überreden, sich auszuziehen.

> CAROLINE
> Seien Sie nicht dumm, Sie holen sich den Tod!

Schiller lacht im Frieren und im Gehen, will weiter.
Aber er friert dermaßen, dass sie schließlich anhalten müssen. An einem Sonnenflecken entkleidet er sich komplett – halb gegen seinen Willen. Und ohne ihn dabei anzusehen (grotesk wie sie sich immer wegwenden bei jedem Kleidungsstück, das sie ihm helfen abzulegen, und wie er seine Blößen alle immer gleichzeitig versucht zu bedecken), stellen sich die Schwestern mit ihm in der Mitte in eine Sonnensäule. Charlotte macht das natürlich zögerlicher als ihre Schwester. Die Mädchen, noch erhitzt vom Rennen, umarmen ihn (in ihren Kleidern natürlich) von beiden Seiten, pressen sich an ihn. Sie betrachten seine Nacktheit nicht. (Vielleicht lehnt sich Charlotte sogar nur mit dem Rücken an ihn an?) Kein Wort fällt. Irgendwo Stimmen im Wald. Vögel. Schiller entspannt sich

allmählich. Will sich leise bedanken. „schschscht..." machen die beiden Mädchen.

Man sieht die Gesichter, spürt die große Sinnlichkeit des Moments bei allen 3en. Für Charlotte etwas völlig Neues. Caroline nimmt ihre Hand.

39. RUDOLSTADT//ZIMMER SCHILLER   INNEN/TAG

Anderntags liegt Schiller wie erwartet in seinem kleinen Mietzimmer im Bett. Er ist krank. Hustet wie verrückt. Er schreibt ein Billet an die beiden Schwestern. Wir sehen ein Schriftbild des Billets, Buchstaben durchsetzt mit geheimnisvollen Zeichen: Kreisen, Vierecken, Dreiecken...

Es klopft, die Tür öffnet sich und herein kommen die Familie und das Mädchen, das Schiller aus dem Fluss gerettet hat. Sie überreicht ihm einen gepflückten Blumenstrauß. Die Eltern haben offenbar gar nichts zu geben. Wieder Dankesbezeugungen.

Die Situation ist montagehaft erzählt und sie endet damit, dass Schiller der Familie auch noch etwas Geld gibt. Im OFF darüber hören wir aber die Stimmen der beiden Schwestern, die das Schiller'sche Billet entziffern

> CAROLINE (OFF)
> „Ich" – Schiller also – hier die zwei Striche – ... „hat die segenreiche Darbietung von..." – das Dreieck das bist du... – „und von..."
> CHARLOTTE (OFF)
> ...Ja, das Viereck, das bist du...

40. RUDOLSTADT//DOPPELHAUS BEULWITZ/ZIMMER CHARLOTTE

                                                                INNEN/TAG

Caroline und Charlotte beim „decodieren" des Schillerschen Briefs:

> CAROLINE
> ...ja, von mir „....am 27. letzten Monats" – das heißt also gestern, weil alle Daten sind ja immer plus einen Monat und minus zwei und heute ist der 29. –Er hat unsere „segensreiche Darbietung im Tannen-Grünen mit Dankbarkeit zur Kenntnis genommen und – ..." – wieder die zwei Schrägstriche – „ich" – also er – „ich hoffte seither auf Wiederholung. Allein, die Künstler haben

ihre Tournee offenbar verschoben und die Aufführung muss warten, so scheints."

41. RUDOLSTADT//DOPPELHAUS BEULWITZ/WG.LENGEFELD
INNEN/NACHT

...Wir sehen die Mutter Lengefeld, die das Briefchen an die Töchter heimlich entwendet und geöffnet hat (es ist nur gefaltet, hat kein Siegel) und aus dem Kauderwelsch von Worten und Zeichen jedoch überhaupt nichts entziffern kann. Neben ihr Knebel.

> KNEBEL (leise)
> Ein Code. Man bräuchte mehrere Briefe, um ihn zuverlässig zu entschlüsseln.
> MME LENGELD
> Kein Problem, es kommen ja täglich zwei davon...
> KNEBEL
> ...Ich versuche, mir die Zeichen zu merken ... bis die nächste Nachricht kommt. Oder soll ich sie mir notieren? – Aber vielleicht haben die Fräulein Töchter den Code ja dann schon wieder modifiziert...?

Er führt die Finger zur Stirn wie ein Psychomagier, der mit seinem Medium Verbindung aufnehmen will.

> MME LENGEFELD
> Immer dieser Zinnober! Sind hier alle durchgedreht?
> KNEBEL
> Ja, die Hitze, vielleicht, Madame, die Hitze!

Mme faltet den Brief ungeduldig wieder...

> KNEBEL (interveniert)
> Sorgfältig, Madame, sie sollen doch nichts merken...

Er nimmt ihr Brief und Kuvert ab... (auf dessen Rückseite ebenfalls die zwei Schrägstriche als Absender zu sehen sind.) faltet es akkurat und gibt es dem bereitstehenden Hausdiener, der mit dem Billet dann zu den Damen in den Salon geht. – Man hört von dort „So, die Damen..." – und dann mädchenhafte Freude über die Ankunft des Billets...

42. RUDOLSTADT//DOPPELHAUS BEULWITZ/ZIMMER CHARLOTTE
INNEN/TAG

Im Schlafzimmer Charlottes schreiben die beiden jetzt an der Antwort für Schiller. Charlotte schreibt, Caroline diktiert.

> CAROLINE (diktiert mit Vergnügen)
> „....Die Aufführung wurde damals..." das bedeutet heute – „verschoben, weil die Truppen am nämlichen Datum des vergangenen Monats in die Kaserne zurückgekehrt sind. Die Darsteller – ..." – jetzt kommt ein Viereck und ein Dreieck, also wir beide – „suchten daraufhin einen anderen Ort zur Wiederaufführung."

Sie schauen sich an.

> CHARLOTTE
> Und...?

43. RUDOLSTADT//ZIMMER SCHILLER   INNEN/TAG

Fahrt von dem Billet, das wir eben beim Entstehen gesehen haben, und das der kränkelnde Schiller jetzt in den Händen hält, auf ihn. Er blickt zur Tür:

> CHARLOTTE UND CAROLINE (sozusagen zweistimmig)
> ...Und hier sind wir!

Die beiden Schwestern sind gerade bei Schiller eingetreten. Sie haben einen Korb mit Nahrung und „Medizin" dabei. Sie tragen Schleier. Schiller liegt im Bett.

> CAROLINE (thüringisch)
> Nu, ham Se uns vermisst, Herr Schiller?

Schiller nickt lächelnd, ist freudig überrascht von dem Besuch, aber seine Schwäche ist ihm anzusehen. Caroline umarmt ihre Schwester.

CAROLINE
Meiner Schwester hat man am Weimarer Hof einen Pfropfen in
den Hals gesteckt, seitdem kriegt sie keinen starken Ton mehr
raus. Aber dort reden ja angeblich alle so gepresst. Können Sie
das bestätigen?

Schiller nickt, kriegt aber gerade selber keinen Ton heraus.

CAROLINE
Fühlen Sie sich stark genug, um uns beide gemeinsam zu ertra-
gen? Gehen wir Ihnen auf die Nerven?
CHARLOTTE
Wir sind doch gerade erst angekommen, wie sollen wir ihm jetzt
schon auf die Nerven gehen?

Caroline macht eine gespielte Geste wie: „Schatz, lass ihn das doch selber ent-
scheiden, ob wir ihm auf die Nerven gehen oder nicht, nicht wahr?"
Schiller nickt, will wieder was sagen, kriegt dieses Mal einen Hustenanfall. Er
klingt nicht gut. Einen Moment blicken die beiden Mädchen ernst.
Charlotte setzt sich zu Schiller ans Bett, wischt ihm die nasse Stirn. Blickt Caroline an. Ihr Gesicht, von Schiller abgewandt, ist besorgt. Caroline nickt ernst und
weicht dann wieder in die leicht überkandidelte Ironie aus.

CAROLINE
Aha. Der Befragte kann sich nicht wehren. Er hat sich bei der
Lebensrettung eine ernsthafte Verkühlung zugezogen. Das ist
ein günstiger Augenblick, Korporal, schwärmen Sie aus...

Sie gehen beide im Raum herum. Betrachten die Gegenstände. Zum Beispiel auch
Schillers Manuskript zum „Abfall der Niederlande".

CAROLINE
Beten Sie zu Gott, Angeklagter, dass wir in Ihrer Mönchszelle
nur rechtschaffene, literarische Arbeit finden und nicht parfü-
mierte Liebesbriefe... (sie droht mit dem Zeigefinger)
CHARLOTTE (deutet auf das Manuskript)
Wollen Sie daraus vorlesen, wenn Sie wieder bei uns im Garten
sind?

Schiller nickt. Flüstert, so gut es geht: „Gern".

>CAROLINE
>Man erstickt hier drin. Warum öffnen Sie nicht die Fenster? –
>Ahhhhh! Und was ist das?

Sie ist in der Nähe der Fenster fündig geworden. Ein kleines Bündel Briefe, an Schiller adressiert, von der Weimarer Frau von Kalb (die wir noch kennenlernen werden!) liegt auf dem Fenstersims. Sie zeigt sie Charlotte, die aber – dezent wie sie ist – erst mal auf Abstand bleibt.

>CAROLINE
>Mme von Kalb. Ist die nicht verheiratet? Täusche ich mich?
>CHARLOTTE
>Ja. Also nein, du täuschst dich nicht. Sie ist verheiratet.
>CAROLINE
>Mit Herrn von Kalb?
>SCHILLER (nickt nur hustend)
>CAROLINE
>Verstehe. Angeklagter, Achtung, Sie können ab jetzt die Aussage verweigern.

Sie öffnet einfach ein Kuvert und zieht den Brief darin heraus. Liest die Anrede vor:

>CAROLINE
>„Verehrter junger Meister..." Was sagt uns das? – (gibt Charlotte einen anderen Brief) Hier. Lies du den.

Charlotte lächelt nur, zieht die Augenbrauen hoch, findet das Ganze etwas unpassend und entfaltet den ihr gegebenen Brief zögernd. Caroline überfliegt den Brief, den sie geöffnet hat. Findet offenbar nichts Zitierens wertes darin. Steckt ihn zurück.

>CAROLINE
>Keine indezenten Stellen auf den ersten Blick... Lalala irgendetwas über Literatur... Bei dir?

Charlotte, die ihren Brief oberflächlich gelesen hat (ACHTUNG DETAIL: Kalbs Handschrift!) faltet das Blatt wieder zusammen. Caroline kommentiert das mit schräg gelegtem Kopf, nimmt den nächsten Brief der Kalb zur Hand.

> CAROLINE (jetzt aber!)
> Ah! – lese ich richtig, Charlotte (winkt sie her) – Frau von Kalb zitiert hier einen Brief, den Sie, Herr Schiller, angeblich an Ihren Freund Körner geschrieben hätten, und zwar zitiert sie daraus folgendes: „....Damals schrieben Sie Ihrem Freund Körner doch" – schreibt sie – „,ein braves Weyb' wollten Sie haben und weiter, ,dass bei einer ewigen Verbindung die Leydenschaft nicht dabei sein darf'."

Schiller ist sein eigenes Zitat hochpeinlich. Daraufhin findet er sogar seine Sprache wieder.

> SCHILLER
> Der Körner ist ein guter Kerl. Er schaut auf meine Arbeit, macht mir ständig Vorhaltungen, dass ich zu faul werde – ich wollte ihn damit beruhigen.
> CAROLINE
> Und das mit der Leidenschaft, die nicht dabei sein soll? Ist das Ihr Ernst? Ein „braves Weyb"?
> SCHILLER
> Ach, was soll einer wie ich denn über das Thema schon so gescheit daherreden können...

Charlotte schaut ihn an. Man spürt eine Nähe zwischen den beiden, die die quirlige Caroline etwas verunsichert. Sie setzt nochmal eins drauf.

> CAROLINE
> ...Und woher weiß Frau von Kalb davon?
> SCHILLER
> Sie war zugegen als ich den anderen Brief, also den an Körner, verfasst habe. Sie zog mich damit auf...
> CAROLINE (unterbricht)
> „Zugegen". Welcher Gestalt ist das Verhältnis zwischen Ihnen und der Frau von Kalb genau? Schnell, Angeklagter!

SCHILLER
Ihr Mann schätzt mich.
CAROLINE
Wie sehr?
SCHILLER
Er hat mir mehrmals Zahlungen zukommen lassen.
CAROLINE
Dafür, dass Sie ihn mit seiner Frau betrügen?
SCHILLER (salomonisch)
Er weiß seine Frau gerne in geistig anregender Gesellschaft.
(zuckt mit den Achseln: „wenn er meint...")
CHARLOTTE (bestätigt)
Das stimmt – Man sagt am Hof, dass Herr von Kalb die Freund-
schaft seiner Frau mit Herrn Schiller gerne sieht...

Pause.

CAROLINE
„Freundschaft", ja? Sogar bei uns hier hat man schon von Ihrer
Liaison gehört. Das macht die ganze Delikatesse aber nicht bes-
ser, dass sie bei Hof stillschweigend sanktioniert ist!
SCHILLER (mühsam)
Nein. Ich will auch keinen Freispruch. Und der Weimarer Hof
ist mir egal. Diese Welt, das ist nicht meine. Ironie, Koketterie,
dafür bin ich viel zu schlicht gemacht...
CHARLOTTE (leise)
Nicht ‚schlicht'. Ihr seid aufrecht. Das ist etwas Anderes.
SCHILLER (wendet sich jetzt direkt an sie)
Lollo, ich kann mir auch von Ihnen schlecht vorstellen, dass Sie
sich in der dünnen Luft in Weimar gefallen? Selbst wenn wir
beide uns dort kennengelernt haben – ist nicht am Ende alles,
was wirklich auf unsere Seelen wirkt, die Natur und die Natürlichkeit – so wie eine schöne Melodie? Und ist es nicht die pure
materielle Not, die uns in diese Welt der falschen Töne gezwungen hat, der Lüge, der ganzen widernatürlichen Schauspielerei
am Hof? In dieser Gesellschaft ersticken wir doch. Wir wissen
dort im Handumdrehen nicht mehr, was wir fühlen, was wir
wollen...

Ist dies eine Liebeserklärung an Charlotte? Oder ist es eine dezente Nachricht an Caroline, dass Schiller ihre Koketterie nicht schätzen kann. Charlotte schweigt, wirkt aber bewegt.

> CAROLINE (bemühte Ironie)
> Er zeigt Reue.
> SCHILLER
> Am Ende erfährt so ein Kerl wie ich vom Leben immer das, was er am wenigsten erwartet hat. (er holt Atem, kurzer Huster, dann:) Ich liebe Sie beide, Caroline, Charlotte. Ich kann mich nicht mehr von Ihrer Seite fort denken. Verzeihung.

Pause. Diese Ausgesprochenheit der Gefühle ist in der Welt der beiden adligen Damen ein Affront, ein Schock.

Dann beginnen überraschend alle 3, jeder für sich, lautlos zu weinen. Vor Glück? Vor Trauer über die Unmöglichkeit ihres Gefühls zu dritt? Jedenfalls sind sie sich rührend einig.

Die Schwestern nehmen sich in den Arm, ein wenig so, als hätten sie einen Sieg errungen, aber auch so, als müssten sie sich gegenseitig trösten. Caroline lacht auch ein bisschen unter den Tränen. Dann setzen sie sich an Schillers Bett. Vielleicht umarmen sie sich auch alle drei gemeinsam wie bei einem Schwur.

Jedenfalls geht jetzt die Tür auf und der Schulmeister, der die Stube vermietet, schaut herein – und ist verblüfft. So verblüfft, dass er die Türe zunächst wieder mit einem erstaunten Laut schließt. Nach kurzem Nachdenken – öffnet er die Tür nochmals: und nun stehen sie jeder an verschiedenen Punkten im kleinen Raum. Und die Damen haben den Schleier wieder herabgelassen. SCHNITT:

44. RUDOLSTADT//DOPPELHAUS BEULWITZ/TREPPENHAUS BEULWITZ
INNEN/TAG

Mme Lengefeld stürmt die Treppe des Vorderhauses hoch zum Salon ihrer Tochter, Caroline von Beulwitz. In der Hand hat sie einen Brief, den sie schwenkt.

Das Treppenhaus ist auch tagsüber recht dunkel und Mme Lengefeld stolpert. Fällt hin. Gibt nur einen kurzen Schmerzenslaut von sich.

Die Tür wird aufgerissen, Licht fällt ins Treppenhaus: Caroline und Charlotte schauen.

> CAROLINE und CHARLOTTE:
> Maman!

Sie wollen sie hochheben, aber Mme schüttelt ihre Töchter ab und erhebt sich selbstständig.

> MME LENGEFELD
> Ah! Laisse-moi! On doit parler tout de suite!

Sie humpelt ins Zimmer der Tochter. Charlotte will auch mit hinein.

> MME LENGEFELD (drängt sie aus dem Raum)
> Non, non, non. Tu reste dehors. On parle plus tard.

45. RUDOLSTADT//DOPPELHAUS BEULWITZ/SALON BEULWITZ/INNENHOF
AUSSEN/INNEN/TAG

Mme wirft sich auf die Chaiselongue und massiert ihren Knöchel. Sie ist außer sich.

> MME LENGEFELD (leise, deutsch)
> Deinem Mann, dem es gefällt, sein Treppenhaus so sparsam zu beleuchten, dass man über die Stufen stolpert, dem hat es gleichfalls gefallen, mir einen Brief zu schreiben. Aus Berlin.

Tür geht auf. Die Hausdienerin Schwenke stürzt hinein, mit ihr der Hausfreund Knebel.

> SCHWENKE
> ...Madame ist gestürzt...?
> MME LENGEFELD
> Ja, aber ich brauche euch nicht. Raus.

Tür wieder zu, etwas gekränkt.

> MME LENGEFELD (setzt neu an/ jetzt frz.)
> So. Er hat in Berlin gehört – Gott weiß, ob das stimmt, aber egal – dass der Herr Schiller hier im Hause Gast ist. Er hat gehört, dass es viel gute Laune gibt – in seiner Abwesenheit. Er fordert mich auf, dich zu bitten, auf seine Reputation, auf deine Reputation, auf eure Ehe Rücksicht zu nehmen.

CAROLINE (dt.)
Warum schreibt er mir das nicht selbst? Wir haben in keinster Weise gegen...
MME LENGEFELD (zischt/frz.)
Parle français, Caroline! Ich will nicht, dass jeder Dienstbote diese Konversation hinterher bezeugen kann. Schließ das Fenster!

Caroline, die ihre Mutter selten so außer sich gesehen hat, tut wie ihr geheißen. Unten im – diesmal nicht zwitschernden – Innenhof sieht man Charlotte, die hochblickt.

MME LENGEFELD (frz.)
Was veranstaltet ihr für Kinderspiele: Briefe in Geheimsprache! Der absurde, verschleierte Auftritt bei Herrn Schiller drüben in Volksstedt vorgestern, das öffentliche Echauffement vergangene Woche am Fluss mit dem Kind, das jeder Idiot in Rudolstadt mitbekommen hat. Sogar die Fürstenfamilie...
CAROLINE (frz.)
Was hätten wir tun sollen? Das Kind ertrinken lassen? Herrn Schiller...
MME LENGEFELD (wedelt bedrohlich mit dem Brief)
„Herr Schiller!" Ah, dieser Herr Schiller...!
CAROLINE
Ja?
MME LENGEFELD (vor Aufregung in deutsch – aber leise!)
Caroline, du hast uns alle damals durch deine Ehe mit Friedrich von Beulwitz gerettet. Wir werden dir das nie vergessen, Deine Schwester und ich. Ich weiß, wie schwer es dir gefallen ist. Es war keine Liebesheirat. Es war materielle Not. Ich hatte als junges Mädchen Glück, ich habe euren Vater – obwohl er verkrüppelt war – aus Liebe heiraten dürfen. Ich verstehe nichts von Geld-Ehen. Bon. (frz.) Es soll ja auch gute Geld-Ehen geben, oft bessere als die aus Liebe. In eurem Fall nicht, schade. Deine Schwester und ich sind dir zu ewiger Dankbarkeit verpflichtet...
CAROLINE
Nein, das...
MME LENGEFELD (frz.)
Wenn Du es verlangst, dann scheuern wir hier mit nackten Knien den Fußboden deines Salons. Das sind wir dir schuldig.

Aber du darfst deine Ehe nicht aufs Spiel setzen! Wir müssten alle drei betteln gehen!
CAROLINE (dt.)
Nein.
MME LENGEFELD (dt.)
Ich weiß, dass du nicht glücklich bist in dieser Verbindung. Dein Mann ist ein boshafter Elefant, er hat keine Ahnung von Frauen, er will ein Dutzend Kinder – und auch das will er nur, weil er sonst <u>sein</u> Erbe nicht antreten darf, denn im Testament seines Vaters...
CAROLINE
Ja, nein, nicht nur deshalb. Er bedrängt mich ständig.

Pause.

MME LENGEFELD (frz.)
Ah, je comprends. (dt.) Und du machst dich dafür über ihn lustig, wenn er nachts um zehn noch seinen Zimt-Reisbrei mit Portwein in sich reinschaufelt. Aber eine Scheidung – falls du das im Sinn haben solltest – kommt für uns nur dann in Frage, wenn Beulwitz selbst die Ehe auflösen wollte. Nur dann.

Caroline will wieder etwas erwidern, kommt aber nicht dazu.

MME LENGEFELD
Deine Schwester ist so verletzt worden in Weimar! Tu ihr nicht noch eine Demütigung an. Halt dich von Schiller fern! Ich habe seit dem Tod eures Vaters vor zehn Jahren keine Tränen mehr in mir. Aber hätte ich noch welche, dann wäre ich jetzt über und über nass.

46. RUDOLSTADT//VOR HAUS/ZIMMER SCHILLER   INNEN/TAG

Ein junger Bote bringt aus Rudolstadt eines der Billets, die von den Schwestern zu Schiller hin und her gehen. Der Schulmeister, der im Garten arbeitet, gibt die zwei dünnen Briefe (die wieder die codierten Namen auf dem Umschlag haben, Adressat: die zwei Schrägstriche – Absender: einmal ein Kreis, einmal ein Halbmond) seiner Frau, die sie nach oben trägt. (Dialog improvisiert, z. B.: „brings du, ich hab schmutzige Hände und Stiefel...")

ERZÄHLER (OFF): „Es ist wichtig, wenn man liebt, dass es Hindernisse gibt, die überwunden werden müssen. Die zwei Schwestern und der junge Mann hatten sich in einem gleichseitigen Dreieck gefunden. Sie sprachen untereinander offen über ihre Gefühle füreinander und wurden nach Aussen hin zu Verschwörern. Der abwesende Herr von Beulwitz wurde für sie ein unsichtbarer Gegner. Der sich aber bald zeigen sollte."

47. RUDOLSTADT//ZIMMER SCHILLER   **INNEN/TAG**
Schiller liegt im Bett, nimmt die Briefe entgegen. Liest sie, legt sie parallel nebeneinander: lauter codierte Symbole. Lacht laut auf – und hustet wieder ... aber schon etwas weniger.

<u>Kleiner Zeitsprung:</u> Jetzt schreibt er selbst an die Schwestern zurück, immer noch im Bett – und zwar zwei Briefe gleichzeitig. Einen mit der rechten Hand, den anderen mit der linken.
Was schwierig ist.

ERZÄHLER (OFF): „Schiller hätte gerne mit beiden Händen gleichzeitig geschrieben, wenn er Caroline und Charlotte zweimal täglich jeweils mit einem eigenen Brief beschenkte. Er war dabei sehr darauf bedacht, der ‚Weisheit' und der ‚Glut' stets den genau gleichen Wortlaut zu schreiben..."

Schiller zerknüllt die Zettel. Dann schreibt er an jede der Schwestern extra. Wir sehen: ein Brief – „Liebe Weisheit" – an Charlotte, den er jetzt Wort für Wort an Caroline kopiert. Bis auf die Anrede: „Liebe Glut..."

48. RUDOLSTADT//DOPPELHAUS BEULWITZ/RÜCKSEITE   **AUSSEN/TAG**
Man sieht wie eine der beiden Schwestern einen Brief von dem jungen Boten an der Rückseite des Hauses abfängt, dem Jungen Geld gibt. Oben schaut die andere Schwester schnell aus dem Fenster. Sie kommt, sich ihren Brief holen...

ERZÄHLER (OFF): „Er schrieb ihnen, dass sie sich einen schwächlichen Erdensohn auserwählt hätten, dessen Gesundheit vor allem im Frühling und Herbst immer schwersten Attacken ausgesetzt sei. Er schrieb, dass das Wasser, das Element der Flussgöttinnen, ihm von nun an ärztlich verboten worden war. Aber er könne ja ohnehin nicht gut schwimmen, wie Sie gesehen hätten. Und in zwei Tagen sei er wieder wohlauf und erwarte sie an einem konspirativen Ort."

49. RUDOLSTADT//VOR DRUCKEREI   AUSSEN/INNEN/TAG

Man sieht die Drei von außen in einer Druckerei verschwinden. Erst kommen die
Damen wie inkognito von einer Seite, dann Schiller von einen anderen Seite. Alle
blicken sich verschwörerisch um bevor sie eintreten. Schiller sieht noch ein wenig angeschlagen aus.

50. RUDOLSTADT//DRUCKEREI   INNEN/TAG

In der Druckerei haben sie sich zu dritt gefunden und gehen an den Maschinen
entlang. Schiller spricht und erklärt, referiert über das Druckereiwesen (wie zuvor schon in Weimar), die Frauen gehen mit. Man hört wegen des Lärms nicht
genau, was gesagt wird. Nur so viel:

> SCHILLER (zeigt einen altdeutschen Buchstabensatz)
> ...Der Buchdruck ist bei uns – im Gegensatz zu den Franzosen –
> zurückgeblieben, er ist mehr oder weniger auf dem Stand am
> Ende des dreißigjährigen Kriegs. Sehen Sie, diese klobigen
> Buchstaben, schwer zu entziffern – Charlotte, erinnern Sie sich
> an die herrliche Didot-Schrift, die ich Ihnen in Weimar gezeigt
> habe? (Charlotte nickt) – das hier dagegen. – Wir Deutschen ha-
> ben noch aufzuholen...

Der Besitzer der Druckerei schenkt Schiller ein kleines Buch mit hübschem Leder-
Einband. Es ist leer. Schiller gibts weiter an die Schwestern, Caroline nimmt es
an sich.
Charlotte sieht (Großaufnahme) wie ihre Schwester Schiller zuhört. Sie sieht die
Begeisterung Carolines für Schiller und freut sich für sie...
Dann kommen sie in den Raum der Druckmaschinen und müssen nun noch lauter sprechen. Jetzt reden hauptsächlich die beiden Schwestern. Sie erzählen offenbar über private Dinge, die niemand sonst hören darf – wir auch nicht – deshalb das Treffen an diesem konspirativen Ort.

ERZÄHLER (OFF): „Es gab Neuigkeiten: Für die Schwestern und ihre Mutter war
eine Erbschaft von einem verstorbenen Lengefeld'schen Kaufmann aus Batavia
zu erwarten, einem Mann, der neben seinen wirtschaftlichen Erfolgen in Fernost
auch noch eine Koryphäe im Bereich der Urwald-Affen-Erforschung gewesen
war...“

SCHILLER (brüllt gegen die Maschinen an)
„Ihre Familie überrascht mich immer wieder: Försterei-Gelehrte, Tier-Forscher!"

Es wird von den Damen heftig genickt und dann weiter auf Schiller eingeredet.

Darüber der ERZÄHLER: „Die Schwestern hatten feste Pläne für das geerbte Geld. An Tagen wie diesen fühlte es sich so an als stünde ihnen drei eine gemeinsame Zukunft bevor..."

51. RUDOLSTADT//VOR DRUCKEREI   **AUSSEN/INNEN/TAG**
Die drei verlassen getrennt voneinander die Druckerei wieder. Die Damen verschwinden – zurück im Inkognito – in einer Kutsche.

52. RUDOLSTADT/STRASSEN/KUTSCHE   **AUSSEN/INNEN/TAG**
Sie fahren durch die Stadt nach Hause. Caroline schaut aus dem Fenster und spricht. POV: Leere Gasse, Alltagsgetriebe. Nichts Aufregendes ist zu sehen.

ERZÄHLER: „Als sie nach Hause fuhren, erzählte Caroline zum ersten Mal, dass sie in den engen Gassen von Rudolstadt täglich den Vater dahin hinken sah. Sie hatte Charlotte noch nie den Ort gezeigt, an dem man ihn nach seinem Gehirnschlag vor dreizehn Jahren gefunden hatte. Er habe am verlängerten Rücken eines Droschkengauls gelehnt und Zeugen hätten ihn zu diesem verlängerten Rücken hin eine Weile intim sprechen hören, so als spräche er zu ihrer Mutter. Dann sei er zusammengebrochen. Man habe ihn bewusstlos nach Hause gebracht und 2 Tage danach war er gestorben."

Wir sehen die Stelle, die sie meint: eine unscheinbare Ecke der Stadt im Sonnenlicht.
Wir sehen die Gesichter der Schwestern aus der Kutsche im Vorbeifahren. In der Kutsche hält Caroline das Buch aus der Bücherei in den Händen, klein und schön gebunden...

CAROLINE
Eines Tages werde ich ein Buch über unsere Liebe zu dritt schreiben. Es wird den Titel tragen „Unter dem Wasserfall". Unsere Treffen in der Druckerei lassen mich immer an den Ort denken, an dem wir unseren Schwur geleistet haben...

Charlotte nickt. Sie haben sich aneinander gelehnt wie junge Mädchen.

53. RHEINFALL//RÜCKBLENDE   **AUSSEN/TAG**
Caroline und Charlotte, einige Jahre jünger:
Familie Lengefeld und Friedrich von Beulwitz (den sehen wir hier in dieser Rückblende zum ersten Mal, und als recht jungen Mann!) am tosenden Rheinfall.
Caroline geht – erregt von den Gewalten der Natur – auf und ab und ruft sozusagen gegen den Sturm der Wasser einen Monolog an, wie sie ihr Leben zu gestalten gedenkt. Ihre Schwester sitzt neben ihr, hört ihr zu.

CAROLINE (ruft)
Ich werde Beulwitz heiraten, und nicht nur um Maman und deinetwillen sondern auch, um eine unabhängige Frau zu werden! Finanziell und geistig! Ich will große Menschen um mich versammeln, ich will die Leidenschaften der Kunst und auch alle anderen Leidenschaften erleben und auskosten. Ich werde eine Zwangsehe eingehen, damit ich und wir uns frei fühlen!

Die Kamera schaut auf Caroline durch die Gischt des aufspritzenden Wassers. Sie hat Tränen in den Augen, aber die Entschlossenheit eines pubertierenden Mädchens.
In einigem Abstand – auch durch die Gischt gesehen – sitzen Mme Lengefeld und Beulwitz und reden miteinander, das heißt, auch sie brüllen sich zwangsläufig an wegen des Lärms, aber wir verstehen nichts. Sieht nach normaler Konversation aus, denn sie lächeln dabei.

CAROLINE (weiter/ zu Charlotte)
Wir werden uns niemals trennen, Lollo, wir kennen kein dein und kein mein, und wir müssen zusammenstehen wie die Schweizer bei ihrem Schwur! Wenn du nach Weimar an den Hof gehst – dann werde ich dich jeden Monat besuchen, egal, was mein Mann dazu sagt. Und auch wenn du einen Mann findest werden wir immer noch ein Herz und eine Seele sein! Niemand

kommt zwischen uns! Schwör mir das! Beim Geist des tosenden Wassers!! Niemand!

Charlotte steht auf und schwört mit zwei Fingern. Beulwitz und Mme Lengefed kapieren nichts und winken.

> CHARLOTTE (brüllt)
> Ich schwöre!! Beim Geist des tosenden Wassers!

Caroline umarmt sie.

54. RUDOLSTADT//DOPPELHAUS BEULWITZ/SALON BEULWITZ/INNENHOF
AUSSEN/INNEN/NACHT

Die Schwestern treffen sich bei Kerzenlicht in einem Zimmer des Vorderhauses. Von außen sieht es fast aus wie eine Seance.
Gegenüber, vom Hinterhaus aus beobachten Mutter Lengefeld und Knebel das Treiben. Man kann hinter den geschlossenen Vorhängen nichts erkennen, nur den Kerzenschein.

> CAROLINE
> Lollo. Wir müssen einen festen Plan haben: Mutter überlassen wir das Erbe aus Batavia, aber verbunden mit der Abmachung, dass sie damit einen neuen Hausstand gründen soll. Am besten in Weimar. Da will sie doch sowieso immer hin.
> CHARLOTTE
> Allein?
> CAROLINE
> Mit wem auch immer. Mit Knebel.
> CHARLOTTE
> Den will sie nicht.
> CAROLINE
> Sie will ihn nur deshalb nicht, weil er insgeheim dich anhimmelt.
> CHARLOTTE
> Dann sag du ihm, dass ich ihn schon gar nicht will. Das wird seine Meinung ändern.

CAROLINE
Ja. bon. Ansonsten finden wir für Maman jemanden anderen.
Sie leidet am Alleinsein. Hauptsache, sie ist raus aus dem Hinterhaus, Und du bleibst dann dafür hier bei mir und Schiller kann uns jederzeit frei besuchen.
CHARLOTTE
Ich habe eine Stellung bei Frau von Stein. Goethe kommt vermutlich jeden Tag zurück...
CAROLINE (sehr innerlich)
Ich bin bewegt und berührt wie nie zuvor, Lollo. Mit Haut und Haar und Herz. Ich liebe ihn.

Charlotte freut sich an der Direktheit dieses Geständnisses. Keine Eifersucht.

CHARLOTTE (wirft sich der Schwester in die Arme)
Halt mich fest. Lass mich nicht mehr weg. Ich hasse Weimar.
(Eine Pause, dann:) Wie soll unser Zusammensein zu dritt hier erklärt werden? Dein Mann duldet doch keinen Freigeist in diesem Haus. Und auch keine männliche Konkurrenz.
CAROLINE
Wir müssen Beulwitz glauben machen, dass er gar keine Konkurrenz zu befürchten hat. Und dass Schiller seine Wahl zwischen uns schon getroffen hat.

Dong! Charlotte kapiert sofort, was Caroline damit andeutet.

CHARLOTTE
Line, ich tu alles für dich.
CAROLINE (unterbricht)
Ihr beide würdet heiraten, um unsere Liebe zu dritt zu retten...
CHARLOTTE
Und Maman? Wird sie das zulassen?

55. RUDOLSTADT//LANDSCHAFT   AUSSEN/TAG

Ein Ausritt, ein Picknick. Dabei: Schiller und Knebel zu Pferd – etwas nachfolgend in einem offenen Wagen: Mme Lengefeld (deren verknackster Fuß noch immer die Bewegung einschränkt), Bedienstete. In einer sportlichen kleinen Kutsche Caroline und Charlotte. Caroline überholt einen Heuwagen, reißt übermütig mit der Hand eine Garbe Heu heraus, riecht daran, hält sie Schiller hin, der neben ihnen reitet und lässt sie dann Charlotte in die Seitentasche der Kutsche stecken...

56. RUDOLSTADT//EHEMALIGES ANWESEN VON LENGEFELD
AUSSEN/TAG/DÄMMERUNG

Die Gesellschaft nähert sich über einen Hügel einem verfallenen Anwesen. Zunächst Caroline, Charlotte, Schiller, Dann steht Mme Lengefeld in ihrem Wagen auf.

> KNEBEL (steht sofort neben ihr, umfängt sie)
> Fassen Sie sich...
> MME LENGEFELD (macht sich los)
> Nein...

Schiller schaut die beiden Schwestern fragend an.

> CAROLINE (erklärt)
> Hier sind wir groß geworden. Nach dem Tod des Vaters mussten wir das Gut verkaufen. Nun ist vor ein paar Jahren der neue Besitzer bankrott gegangen und fortgezogen, danach ist das Gut im Frühjahr abgebrannt. Wir hatten davon gehört, aber haben es seither noch nicht gesehen. (wendet sich an ihre Mutter) Mit der Erbschaft aus Batavia könnte man es doch wieder zurückkaufen und aufbauen, so wies war?
> MME LENGEFELD
> Und wer soll dann hier einziehen?
> CHARLOTTE
> Du...
> MME LENGEFELD
> Ich? – Allein?

Alle 3 Lengefeldschen Frauen bewegen sich auf das Gehöft zu. Großes Köpfeschütteln und innere Bewegung. Mme humpelt. Knebel sucht einen Platz für ein stimmungsvolles Abend-Picknick. Deutet mit dem Stock auf geeignete Plätzchen, aber niemand hört zu.

> KNEBEL
> Hier?! Oder hier?! Nein hier...

MME LENGEFELD (über Knebel)
Ich mag ihn ja sehr, den Knebel, aber er fühlt so wenig. Bitte erinnert mich daran, falls ich jemals nach 10 Glas Portwein nochmal geneigt sein sollte, ihn in mein Bett zu nehmen.

Caroline und Charlotte schauen sich an.

SCHILLER
Madame, mit Verlaub, er ist doch viel zu alt für Sie.

Mme lacht schallend, so dass Knebel aus der Ferne besorgt guckt.

MME LENGEFELD (leise)
Mein Mann war auch etwas älter als ich. Und er war durch einen Schlaganfall seit dem 20. Lebensjahr im linken Arm und rechten Bein gelähmt. Ach, das hab ich Ihnen ja schon erzählt...
SCHILLER
Aber er soll ein großer Mensch gewesen sein. Klug. Und witzig.

Mme nickt und zeigt mit dem Stock auf Schiller, als wollte sie – sehr modern – sagen: „Genau. Sie haben es erfasst." Die drei Frauen gehen ein wenig an den Trümmern entlang. Haben Tränen in den Augen. Sie hängen der Erinnerung nach. „Da war der Speisesaal..." – „Hier stand das Spinett..." Es wird dunkler. Knebel hat das Abend-Picknick aufgebaut...

MME LENGEFELD (leise, zu ihren Töchtern)
Ich weiß schon, worauf ihr raus wollt. Ihr wollt mich gleich mitsamt der Erbschaft loswerden...

Die Schwestern blicken verdutzt. Ertappt.
Kleiner Zeitsprung: Jetzt sitzen alle um ein Tischtuch. Es wird gegessen und getrunken. Charlotte macht Schiller auf ihr Kleid aufmerksam. Dort sitzt ein Marienkäfer.

CHARLOTTE (thüringisch)
„Modschekiebchen"...
SCHILLER (setzt das Glas ab)
Bitte?

CHARLOTTE
„Modschekiebschn". Sagt man hier dazu.

Schiller versucht, es nach zu sprechen. Alle 3 Frauen lehren ihn sächsisch. Die Sonne geht blutrot am Horizont unter.

MME LENGEFELD
Ich entsinne mich meiner Mutter, die bei solchen Farben am Horizont zu sagen pflegte: „Die Schweden kommen."
SCHILLER (fängt sofort Feuer)
Ah, das ist interessant. Das hat sich im Volk erhalten! Die Schweden und ihre Überfälle, die sich mit Feuersbrünsten ankündigten.
MME LENGEFELD
Ja.
SCHILLER
Was für eine Zeit, der 30jährige Krieg! Ich möchte etwas darüber schreiben, wenn ich den „Abfall der Niederlande" erledigt habe. Aber – ich war so faul, ich bin noch weit vom Abschluss entfernt.
KNEBEL
Schiller, Sie waren nicht faul, Sie waren abgelenkt...
CHARLOTTE
Und er war krank...
KNEBEL
Ja. So krank, dass er täglich zwei Billets, jeweils an beide Damen schreiben musste. Wann bekommen wir die Auflösung, was zwei Schrägstriche, was ein Dreieck, was ein Viereck bedeuten? Namen? Menschen, die wir kennen? Wir harren gespannt auf die Lösung...
CHARLOTTE
Ach, Knebel, wir sind doch keine Bücklinge am Hof, dass wir miteinander Intrigen und Versteckspiele nötig hätten. Alle Gemütsbewegungen liegen bei unserer Familie offen zutage. Sie müssen nur lernen, sie zu sehen und zu spüren. Hier ist nun ein Moment an unserem alten Zuhause. Mag es noch so traurig sein, so ist es doch auch erhebend, so nah an der Kindheit und unserem lieben Vater zu sein. Verderben Sie uns das nicht.

Donnerwetter. – Die drei Lengefeld-Damen beginnen zu singen. Einen Kanon. „Oh, wie wohl ist mir am Abend..." Und die beiden Schwestern nehmen Schiller in die Mitte, damit ihm nicht wieder kalt wird. Und wir sehen: Schiller genießt die gesamte Familie Lengefeld, die kluge Mutter, die beiden Töchter, er bemerkt immer deutlicher die stille Verehrung des verstorbenen, geliebten Vaters. Im Grunde verliebt er sich in alle 3 Frauen, sie geben ihm ein Gefühl, das er nie so richtig hatte: zu Hause.

Noch ein kleiner <u>Zeitsprung</u>: Jetzt ist es dunkel.

> MME LENGEFELD
> War Ihr Heim glücklich, Schiller?

Beide Mädchen reagieren darauf, dass Schiller zum ersten Mal von der Mutter eine persönliche Frage gestellt bekommt.

> SCHILLER
> Es war klein. Es war so beschaffen, dass man sich dort Fragen nach dem Glücklichsein nicht viel Zeit hatte, zu stellen. Aber in der Erinnerung scheint es mir ein guter Ort.
> KNEBEL
> In der Erinnerung ist alles gut. Der Mensch hat ein großartiges Talent, sich zu belügen.
> SCHILLER
> Ich habe manchmal solche Sehnsucht. Einmal zurück nach Württemberg zu fahren! Der Bann des Herzogs gegen mich hat nun schon so lange Bestand...
> MME LENGEFELD
> Wie lange genau?
> SCHILLER
> Vor 6 Jahren musste ich aus der Heimat fliehen.

Madame Lengefeld starrt auf die Ruine ihrer glücklichen Vergangenheit, die nun kaum noch zu erkennen ist.

> MME LENGEFELD
> Verzeihen Sie mir meine Frage von eben, Herr Schiller. Wie indezent von mir. Es ist aber auch eine Unruhe in der Luft.

KNEBEL (pastoral)
Der Sommer schickt sich an zu gehen. Und ruft uns zu: „Behaltet mich in guter Erinnerung!"

Schiller sieht Madame an. Sie ihn nicht. Man hört Pferdehufe. Hektik. Rufe. Die Bediensteten lassen den Reiter durch. Es ist ein Bote.

BOTE (blickt sich unter den Anwesenden um)
Charlotte von Lengefeld? Mir wurde gesagt, ich finde sie hier?
CHARLOTTE (steht auf)
Ja.

Charlotte nimmt einen Brief des Boten an sich, öffnet ihn. Dem Boten wird inzwischen zu trinken angeboten. Alle schauen gespannt.

CHARLOTTE
Ich soll sofort zurück zu Frau von Stein, nach Schloss Kochberg. Goethe ist zurück und hat sich für morgen bei ihr angesagt.

Ihr Gesicht lässt für einen Moment sowas wie Verzweiflung spüren. Sie blickt Caroline an. Dann Schiller.

57. RUDOLSTADT//VOR DOPPELHAUS BEULWITZ /LENGEFELD/VORDERFRONT ZUR STADTSTRASSE   AUSSEN/NACHT
Durch die Eile wirkt alles etwas dramatisch.
Alle stehen vor dem Haus. Fackeln leuchten. Knebel spricht mit dem Kutscher übers Wetter, über die Wege („alles trocken" – und – „ich muss Goethe überreden, dass er Ende August hierher kommt" – „Das ist die schönste Jahreszeit, der späte Sommer" ...usw.)
Charlotte umarmt ihre Schwester. Fest und stark. Sie gibt Schiller die Hand, dann wirft sie sich kurz an seine Brust, gar nicht so dezent wie sonst.
Die Mutter, die ebenfalls nach Weimar mitfährt – samt Knebel – sieht es gerade nicht, weil sie mit der Schwenke über Gepäck-Verteilungen zankt. Knebel entgeht dieser intime Moment zwischen Schiller und Charlotte aber nicht. Ein wenig Enttäuschung in seinen Augen.

CHARLOTTE (zuckt zurück)
Verzeihung.

Dann geht sie, steigt ein. Setzt sich. Schiller guckt. Caroline guckt auch und steigt kurz noch mit in die Kutsche hinzu: Sie drückt ihrer Schwester, die nur noch auf den Boden schaut, die Hände und sagt ihr ins Ohr:

>CAROLINE
>Vertrau mir. Alles wird so wie wirs besprochen haben...

Sie steigt aus.

>MME LENGEFELD
>Grüß mir deinen Mann. Wann will er hier sein?
>CAROLINE
>Morgen Nachmittag.

Die Kutsche setzt sich in Bewegung.

58. RUDOLSTADT//DOPPELHAUS BEULWITZ-LENGEFELD/WHG. LENGEFELD
INNEN/NACHT

Caroline ist nach dem Abschied von der Schwester ins Vorderhaus getreten. Schiller ist ihr gefolgt. Sie geht wie an einer Schnur gezogen durch das Vorderhaus, durch den Gang über dem Innenhof. Sie schickt Dienstboten ins Bett.
Sie gehen die Treppe hoch in den Salon des Hinterhauses. Die Fenster sind offen, man blickt auf die Saale. Dort unten sind Lichter unterwegs. Irgendwo singt jemand. Auf dem Tisch liegt ein offenes Schreibheft. Ein Diener schließt die Vorhänge. Caroline schickt auch ihn weg. Schiller blickt kurz im Vorbeigehen auf das Schreibheft.
Die nahende Ankunft des Ehemannes liegt wie ein Gewicht auf beiden. Kaum ein Wort wird gesprochen. Caroline geht in eine kleine Küche neben dem Salon. Sie packt Gewürze aus. Gießt aus dem Picknickkorb noch einen Champagner in einen Topf. Werkelt geschäftig herum.

>SCHILLER (kommt zu ihr)
>Soll ich heimgehen?
>CAROLINE
>Es ist doch längst zu spät dafür. Sie lesen bitte das, was da im Salon für Sie auf dem Tisch liegt. Es ist der Beginn einer kleinen Novelle von mir. Nur zehn Seiten. Ich möchte Ihr aufrichtiges Urteil.

SCHILLER (überrascht)
Ah!
CAROLINE
Um Ihre Ehrlichkeit zu befeuern mache ich uns einen Punsch.
Das Rezept stammt von meiner Mutter, die hats von ihrer Mutter
etcetera. Wer davon getrunken hat, spricht unweigerlich die
Wahrheit, sagt man bei uns.

Schiller geht zum Tisch, setzt sich an das Heft. Irgendwoher erklingt eine Flöte.
Ein Gesang. Er ist überrascht, was er da liest. Das merkt man.
Caroline werkelt weiter... Schiller blättert...

ZEITSPRUNG: Sie sitzen sich im Salon gegenüber. Trinken den Punsch.

SCHILLER
Boah!
CAROLINE (lacht schallend)
Das treibt Ihnen den Husten endgültig aus, was?! – Meine Mut-
ter wollte uns das Rezept erst in ihrem Testament verraten, aber
sie hats dann doch im Nachmittagsschlaf mal ausgeplaudert.
Da hab ich mitgeschrieben. Gar nichts Spezielles darin, alles
nur eine Frage der Quantitäten.
SCHILLER
Und wie verfahren Sie mit dem Geheimnis weiter? Es an Ihre
Kinder weitergeben?
CAROLINE
Ich werd vielleicht keine Kinder haben, das fühle ich. Wenn Sie
welche haben, Fritz, dann werde ich das Rezept denen verma-
chen. Wenn sie liebe Kinder sind.
SCHILLER (versonnen)
Kinder... Hab ich noch nie daran gedacht...
CAROLINE (weist mit dem Kopf auf das offene Heft:)
Ich möchte gerne Fritz sagen dürfen. Mein Mann heißt Friedrich
und seinen Namen möchte ich heut Abend nicht aussprechen.
– Ihr Urteil jetzt also?
SCHILLER
Zwangsläufig benebelt. (lacht) Nein, im Ernst: Fabelhaft. Ein-
fach geschrieben, trotzdem tief. Enthusiasmus meinerseits.
Was ich auszusetzen hätte, sind Details, die habe ich hier auf

einen Zettel gekritzelt. Aber Sie werden glorreiche Prosa schreiben, Caroline, und die männlichen Kollegen werden staunen. Prosit. Ich sage die Wahrheit!

Caroline muss das positive Urteil erst mal verkraften, trinkt auch und holt sich mit dem Schöpflöffel nach.

> CAROLINE
> Ich muss sofort verhindern, dass mir Ihr Lob zu Kopf steigt.

Dann beugt sie sich mit vollem Glas vor und schaut Schiller an.

> CAROLINE
> Meine Schwester liebt Sie.
> SCHILLER
> Ja, ich liebe sie auch.
> CAROLINE
> Ja, und ich liebe meine Schwester auch. Und ich liebe auch Sie...
> SCHILLER
> Sie sind schwer zu deuten.
> CAROLINE
> Ich bin ein offenes Buch. Man sieht mir alles an. Im Gegensatz zu Charlotte. – Lieben Sie mich trotzdem? Ein bißchen so wie meine Schwester?

Schiller lacht. Ein wenig gezwungen.

> SCHILLER
> Wozu wäre das nun gut, wenn ich ja sagen würde?
> CAROLINE
> Dass ich mich nicht ganz so klein fühle, euch beiden gegenüber.

Zehn Sekunden Schweigen.

> CAROLINE (nach einer Pause)
> Gehen Sie zu Charlotte in Weimar. Bieten Sie ihr die Heirat. Ihr werdet glücklich werden, ich weiß es.

SCHILLER
Und was wird aus unserem Dreieck?
CAROLINE
Ich hab zu Lollo gesagt: ‚Ich werde doch keine Schwester ver-
lieren, sondern einen Bruder gewinnen' – Werden Sie ihr auch
niemals wehtun? Kann ich Ihnen trauen?
SCHILLER (übergeht das)
Was wird mit uns?
CAROLINE (plötzlich wirkt sie fast verschlagen lächelnd)
Ich habe nicht vor, zu verzichten. Zum Dank für Ihr großzügiges
Lob kann ich Ihnen heute Nacht anbieten, daß wir unsere neue
Freundschaft vertiefen. Aber (sie legt den Fingen an den Mund)
...pssst...

Schiller nimmt sie mit einem Mal leidenschaftlich in den Arm.

59. RUDOLSTADT//DOPPELHAUS BEULWITZ-LENGEFELD/WHG. LENGEFELD/
SCHLAFZIMMER/GANG VOR SCHLAFZIMMER
 INNEN/DÄMMERUNG
Schiller will ihr das Kleid von den Schultern ziehen. Sie wehrt ihn ab.

CAROLINE (flüstert, etwas atemlos)
Ich werde mich nicht ausziehen, ich erwarte meinen Mann jeden Augenblick. Wenn er seine Ankunft für den Nachmittag an-
meldet, dann ist er am Morgen schon da, ich kenn das. Seine
Überraschungen sind wie Nadelstiche.

Die Dämmerung kommt. Sie liegen auf dem Bett. Sie lieben sich. Angezogen.
Langsam ... fast schweigend...
Es klopft hektisch an der Tür. Charlotte hält Schiller fest an sich.

CAROLINE (ihre Stimme zittert)
Et voilà! – Ja?
SCHWENKE (vor der Tür)
Schnell, Ihre Frau Mutter ist Ihrem Ehemann heute Morgen um
drei an einer Kutschenwirtschaft in ... (Ort) begegnet. Sie hat
mich heimlich zurückgeschickt, um vor ihm da zu sein. Seine
Kutsche ist jetzt bereits in Sichtweite der Stadt...

> CAROLINE
> Warum? Hat er einen Verdacht?
> SCHWENKE (vor der Tür)
> Er hat undurchsichtig ausgeschaut...
> CAROLINE (zu Schiller, ganz nah)
> Schnell! Schnell!

Schiller will sich zurückziehen.

> CAROLINE (geflüstert)
> Nein, wo willst du hin! Bleib da! Bleib da!

Um ihn zu halten, hebt sie ihr Kleid über den Unterkörper hoch. Das befeuert Schiller nochmals und Caroline hat ihrerseits Freude an seiner Freude. Sie lacht sogar für einen Moment. (Aus dieser Situation folgert eine lebenslange körperliche Obsession Schillers für Caroline. Auch aus der Flüchtigkeit ihrer Begegnung, der Schnelligkeit, dem „Provisorium" – so wird es Schiller später nennen des Geschehens.)
Sie sehen sich zusammen in einem Spiegel zu wie sie sich bewegen.

> CAROLINE
> Schau. Das sind wir!

Bei diesem Anblick verfällt Caroline in eine Art Zuckungen. Nicht nur das linke Auge dieses Mal, wie üblich, sondern mehrere Gesichtsmuskeln laufen aus dem Ruder. Schiller ist verwirrt, weiß nicht, was tun. Aber sie beruhigt ihn selbst.

> CAROLINE (spricht abgebrochen)
> Lass ... das vergeht ... das ... ah!

Kleine unterdrückte Schreie. Schiller nimmt sie wie väterlich und fürsorglich in den Arm. Ist es Lust? Epilepsie? Man kann es nicht sagen, und dann ist es vorbei.

> CAROLINE (gehetzt/atemlos, aber glücklich in sein Ohr)
> Liebe meines Lebens! Verlass mich jetzt, um wiederzukommen.
> SCHILLER (fast schmerzhaft)
> Wann? Wann?

Sie umarmt ihn und drückt ihn ein letztes Mal.

60. RUDOLSTADT//DOPPELHAUS BEULWITZ-LENGEFELD/WHG BEULWITZ
INNEN/DÄMMERUNG

In Nahaufnahme tritt Friedrich von Beulwitz ins Entrée seines Hauses, von außen kommend. Ein noch junger Mann mit ganz leichter Glatzen-Tendenz. Man nimmt ihm Hut und Stock ab.

> BEULWITZ
> Danke. Wo ist meine Frau?

Schwenke, dieselbe Bedienstete, die ihn soeben bei Caroline und Schiller angemeldet hatte, antwortet ihm:
> SCHWENKE
> Ihre Frau schläft.
> BEULWITZ
> Lass sie. Ich gehe zu ihr...
> SCHWENKE
> Die Frau Gemahlin schläft im Hinterhaus, im Schlafzimmer ihrer Schwester.
> BEULWITZ
> Ah! Vermisst sie Charlotte so, ja?

61. RUDOLSTADT//DOPPELHAUS BEULWITZ-LENGEFELD/WHG BEULWITZ/
BLICK ZUR SAALE   AUSSEN/INNEN/DÄMMERUNG

Schiller hat schnell das Haus in Richtung Garten zur Saale hinaus verlassen. Er geht an Büschen entlang, die ihn vom Haus aus verdecken. Blickt zurück. Sieht für einen Augenblick Schwenke am Fenster auftauchen. Ihr Gesichtsausdruck ist hektisch. Schiller rennt weiter, Richtung Saale.

62. RUDOLSTADT//DOPPELHAUS BEULWITZ-LENGEFELD/WHG LENGEFELD/
VOR SCHLAFZIMMER   INNEN/NACHT/DÄMMERUNG

Beulwitz steht vor dem Schlafzimmer, in dem seine Frau schläft. Er überlegt. Fahrt auf die Tür zu. Dann dreht er sich um und geht in Richtung seiner Vorderhaus-Wohnung zurück.

63. RUDOLSTADT//ZIMMER SCHILLER   INNEN/TAG

Schiller sitzt völlig aufgewühlt zu Hause und schreibt:

SCHILLER (OFF)
„…Heute Nacht oder vielmehr heute Morgen war ich nicht Herr meines Tuns und am Abend bin ich zwar eingeladen auf einem lange geplanten, spät beginnenden Diner bei Rengmann, dem Arzt, der mich hier behandelte, und ich werde mich aber nachher zu Ihnen wegzustehlen versuchen…"

64. RUDOLSTADT//DOPPELHAUS BEULWITZ/LENGEFELD/WHG. LENGEFELD   INNEN/ TAG

Caroline hält das Billet in den Händen. Sie streichelt es, hält es an ihre Wange. Ihr Gesicht ist anders als am Morgen. Sehr ernst.

CAROLINE (OFF): „Nein, ich bitte Sie dringend, heute und die folgenden Tage unserem Haus fernzubleiben. Lade Sie aber von Herzen wieder für den nächsten Sonntag zu uns ein, da Sie dann – wenn ich alle Vorzeichen richtig deute – dort einen gewissen Herrn bei uns treffen werden, der Ihnen bislang aus dem Weg gegangen ist…"

Fanfare! Und:

65. RUDOLSTADT//DOPPELHAUS BEULWITZ/LENGEFELD/RÜCKFRONT ZUR SAALE   INNEN/AUSSEN/TAG

Ende des Sommers, schon früher Herbst. Beulwitz geht im Lengefeld'schen Salon ans Fenster. Mit Knebel und Chére Mére, Charlotte von Stein und Schillers Freund Wolzogen und Bediensteten im Schlepptau. Die Fenster zum Fluss hin sind wieder geöffnet. Sonne draußen. Die Damen fächeln sich Luft zu. Durcheinander-Gequatsche.

> CAROLINE (zu Knebel, leise)
> Es ist nicht die Hitze, es ist die Nervosität.

Knebel nickt vielsagend und zuckt wieder pseudo-ironisch mit den Mundwinkeln.
Großes Aufgebot der Personen. An den Fenstern des Beulwitz'schen Hauses stehen fast alle, die wir aus Rudolstadt kennen und blicken von der Rückfront in Richtung Saale hinüber. Dort unten spazieren Schiller und Goethe am Fluss entlang. In kurzem Abstand zwei, drei Bedienstete hinterher, die Erfrischungen bei sich haben. Caroline voll und ganz in ihrem Element. Das ist der Salon der Welt-

Geistes-Größen, der ihr immer schon vorschwebte. Ein wenig zucken ihre Augen wieder vor Nervosität.
Manchmal bleiben die zwei Giganten stehen. Einer von ihnen deutet in die Landschaft. Mal redet Schiller, mal Goethe. Mal wird genickt, mal sich kurz auf flugs bereitgestellte Jägerhocker gesetzt.
Mit Feldstechern wird von oben jede Aktion und Reaktion beobachtet und kommentiert, wer gerade redet. Was geredet wird, dafür bräuchte man einen Lippenleser. Der ist aber gerade nicht zur Hand. Jedoch dieses erste Treffen der beiden Giganten ist kein Erfolg. (Goethe sehen wir gar nicht aus der Nähe) Und das spüren auch die Zuschauer.

> MME LENGEFELD
> Schiller trägt seinen neuen Rock, als hätte er ihn auf dem Komposthaufen gefunden... Dabei war er durchaus nicht billig.
> CAROLINE
> Wiewohl gebraucht...
> MME LENGEFELD
> Ja, was? Hätte ich ihm einen Neuen spendieren sollen?
> BEULWITZ
> Die Poeten, nicht? Denen kann man doch anziehen, was man will, sie sehen immer aus wie Bettler.
> KNEBEL (etwas resigniert)
> Seien Sie großzügig. Hier sind Genies unter sich...

Ein Zoom zum Fürstenschloss zeigt uns – aus ebenfalls respektvoller Entfernung – dass auch die Fürstenfamilie, aufgereiht wie Orgelpfeifen mit Fernrohren das Treffen der Giganten wie eine Sport-Übertragung beobachtet.
Mit Taschentüchern schwenken sich die Zuschauer gegenseitig zu. Eine Dame fällt bei Beulwitz' fast aus dem Fenster bei dem Versuch, zum Schloss hoch zu blicken. Kreisch!
Eine Halbnahe von Schiller – während offenbar Goethe spricht, aber wir hören nichts – ein irritierter Blick von ihm zum Haus.
Und wir sehen kurz an seinem Gesicht: das läuft hier nicht gut.

66. VOR RUDOLSTADT//DOPPELHAUS BEULWITZ /LENGEFELD
AUSSEN/ TAG

Die Kutsche mit Goethe drin fährt davon. Knebel winkt zum Abschied stellvertretend für den unsichtbaren Dichter-Titan neben ihm im Kutschen-Inneren aus dem Fenster hinaus.
Artige Abschiedsgesellschaft an der Tür des Hauses.

67. RUDOLSTADT//DOPPELHAUS BEULWITZ/LENGEFELD/WHG. LENGEFELD
INNEN/ TAG

Durch diesen unzweifelhaften Misserfolg kommt ein anderer Ton in den bis dahin glückhaften Sommer. Familie Lengefeld und Beulwitz sitzen am Mittagstisch, essen Klöße.
Schiller, der rasende Zahnschmerzen hat, kann nichts essen. (Eine Backe ist etwas geschwollen.) Er liest stattdessen den Anwesenden aus dem „Abfall der Niederlande" vor, hält sich fortwährend ein Tuch vor den Mund.

> SCHILLER (liest)
> „Die Vermessenheit der Urteilssprüche der Inquisition konnte nur von der Unmenschlichkeit übertroffen werden, womit sie dieselben vollstreckte. Indem sie Lächerliches mit Fürchterlichem paarte, ertränkte sie das Mitleid im Spott und in der Verachtung. Mit feierlichem Pomp führte man den Verbrecher zur Richtstatt, eine rote Blutfahne wehte voran, der Zusammenklang aller Glocken begleitete den Zug; zuerst kamen Priester im Messgewand. Ihnen folgte der verurteilte Sünder, in ein gelbes Gewand mit schwarzen Teufelsgestalten darauf gekleidet. Auf dem Kopf trug er eine Mütze aus Papier. Weggekehrt von dem Verdammten wurde das Bild des Gekreuzigten getragen; ihm galt die Erlösung nicht mehr. Dem Feuer gehörte sein sterblicher Leib, wie den Flammen der Hölle seine unsterbliche Seele. Ein Knebel sperrte seinen Mund..."

Erstmals begegnen wir hier Schillers Sprach-Macht. Sein mündlicher Vortrag des Textes ist aber nicht unbedingt günstig. Je ausdrucksvoller und präziser gleichzeitig die Schreibweise ist, desto mehr klirrt seine Stimme.

SCHILLER (weiter)
„...Man glaubte eine Leiche zu sehen, die zu Grabe geleitet wird, und es war doch ein lebendiger Mensch, dessen Qualen jetzt das Volk so schauderhaft unterhalten sollten...“ Verzeihung, ich breche hier ab.

Zwischendurch hat er Eiswasser zur Linderung seiner Schmerzen getrunken. Den Zuhörern bleiben die Klöße ein wenig im Hals stecken.

MME LENGEFELD
Wollten Sie uns jetzt noch mit der exakten Darstellung einer Hinrichtung zu Zeiten der Inquisition divertieren?
SCHILLER (setzt sich)
Nein. Pardon.
BEULWITZ (nach einer Pause)
Ich bin sehr beeindruckt. Ihre Sprache hat Klarheit und Kraft. Wo kann man das Buch bestellen?
SCHILLER
Es wird im Herbst in Weimar erscheinen.
BEULWITZ
Warum lehren Sie nicht längst in Jena oder in Berlin? Niemand beschreibt in deutscher Sprache Historie so wie Sie. Ich habs auf jeden Fall noch nirgendwo so gelesen. So im Wortsinne „wahr“-genommen!

Aha. Man merkt, auch Beulwitz ist kein Blödian!

SCHILLER
Ich habe mich tatsächlich für Jena beworben. Auf dem Buch, vielmehr auf den Forschungen, die ihm zu Grund lagen, basierte mein Theaterstück Don Karlos.
WOLZOGEN (legt Schiller die Hand auf die Schulter)
Vor dieser großen Kunst fürchtet sich sogar der Gigant in Weimar. Deshalb ist er so flink von hier wieder abgezogen.
BEULWITZ
Lieber Heinrich Wolzogen, Sie müssen bei mir keine Reklame für Ihren Freund machen. Er hat mich in Bann geschlagen.

Vorsichtig isst Beulwitz seinen Kloß weiter, so als nähme er eine Vivisektion vor. Schweigen.

> SCHILLER (steht überraschend auf)
> Darf ich mich verabschieden? Es fällt mir heute schwer zu sprechen. Ich will nicht zur Last fallen.

Kleiner Zeitsprung: Schiller geht schweren Schrittes die Treppe zum Ausgang hinunter.
Im Speise-Salon: Beulwitz beschwert sich über ihn.

> BEULWITZ (ehrlich getroffen)
> Manieren hat er ja keine. Bin ich so langweilig?
> CAROLINE (beruhigend)
> Nein, wir Anderen sind die Langweiler, nicht du. Du hast ihm deine Bewunderung gezeigt. Danke.
> BEULWITZ
> Aber ich bin doch wirklich begeistert, wie er schreibt!

Caroline geht zum Beistelltischchen, lässt im Vorbeigehen bei Wolzogen unter dem Tellerrand einen winzigen Zettel liegen. Maman war gerade abgelenkt, weil sie ein Stück Fleisch zwischen den Zähnen mit der Zunge zu entfernen versucht. Sie tut das mit geschlossenem Mund. (Was bewirkt, dass sie momentan ziemlich dämlich aussieht).

> WOLZOGEN (steht ebenfalls auf)
> Ich will mal zusehen, dass er uns nicht vor Zahnschmerzen die Treppe runterfällt.

Und geht aus dem Raum.
Im Treppenhaus, in der Nähe der Haustür steht Schiller, Taschentuch vor dem Mund, und scheint auf den Freund zu warten. Der nimmt ihn in den Arm. Etwas zu heftig. Schiller zuckt vor Schmerz zurück. Diener steht daneben.

> WOLZOGEN
> Entschuldige.

Aber er wollte auch vor allem das Zettelchen loswerden. Schiller dreht sich um und liest es, beiseite. „Bitten Sie – Dreieck (= Charlotte) – in Weimar um ihre Hand. Vergessen Sie es nicht. Auf ewig dankbar – Kreis (= Caroline)."

68. RUDOLSTADT//ZIMMER SCHILLER   AUSSEN/INNEN/TAG
Er steht in seinem Zimmer in Volksstedt und räumt zusammen.
Er blickt nach draußen. Als erwarte er jemanden. Dort ist Sommer.
Aber es kommt niemand den Weg an der Saale entlang. Niemand geht über die Brücke.
Musik.

69. WEG RUDOLSTADT/WEIMAR//KUTSCHE   AUSSEN/INNEN/TAG
Schiller in der Kutsche zurück nach Weimar. Man sieht den Weg...

70. WEIMAR//VOR SCHILLERS QUARTIER   AUSSEN/TAG
Aus einem nicht sehr großen Haus im ärmeren Stadtkern Weimars dringen aus dem ersten Stock Stimmen...

> KÖRNER (off)
> Ich kann dir nur den Rat geben, die Beziehung zur Kalb nicht abzubrechen!
> SCHILLER (off)
> Aber warum?

71. WEIMAR//SCHILLERS QUARTIER   INNEN/TAG
Eine Bude mit tiefer Decke. Nichts Tolles. Rudimentär möbliert. Wichtig vor allem natürlich Schreibtisch und Bett.
Körner (der Mann, den Schiller damals um eine „brave Frau" gebeten hatte) ist bei Schiller.
Schiller hat eine Kompresse im Gesicht. Der Zahn ist wohl draußen.

> KÖRNER
> Die Kalb ist deine Geldquelle. Sie liebt dich. Sie hängt an dir. Sie hat diesen geduldigen Ehemann. Ich sehe deine Produktivität bedroht, wenn du dich zu viel um deinen Broterwerb sorgen

musst. Solltest du in Jena die Professur annehmen, dann wirst du beständig Vorträge fabrizieren müssen.
SCHILLER (fällt ihm ins Wort)
Aber ich will doch auf eigenen Füssen stehen! Und brüll nicht so!
KÖRNER (leiser)
Du brauchst aber freie Zeit ohne jede Sorge! Die Kalb hat dir das bislang alles garantiert.
SCHILLER (er ringt mit sich)
Sei mir nicht böse, aber ich merke an diesem Gespräch, dass ich die Entscheidung darüber wie ich mich weiter verhalte keinem Ratschlag überlassen darf.
Du kennst die Schwestern nicht. Alles, was mir in meinem Leben Bitterkeit brachte, das hatte nur eine Quelle – meine Einsamkeit. Und meine Einsamkeit kam zeitlebens aus dem Gefühl heraus, dass ich gar niemanden im Besonderen wirklich lieben könne. Ich hielt mich bislang für die Liebe ungeeignet. In diesem Sommer sind mir an meiner Liebes-Unfähigkeit zum ersten Mal Zweifel gekommen. Und ich bin sehr sehr glücklich darüber...

Körner schaut ihn an, lacht wegen der dicken Backe und umarmt ihn zärtlich und vorsichtig.
Neben Schillers Bett liegt der zerdrückte Zettel Carolines: „Bitten Sie – Dreieck (= Charlotte) – in Weimar um ihre Hand. Auf ewig dankbar – Kreis (= Caroline)."

72. WEIMAR//VOR HAUS FRAU VON STEIN   INNEN/TAG
Schiller geht mit dem Rücken zu uns zügig und entschlossen auf das uns bereits bekannte prächtiges Haus der Frau von Stein im feinen Viertel Weimars zu. Er klingelt.

73. WEIMAR//SALON FRAU VON STEIN   INNEN/TAG
Charlotte hat Schiller in einem kleineren Salon des Stadthauses der Frau von Stein empfangen. Frau von Stein selbst ist nicht anwesend. Charlotte sitzt, Schiller steht. Hat wohl schon eine Weile gesprochen und kommt jetzt zum Punkt:

SCHILLER
...Möchte ich Sie, liebe Charlotte zunächst allein unter uns und hier vor Gott fragen, ob Sie eine wenn auch noch so geringe Neigung in Ihrem Inneren verspüren, meine Frau zu werden.
CHARLOTTE (die ihn anschaut. Nickt. Knapp:)
Ja.

Schiller geht auf die Knie. Fast will Charlotte zu ihm eilen, er sieht hilfsbedürftig aus, aber er streckt die Hand abwehrend von sich und hat die Augen geschlossen. Sein eigener Entschluss überwältigt ihn.

CHARLOTTE
Was ist Ihnen?
SCHILLER
Mir ist... (er schüttelt den Kopf, weiß es nicht)
CHARLOTTE
Lieben Sie mich denn?
SCHILLER (verblüfft)
Hab ich das nicht gesagt?

Charlotte schüttelt grinsend den Kopf.Schiller starrt sie an. Rutscht halb auf Knien auf sie zu.

SCHILLER (gequält)
Charlotte, ja. Es ist die Wahrheit.
CHARLOTTE
Ist Ihnen die Liebe so eine Qual?
SCHILLER (hat eine Eingebung)
Lotte, die Erbschaft aus Batavia!
CHARLOTTE
Was ist damit?
SCHILLER
Sie hemmt mich, dir meine Liebe zu sagen.
CHARLOTTE
Warum?
SCHILLER
Weil ich doch ständig höre, wie ihr neue Pläne mit dem Geld macht, daß ihr ein Haus kaufen wollt, die Maman soll umzie-

hen – glaub mir, der arme Schlucker, der ich bin, kommt sich hier vor wie ein Erbschleicher.

Es klingt für Charlotte ziemlich glaubhaft. Sie kniet sich nun auch vor ihn hin, beugt ihren Kopf, schaut auf den Boden, eine Hand berührt seine Hand.

CHARLOTTE
Meine Liebe zu dir ist bedenkenlos und treu. Du wirst dich auf mich verlassen können wie auf einen Baum im Garten, auf den du jeden Tag schaust und der jeden Tag gleich stark und blühend aussieht. Für dich. Denke nie, dass du mich verletzt. Sei frei bei mir, geh mit mir um wie es dir einfällt.
SCHILLER (nach einer Pause)
Meine Charlotte, da ist sie wieder, die Dezenz und die Weisheit. – Wir sind jetzt vor uns beiden und vor Gott...
CHARLOTTE
...Ja...
SCHILLER
...verlobt...
CHARLOTTE
Es ist unser Geheimnis und ich werde Sorge tragen, wie wir meiner Mutter die Zustimmung zur Heirat abjagen.
SCHILLER
Ich werde es nirgendwohin berichten – auch nicht an einen Freund.
CHARLOTTE
Nur ein Mensch muss es wissen...

74. WEIMAR//HAUS FRAU VON STEIN/ZIMMER CHARLOTTE
INNEN/ NACHT

Jetzt Briefmontage: Charlotte schreibt die Liebeserklärung Schillers rührend-gerührt ihrer Schwester:

CHARLOTTE (OFF):
„Es geschah unter 4 Augen, ich hatte mich vergewissert, dass kein Dienstbote im Haus uns überraschen konnte, Madame war noch abwesend in Kochberg und niemand hörte unser Geheimnis. Du, liebste Line, bist jetzt die einzige, die es weiß. Ich bin stolz, dir zu sagen, dass wir uns nicht ganz dumm dabei angestellt

haben, aber ein wenig seltsam ist ein kniender Mann doch. Ich musste mich gleich zu ihm knien, damit er nicht so albern aussieht."

Charlotte ist glücklich, ihrer Schwester so einen großen Gefallen tun zu können. Wie immer ist nicht ganz durchschaubar, was ihre eigenen Gefühle dabei sind.

75. RUDOLSTADT//DOPPELHAUS BEULWITZ/LENGEFELD/SALON BEULWITZ
INNEN/TAG
...und wir sehen Caroline, wie sie zurückschreibt:

CAROLINE (OFF:)
„Ich bin so glücklich ... bald werde ich kommen und dann werden wir zu dritt ganz heimlich feiern. Aber haltet nur schön still damit, daß nichts nach außen dringt und sich niemand das Maul zerreißen kann!"

Es beginnt nun eine große Briefmontage, die zwar im Drehbuch vielleicht kompliziert zu lesen ist, die uns aber im Film zügig und voller Gefühle erscheinen soll:

76. MONTAGE//WEG RUDOLSTADT/WEIMAR/BRIEFBOTEN-KUTSCHE
INNEN/AUSSEN/TAG/NACHT
77. MONTAGE//WEIMAR//CHARLOTTES ZIMMER BEI FRAU VON STEIN
INNEN/ TAG/ NACHT
78. MONTAGE//RUDOLSTADT//DOPPELHAUSBEULWITZ/LENGEFELD/ARBEITSZIMMER CAROLINE
INNEN/TAG/NACHT
79. MONTAGE//WEIMAR//SCHILLERS QUARTIER   INNEN/TAG/NACHT
Montage: ... **(76:)** Briefe, die nach der Art der Zeit versandt werden, an Boten gegeben werden , die wiederum in Postkutschen gestapelt werden, die die Briefe zwischen Weimar und Rudolstadt hin und her tragen. Wir sehen die Kutschen auf einem engen, oft matschigen Waldweg, und auf einem hügeligen Weg, entlang an Feldern. Mal langsam, mal schnell...

(77.)/(78.) (79.) In Doppelbelichtung jeweils über den fahrenden Kutschen die beiden Mädchen – bzw. auch Schiller – direkt in die Kamera schauend, die Briefe, die sie schreiben, sprechend. Und man sieht ihre Schrift, bei Tag und auch bei Kerzenlicht. (Immer noch finden sich die Geheimzeichen in den Briefen!)

Das Ganze sollte klingen und aussehen wie ein verfilmter Dialog zwischen ihnen, die Stimmen auf- und abgeblendet. Mal schwillt eine Stimme an, mal geht die andere akustisch nach hinten...

CHARLOTTE: „Und willst du mit Maman über unsere mögliche Heirat sprechen? <u>Wann</u> willst du mit Maman sprechen?"

CAROLINE: „...Ich konnte noch kein Wort mit ihr wechseln seit sie aus Weimar zurück ist. Sie hatte ein Augenleiden und war sehr schlecht gelaunt. Sie wollte mit dem Knebel drei Tage verreisen, aber der Regen hatte die Straßen bei uns aufgeweicht und keine Kutsche fuhr. Da war sie dann sehr fuchsig und völlig unansprechbar..."

CHARLOTTE: „Fritz und ich sehen uns hier täglich, wir sind sehr lieb zueinander. Wann willst du mit Maman sprechen? Wann kommst du?"

CAROLINE: „...Lollo, nicht wahr, der Schwur besteht doch weiter zwischen uns, dass wir alles teilen? Du meins mit mir, ich deins mit dir?"

CHARLOTTE: „Aber ja. Das war doch unser Schwur vom Rheinfall..."

CAROLINE: „Aber wird er halten? Wird er halten, Lollo?"

CHARLOTTE: „Glaubst du denn, dass Fritz irgendwann für Maman akzeptabel ist? Erstmals wird jetzt hier auch öffentlich von seiner bevorstehenden Professur in Jena gesprochen. Macht dies bisschen materielle Zukunft ihn für Maman schon heiratsfähig?"

CAROLINE: „Ich würde ihr jetzt noch nichts sagen, es gibt ja noch keine offizielle Berufung nach Jena. Und Du weißt, dass die Erbschaft aus Batavia sie an Anwaltskosten und an Briefeschreiben mehr kostet als sie ihr am Ende einbringen wird..."

Einmal sehen wir jetzt eine Kutsche am Straßenrand liegen, umgekippt. Der hintere Stauraum ist aufgeplatzt, viele Briefe liegen auf der Straße, werden alle nass. Zoom auf einen der Briefe!
Daraufhin überschneiden sich nun zwei Briefe der Schwestern bzw. ein Brief kommt vielleicht gar nicht an. Kurzes Schweigen der Stimmen. Und plötzlich hören/sehen wir:

CAROLINE: (an Schiller:) „Sagen Sie, Fritz, was ist zwischen uns geschehen? Dass Etwas ist, fühle ich. Ich kann es nicht dulden, dass sich Wolken bilden. Ich wünsche zu sehr, dass ewig blauer Himmel zwischen uns sei..."

(79.) Jetzt sieht man Schiller in seinem Zimmer:

SCHILLER: „Ich bin in Vorfreude glücklich mit Charlotte, warte aber auch darauf, Sie bald wieder zu sehen, zu sprechen, mit Ihnen zu lachen. Die Mohammedaner kehren wenn sie beten ihr Gesicht nach Mekka, ich werde mir hier einen Schreibtisch anschaffen, wo ich mein Gesicht gegen Rudolstadt wenden kann, denn dort sind meine Religion und mein Prophet. Jedoch – was den nächsten Sommer betrifft: sollte ich als Professor im Frühling nach Jena gehen, so wie es jetzt aussieht, so bin ich nicht mehr Herr über meine Zeit..."

CAROLINE: „Dann komme ich zu Ihnen, und – so Gott bis dahin alles andere richtig fügen will: zu euch beiden. Und werde mich Euch in den Arm werfen."

Schnitt zu:

80. MONTAGE//RUDOLSTADT//DOPPELHAUS BEULWITZ/LENGEFELD/ARBEITSZIMMER CAROLINE   INNEN/ TAG
81. MONTAGE//WEIMAR//CHARLOTTES ZIMMER BEI FRAU VON STEIN
**   INNEN/ TAG**

(80:) Beulwitz sitzt im Halbdunkel eines großen Fauteuils neben dem hell erleuchteten Fenster. Man sieht seine Augen. Draußen funkeln die Herbstfarben. Caroline betritt den Raum. Beulwitz ist für sie erst auf den zweiten Blick zu sehen, sie ist offenbar erhitzt, entledigt sich eines Teils ihres Kleides. Setzt sich an ihren Schreibtisch. Wir sehen neben dem Tisch eine Truhe, in der Carolins Briefe lagern. Beulwitz taucht hinter ihr auf. Er legt ihr einen kleinen Herbststrauss auf ihr bereitgelegtes Schreibpapier.

> BEULWITZ
> Was für ein Tag! Wäre es dir nicht angenehm, im nächsten Juli niederzukommen?

Er berührt sie sanft an den nackten Schultern. Die Kamera geht von Caroline auf einen Brief von Charlotte, der auf ihrem Schreibtisch liegt und den sie gerade beantworten wollte.

(81.) Noch einmal sehen wir Charlotte in Weimar an ihrem Schreibtisch. Neben ihr Schiller. Beide blicken mit fragenden Augen in die Kamera. Charlottes Ton ist dringend:

CHARLOTTE: „Du hast mir nicht geantwortet, Line: glaubst du, dass Schiller für Maman akzeptabel ist? Inzwischen ist es wohl klar, dass er nach Jena geht, er hat dir ja auch darüber geschrieben. Aber macht diese kleine materielle Sicherheit allein ihn für Maman schon heiratsfähig? Noch weiß niemand von unserer Verlobung. Ist das richtig? Ist es nicht eher so, dass unser Plan inzwischen eine Öffentlichkeitsmachung der Verlobung notwendig macht? Liebste, antworte mir."

Fahrten jetzt auf die beiden Paare zu, in Rudolstadt auf Caroline (Beulwitz' Hände an ihren Schultern, so als nähme er gerade Besitz von ihr), in Weimar von Charlotte auf Schiller.
So, dass sich am Ende Caroline und Schiller anblicken.

CAROLINE (OFF): „Ich kann Maman jetzt nichts davon sagen! Ihr Augenleiden droht gerade, schlimmer zu werden. Trotz der herrlichen Herbstsonne sind ihre Fensterläden immer geschlossen. Und Knebel ist nicht da. Das beunruhigt sie. Ich kann sie jetzt nicht fragen. Ich fürchte, dass ich schwanger geworden bin von Beulwitz. Das macht mich ganz irre..."

Die Stimme wird leiser...

82. WEIMAR//HAUS FRAU VON STEIN/ZIMMER CHARLOTTE
AUSSEN/INNEN/ TAG

Frau von Stein sitzt mit starkem Ausdruck der Melancholie in einem Sessel. Ihre Augen blicken in eine Art Nichts, das irgendwo hinter der Kamera liegt. Im Ton, in der Tiefe des Hauses ist Gesang zu hören. Eine Augenbraue der Dame schiebt sich fragend in die Höhe.
Wir sehen: Charlotte in ihrem Zimmer im Haus der Frau von Stein. Sie ist gerade dabei, ihren Koffer zu packen (für die Abreise nach Rudolstadt und dann weiter mit Caroline von Rudolstadt aus nach Jena. Schiller muss sich dort nochmals persönlich vorstellen). Sie singt.
Frau von Stein betritt in einer Stimmung zwischen Neugierde und Langeweile den Raum. Charlotte dreht sich um, steht sozusagen stramm.

> STEIN (frz.)
> Liebste Charlotte, woran denkst du?
> CHARLOTTE (frz.)
> ...Als Schiller das erste Mal hier am Fenster vorbeispazierte...

STEIN (frz. /nicht ohne Bosheit, aber melancholisch)
...Da waren die Bäume noch grün...
CHARLOTTE (lächelnd/frz.)
Nein, es war März, und die Bäume waren kahl...

Die Kamera fährt auf das offene Fenster zu, beugt sich sozusagen hinaus:
Rückblende: wir sehen kurz Schiller, wie er im Frühjahr rückwärts wegging...

CHARLOTTE (frz.)
Und von hinten sah man dann, wie abgeschabt sein Gehrock
war. Er passte zu den kahlen Bäumen...

Frau von Stein lächelt. Charlotte fasst plötzlich Mut. Sie setzt sich:

CHARLOTTE (deutsch)
Wir sind heimlich verlobt.
FRAU VON STEIN
Seit wann?
CHARLOTTE
Seit September. Als Sie in Kochberg waren und als ich hierher
vorausfuhr, da hab ich ihn hier im Salon getroffen. Und wir ha-
ben uns Liebe geschworen.
FRAU VON STEIN
Ah!
CHARLOTTE
Ich werde ihn heiraten.
FRAU VON STEIN
Ja. Mon Dieu! Dieser arme Mann und du! Pardon mais alors!!
(Themawechsel:) Und jetzt soll die Verlobung plötzlich nicht
mehr heimlich bleiben?
CHARLOTTE
Doch.
FRAU VON STEIN (frz)
Aber warum erzählst dus mir dann?

Da ist was dran. Darauf weiß Charlotte auch erst mal keine Antwort.

FRAU VON STEIN (frz.)
Wenn du jetzt nach Hause fährst wirst du ihn dort auch sehen?
Wird er kommen?

> CHARLOTTE (frz.)
> Nein, ich sehe ihn erst danach in Jena, wo er sich vorstellen soll.
> FRAU VON STEIN (deutsch)
> Ah, je comprends, er kriegt endlich die Professur? Und wann wird er bei der chère mère um deine Hand fragen?
> CHARLOTTE
> Meine Schwester wollte die Vorarbeit bei Maman machen, aber offenbar...
> FRAU VON STEIN (schlau)
> ...Offenbar liegt das Ganze un peu in der Schwebe, hm? Und deine Schwester, die scheint mal so, mal so, hm? Du erzählst oft von Stimmungsschwankungen...

Madame von Stein wackelt bedenklich mit dem Handgelenk als wolle sie eine schwankende Gemütsverfassung bei Caroline andeuten. Charlotte schlägt sich ein wenig erschrocken die Hand vor den Mund.

> CHARLOTTE
> Ich liebe meine Schwester, ich bewundere...
> FRAU VON STEIN (wischt das weg)
> Ja. Und Monsieur Schiller selbst? Mir scheint, du hast recht, Lotte. Keine Geheimnisse mehr! Nagel ihn öffentlich fest, sonst lässt er dich hängen, der Schiller.

Sie streichelt Charlottes Wange und sagt ihren berühmten Satz:

> FRAU VON STEIN
> Die großen Geister trocknen einem das Leben aus.

Natürlich meint sie hier auch Goethe und sich selbst und natürlich weiß Charlotte das und der Satz trifft sie trotzdem wie ein Granatsplitter. Stein spürt es.

> FRAU VON STEIN
> Kind, der Mann ist bürgerlich und hat keinen roten Heller!
> CHARLOTTE
> Das sagt Maman ja auch – aber was gilt die Liebe?

Frau von Stein schaut sie forschend an.

FRAU VON STEIN (rhetorisch)
...Tjaaa, was gilt die Liebe – bei einem Künstler, einer männlichen Mätresse!? Es gibt meines Wissens in der Stadt noch andere Damen, die Anspruch auf Schiller erheben. Und die diesen Anspruch auch öffentlich kundtun werden!

83. WEIMAR//VOR SCHILLERS QUARTIERSTUBE   AUSSEN/ TAG
Eine edle Kutsche vor dem nicht sehr einladenden Eck-Haus, in dessen oberem Stockwerk Schillers beengtes Quartier ist. Ein wartender Kutscher.

84. WEIMAR//SCHILLERS QUARTIERSTUBE   INNEN/ TAG
Frau von Kalb ist zu Schiller in seine Bude gekommen. Was sehr, sehr ungewöhnlich ist für eine Dame ihres Standes.
Ein Frauen-Gesicht in Nahaufnahme, das lächelt. Scheinbar unschuldig sieht sie aus, blond, hochgewachsen, nicht mehr ganz jung. Aus dem lächelnden Gesicht stürzen plötzlich Tränen. Sie geht zu Schiller, der ihr gegenübersteht. Sie hält ihm ihre Hände entgegen.

CHARLOTTE VON KALB
Haben sie dich nicht zärtlich genug berührt? Soll ich sie mir abhacken dafür?

Sie stürzt sich tatsächlich als nächstes auf ein Brotmesser auf dem Tisch. Schiller geht dazwischen. Als er sie dabei berührt, zuckt sie zusammen. Packt seine Hände und drückt sie an ihren Körper. Sie stöhnt, sie weint. Schiller wehrt sie ab. Er hält sie fest.
Teilweise reden sie jetzt durcheinander:

SCHILLER
Nicht! Tu dir nicht weh! Ich kann das nicht mit ansehen...
VON KALB
Es ist aber doch vorbei... (unartikulierter Schrei) Ah! All die Jahre.
SCHILLER (er lässt sie los, drischt Phrasen)
Die Jahre zusammen nimmt uns niemand, sie sind unser Schatz, aus dem wir immer schöpfen werden.

VON KALB (unterbricht ... will wieder seine Hände an sich)
Fritz, ich zahle dich, wenn du bei mir bleibst.
SCHILLER (wehrt sie ab, jetzt ehrlich)
Ich muss doch weiter im Leben! Ich kann nicht bei dir bleiben.
Ich muss selbständig werden!
VON KALB (für einen Moment zornig)
Warum hast du mir nicht gesagt, dass ihr euch verlobt habt!?
Damit ich es wenigstens weiß, bevor es alle anderen wissen!
Das ist so demütigend...
SCHILLER
Es war geheim!
VON KALB (lacht bitter)
Geheim! Ist das ein Witz?
SCHILLER
Ja, in Weimar ist das offenbar ein Witz.

Sie wirft sich ihm zu Füssen.

VON KALB
Demütige mich nur weiter. Bitte. Gleich wie. Ich zahl dir dafür
eine Lebensrente. Mein Mann wird schweigen, er wird sein letztes bisschen Eifersüchtelei und Ehrgepinsel auch noch unter-
drücken. (Wieder melodramatisch:) All die Jahre, all unsere
Jahre ... in Mannheim, dann hier, das darf nicht umsonst gewe-
sen sein! Du bist für mich hergekommen, denk daran!
SCHILLER (protestierend)
Ich bin gekommen, weil ich nach der Verbannung nicht mehr
wusste wohin! Aber das ist doch keine Situation so! Deine Ehe,
meine Abhängigkeit! Das kann doch nicht endlos so gehen!
VON KALB (völlig außer sich)
Doch! (Besinnt sich) Bleib noch ein Jahr bei mir. Dann töte ich
mich, ich versprechs dir und du bist frei und bekommst mein
Erbe...
SCHILLER (hoppla, er wird geradezu schwankend!)
Das ist nicht dein Ernst, was du sagst!
VON KALB
Doch. Wir machen das schriftlich. – Nur denke, was der Dichter
sagt: „Ich bin auch ein Mensch, sagt der Staub –
Ich bin auch ein Geist, sagt das All!"

(Diese Worte werden übrigens später auf Frau von Kalbs Grab stehen.) Sie steht auf. Plötzlich bewegt sie sich rückwärts von ihm fort. Unheimlich gebückt, wie eine Hexe. Hass im Gesicht. Er will sie berühren... Sie reißt sich ihr Dekolletee auf.
(Unten blickt der Kutscher zum geschlossenen Fenster hoch. Als hätte er etwas gehört. Wir nicht. Wir wissen nicht, was hinter dem geschlossenen Fenster geschieht.)

85. WEIMAR//WOHNUNG FRAU VON STEIN/CHARLOTTES ZIMMER
INNEN/NACHT
Charlotte geht in ihrem Zimmer hin und her. Unruhig. Ihr Koffer ist immer noch nicht fertig gepackt. Auf ihrem Schreibtisch liegt ein weißes Papier. Die Feder daneben. Sie wollte offenbar etwas schreiben. Sie ringt mit sich.
Dann, kleiner Zeitsprung, eine ungewöhnlich schnelle Zufahrt: Charlotte sitzt am Tisch und schreibt einen (später berüchtigten) angeblich anonymen Brief an sich selbst über Schillers Liebes-Un-Möglichkeit, seine Unzuverlässigkeit, seine Liederlichkeit usw. Sie imitiert gekonnt Frau von Kalbs Handschrift, die sie ja vom Sommer her noch kennt. Wir sehen die Handschrift und wie sie sorgfältig die Buchstaben malt. Schnitt:

86. RUDOLSTADT//SCHILLERS ZIMMER   INNEN/TAG
Kurze Rückblende zu Szene 43. Falls für den Zuschauer nötig: Die beiden Mädchen bei Schiller in Rudolstadt, als er damals krank im Bett lag. Wie sie Frau von Kalbs Briefe öffnen. Wie Charlotte am Fenster neben Caroline steht und auf die Schrift schaut...

87. WEIMAR//WOHNUNG FRAU VON STEIN/CHARLOTTES ZIMMER
INNEN/NACHT
Zurück in der Gegenwart: Charlotte schreibt. Man hört ihre Stimme im Off monoton klingen, nicht mit der üblichen Emphase und Anteilnahme sondern wie bei einem Diktat:

CHARLOTTE (OFF)
„...will ich Sie vor der Schattenseite des Dichters Schiller doch entschieden warnen: er ist untreu, er verkehrt in Freudenhäusern, er nimmt das Geld anderer Leute ohne zu danken, er trägt Kleider des Mannes seiner Geliebten, der Frau von

Kalb, aus dem Haus und verpfändet sie. Ich will nicht sagen, er stiehlt sie. Aber es ist eben neben seiner Genialität, die so rühren und bewegen kann, neben seiner Verletzlichkeit doch eine fundamentale Liederlichkeit an ihm, die einen abstoßen sollte."

Sie beendet den Brief, adressiert ihn an sich selbst. Sie gibt dem Brief eine Duftnote hinzu (aus einer Parfumflasche? Mit einem Parfum-Namen, den wir später bei Frau von Kalb entdecken. Oder etwas anderes, eine Blüte?) Sie verschließt ihn und drückt ihn an ihre Brust, wirft ihn auf den Boden, wischt ihn im Staub ein wenig herum, nimmt ihn wieder hoch.

Dann reißt sie ihn auf und holt hastig den Brief heraus...

88. WEIMAR//IN SCHILLERS QUARTIERSTUBE   INNEN/NACHT
Es klopft. Schiller steht vom Schreibtisch auf.

> SCHILLER
> Ja?

Es klopft nochmal. Er reißt die Tür auf. Im Gang steht ein Kutscher.

> KUTSCHER
> Ich soll Ihnen sagen, Sie sollen bitte herunterkommen. Zur Kutsche. Jemand wartet auf Sie.

89. WEIMAR//VOR SCHILLERS QUARTIERSTUBE/KUTSCHE
AUSSEN/INNEN/ NACHT
Draußen stürmt es. Blätter wirbeln durch die Luft.

Die Kutschentür wird geöffnet. Eine sehr viel weniger edle Kutsche als sie die Kalb benutzt hatte. Schiller steigt ein.

Charlotte sitzt ihm gegenüber – sie wirkt sehr aufgewühlt und empört.

> SCHILLER
> Charlotte? (Sie antwortet nicht) Deine Hände sind kalt. Warum kommst du nicht nach oben? Hier ziehts durch alle Ritzen...
> CHARLOTTE
> Nein, ich kann nicht mit in dein Zimmer, das ist kompromittierend. Ich hab einen Brief bekommen.

Sie hält ihm den Brief hin. Er erkennt sofort die Handschrift der Kalb. Er nimmt ihn. Er riecht den Duft...

90. WEIMAR//SCHILLERS QUARTIERSTUBE   AUSSEN/INNEN/TAG
Eine blitzartige **Rückblende** in eine sehr heftige Liebesszene mit der Kalb, die sich vielleicht im Anschluss an die dramatische Szene zuvor so ergeben haben könnte? Eine kurze Szene, in der man quasi mit Schiller zusammen den Duft ihres Körpers atmet...

91. WEIMAR//VOR SCHILLERS QUARTIERSTUBE/ KUTSCHE
**   AUSSEN/INNEN/NACHT**
Zurück in der Kutsche. Schiller öffnet den Brief. Schiller liest und ist ehrlich empört über das, was die Kalb an Charlotte geschrieben hat. Wir hören nur den Wind.
Dann greift er Charlottes Hand.

> SCHILLER
> Ich werde das in Ordnung bringen. Umgehend.

92. WEIMAR//QUARTIERSTUBE SCHILLER   INNEN/NACHT
Unmittelbar danach: Schiller bindet mehrere Packen von Briefen zusammen. Er wirkt zornig aber gefasst.

93. WEIMAR//HAUS VON KALB   INNEN/TAG
Schiller im Salon der Kalbs. Am nächsten Tag. Grandioser Salon. Auf dem Tisch liegen all die Briefe der Kalb, die sie seit Jahren an ihn geschrieben hat. Gebündelt. Schiller hat sie ihr zurückgebracht, zum Zeichen der Beendigung ihres Verhältnisses.
Im Nebenraum – durch eine Glastür sichtbar – arbeitet ihr Mann an einer geschäftlichen Besprechung. Schaut ab und zu besorgt herüber.
Die Kalb sitzt auf einer Chaiselongue, sie trägt einen Arm in der Schlinge.

> SCHILLER (liest aus dem Brief vor)
> „...will ich Sie vor seiner Schattenseite doch entschieden warnen: er ist untreu, er verkehrt in Freudenhäusern, er nimmt das

Geld anderer Leute ohne zu danken, er trägt Kleider des Mannes
seiner Geliebten aus dem Haus – ich will nicht sagen, er stiehlt,
aber es ist eben neben seiner Genialität, die einen so rührt und
bewegt, neben seiner Verletzlichkeit ist doch eine funda-men-
tale Liederlichkeit an ihm, die abstoßen sollte." Haben <u>Sie</u> das
geschrieben?

Die Kalb – die erstmal gar nicht weiß, wovon die Rede ist – sagt nichts. Aber man
spürt wie es in ihr arbeitet, denn sie ahnt: sie ist damit als Nebenbuhlerin endgültig bei Schiller aus dem Rennen. Sie nimmt den Brief von Schiller entgegen.
Sie spürt den schwächer gewordenen Duft im Umschlag. Sie lächelt. Sie wirft
plötzlich die Hände vors Gesicht. Durch die Zugluft der Bewegung fällt der Brief
herunter. Herr von Kalb kommt herein.
Schiller wollte den Brief wieder aufheben, aber Herr von Kalb – viel älter als er –
ist ihm zuvorgekommen. Er muss knien dabei. Er legt ihn auf den Tisch, ohne
einmal darauf zu schauen. Wahre Dezenz und Würde.In der Mitte des Tisches liegen die Briefe seiner Frau an Schiller, gebündelt, als Paket. Die Kalb berührt die
Briefe.

FRAU VON KALB
Ihr Gespür und die Kenntnis meines Schreibstils sollten Ihnen
sagen, dass ich nicht der Urheber dieses Schreibens an Charlotte Lengefeld bin. „Liederlichkeit" ist ein Wort, das ich nie
verwenden würde, denn dann müsste ich mich ja selbst so nennen. Überhaupt habe ich mich in unserer Liaison der Übertre-
tung so ziemlich aller moralischen Normen schuldig gemacht,
seelisch wie körperlich.

Sie hebt zum Zeichen dafür ihren verletzten Arm.
(94. hier könnte nochmal eine kurze Rückblende in die Liebesszene im Anschluss
an 84. erfolgen, um blitzlichthaft den Hergang ihrer Verletzung „aus Leidenschaft" zu zeigen?)

FRAU VON KALB
Insofern ist es idiotisch, mir Moralurteile wie „liederlich" in den
Mund zu legen. Aber ich gestehe dem Briefschreiber zu, dass er
die Angelegenheit gegen mich gut eingefädelt hat. Sie <u>wollen</u> ja
glauben, dass ich den Brief geschrieben habe. Um einen Grund
zu haben, mir die Freundschaft zu kündigen. Sie <u>müssen</u> es

glauben, dass ich es war, damit Sie Ihr Leben jetzt neu ordnen können, auch wenn Sie meins damit vernichten.

Der Ehemann steht daneben. Regungslos.
Schiller ist einen Moment unsicher. Die Größe der Frau raubt ihm etwas den Atem.

> SCHILLER
> Ich möchte, dass Sie Ihre Briefe an mich nun zurücknehmen. Und ich weiß, wem ich die Einladung zur Vorstellung für die Professur in Jena verdanke.

Er verneigt sich vor Herrn vor Kalb, der winkt ab.

> HERR VON KALB
> Sie überschätzen meinen Einfluss. Viele andere waren da tätig: Dalberg – der Statthalter in Erfurt und Mainz, Sie kennen ihn von früher – er hat stark mitgewirkt, aber auch der Geheimrat selbst, auf den Sie im Sommer in Rudolstadt mächtigen Eindruck gemacht haben – und nicht zuletzt: der Herzog.
> SCHILLER (stolz, verbeugt sich nochmals)
> ...Und diese neuerliche Wohltat von Ihnen allen besiegelt dann auch meinen endgültigen Schritt in ein unabhängiges Akademiker- und Schriftstellerleben. Zu ewigem Dank verpflichtet.

Und zieht sich aus dem Salon seiner beiden Wohltäter in jeder Hinsicht zurück.
Das Gesicht der Kalb beginnt gleichsam zu zerlaufen...

95. WEG WEIMAR-RUDOLSTADT//KUTSCHE   **AUSSEN/INNEN**
Charlottes unergründliches trauriges Lächeln, wie sie mit der Kutsche am nächsten Tag nach Rudolstadt fährt.

CHARLOTTE (OFF): „Line, ich war sehr erschrocken über mich selbst, dass ich ein derartig niederträchtiges Schauspiel so gut ausführen konnte. Aber ich denke auch immer, ich habe es für Dich getan. Ich fühle mich schmutzig. Ich werde dir alles erzählen...“

96. RUDOLSTADT//DOPPELHAUS LENGEFELD/BEULWITZ/WHG. BEULWITZ
INNEN/TAG

Caroline nimmt ihre Schwester in den Arm als käme sie aus einem gewonnenen Krieg zurück nach Hause. Charlotte ist gerade erst angekommen, noch im Mantel. Sie halten sich umarmt.

> CAROLINE (flüstert ihr ganz leise zu)
> ...Und ich bin nicht schwanger. Gott sei Dank.

Charlotte drückt die Schwester noch mehr an sich.
Hinter ihnen geht die Tür auf. Beulwitz kommt erfreut heraus...

97. RUDOLSTADT//HAUS BEULWITZ/WHG LENGEFELD
INNEN/AUSSEN/TAG

Caroline und Charlotte bei ihrer Maman im Salon des Hinterhauses. Knebel dabei, Beulwitz auch. Charlotte liest den Brief vor, den Schiller ihr aus Jena geschrieben hat:

> CHARLOTTE (liest)
> „...Und so lässt sich nach all den Gesprächen und Begegnungen hier in Jena nun nicht mehr und nicht weniger sagen als dass ich meine Professur für Geschichte im nächsten Frühjahr stolz und demütig zugleich antreten werde. Seit heute Vormittag elf Uhr bewege ich bereits im Kopf das Thema meiner ersten Vorlesung und muss immer an unseren Abend bei dem Lengefeld'schen Gehöft denken als du sagtest angesichts der Dämmerung ‚die Schweden kommen'..."
> CAROLINE UND MME LENGEFELD GLEICHZEITIG
> Ich habe das gesagt... (dann – sich verbessernd, ebenfalls gleichzeitig:) Ach nein, du...

Dann lachen sie beide. Madame trägt eine Art dunkle Brille gegen das helle Früh-Winterlicht. Nach dem Lachen ist Pause.

> CHARLOTTE (liest leise weiter)
> „Und grüße herzlichst deine sehr liebe Mutter von mir. Ich stelle mir vor wie sie im Nachmittagslicht eures Salons sitzt, eine dunkle Brille vor den Augen, die sie schützt vor dem Winterlicht

– und wie sie dir zuhört, und du, den Brief ihr vorlesend – und
wenn sie das jetzt zu hören bekommt, dann bitte ich sie hiermit
doch einfach nur einziges Mal mit dem Kopf zu nicken – sie wird
schon wissen, warum und wozu sie da ihren Segen gibt, nicht
wahr? – und alles wird dann gut, meine Weisheit Lollo..."

Alle schauen Richtung Mutter. Musik.
Zufahrt: Und sie nickt. Lächelnd. Erleichterung bei allen Anwesenden Knebel
hält der chère Mère dabei die Hand. Auch diese Beziehung scheint sich allmäh-
lich zu finden.
Charlotte wird rot und geht seltsam gefasst zu ihrer Mutter, um sie zu umarmen.
Sie blickt dabei über die Schulter der Mutter in das kühle Winterlicht. Hinter dem
Vorhang des Fensters sieht man die gefrorene Saale-Landschaft. (CGI) Abblende.

98. NÄHE RUDOLSTADT//EINE KIRCHE AUF DEM LAND   **INNEN/TAG**
Rudolstadt im nächsten Frühjahr: die Heirat.
Eine kleine Landkirche, idyllisch gelegen, weitab der Stadt. Keine große Veranstaltung, aber die meisten, die wir kennengelernt haben, sind da: Frau von Stein,
Wolzogen, Körner, Knebel, die Lengefelds, Beulwitz (der auch noch einen Vater
hat). Kurze Impressionen der Zeremonie. Das Brautpaar wirkt ein wenig zu sehr
gefasst.

99. NÄHE RUDOLSTADT//VOR DER KIRCHE   **AUSSEN/TAG**
Glocken läuten... Kahle Bäume aber sonnig.
Das Brautpaar verlässt die Kirche. Es regnet Blumen.
Impressionen des Brautzugs zur Kutsche. Großaufnahmen: Schiller, Charlotte.
Caroline... Alle Drei scheinen in der Fröhlichkeit der Situation noch eine Span-
nung zu bergen.

100. RUDOLSTADT//VOR DOPPELHAUS LENGEFELD-BEULWITZ
AUSSEN/NACHT
entfällt.

101. RUDOLSTADT//DOPPELHAUS LENGEFELBEULWITZ/ENTRÉE BEULWITZ
INNEN/ NACHT
entfällt.

102. RUDOLSTADT//WEG NACH JENA/ KUTSCHE   INNEN/AUSSEN/ NACHT
entfällt.

103. GASTHOFZIMMER UNTERWEGS NACH JENA   INNEN/NACHT
entfällt.

104. GASTHOFZIMMER UNTERWEGS NACH JENA   INNEN/NACHT
entfällt.

105. JENA// SCHILLERS QUARTIER   INNEN/TAG
Wochen später. Draußen jetzt krachender Frühling. Ein etwas größeres Zimmer im „Gästehaus" am Stadtplatz in Jena. Mai 1789: hier wohnt Schiller mit Charlotte in einem geräumigen Zimmer, das noch ein kleines Schlafzimmer daneben hat. Auch hier wieder niedrige Decken, Balken knapp über Kopfhöhe. Schiller ist das ja gewohnt, Charlotte von Lengefeld – jetzige Schiller – weniger.
Schiller war krank. Das sieht man daran, dass ihn ein Arzt untersucht, während er mit Freunden debattiert. Er ist blass. Alle sind etwas aufdreht. Vorfreude und Nervosität.
Der Arzt, ein noch recht junger Mann, hat das Abhörgerät an Schillers Brust. Schiller atmet tief ein. In den Händen hat er das Manuskript seiner Antrittsrede: „Was heißt und zu welchem Ende studiert man Universalgeschichte?"

> ARZT
> Wie lange heute Nacht geschlafen?
> SCHILLER
> 5 Stunden.
> ARZT
> Das ist zu wenig.
> SCHILLER
> Aber tief.

KÖRNER
Das kann ich bezeugen, er war heut früh nicht wach zu kriegen.
ARZT
Typisches Symptom, steintiefer Schlaf vor Morgengrauen. Sie
sind noch nicht gesund, Mann.
SCHILLER
Ich kann mich nicht daran erinnern, jemals ganz gesund gewe-
sen zu sein.
ARZT
Hose bitte runter. Husten!

Der Arzt befühlt den Intimbereich.
Die Tür öffnet sich, Caroline von Beulwitz kommt im Reisekostüm herein. Charlotte trägt wie eine Magd ihren Koffer – obwohl Schwenke auch noch hinter ihr
her trabt.
Die anwesenden jungen Männer bilden einen Halbkreis um den nackten Schiller.

WOLZOGEN (gut gelaunt)
Damen unter 5o Jahren sofort den Raum verlassen!
CAROLINE
Das könnte Ihnen so passen!

Charlotte stellt die Koffer ab.

KÖRNER
Les Desmoiselles wissen aber schon, dass sie als Zuhörer zur
Antrittsvorlesung des Herrn Gemahl...
WOLZOGEN (weist auf Caroline)
...Herrn Schwager...
KÖRNER
...ja, dass Sie als Zuhörer keinesfalls zugelassen sind. In sämtli-
chen Gebäuden der Universität herrscht Frauenverbot.
CAROLINE
Ja, wie? Und das wollen Sie jetzt hier drin auch gleich einfüh-
ren!?
KÖRNER
Sie sind hier in einem ordentlichen Gästehaus! Nur verheiratete
Paare dürfen hier wohnen. Caroline...
WOLZOGEN
...Und der Mann ist nackt.

SCHILLER (kräht hinter der Mauer der Freunde hervor)
Jawohl, ich bin nackt!
CHARLOTTE (deutet auf ihren mitgebrachten Koffer)
Nur so viel: Wir beide sind durchaus auf das Frauenverbot bei
der Vorlesung vorbereitet!
ARZT (packt jetzt sein Zeug zusammen)
Wussten Sie, Schiller, dass Sie vor einer Woche in einer Berliner
Zeitung für tot erklärt wurden?
KÖRNER
Er wusste es. Das hat ihn ja so blitzartig gesund werden lassen.
ARZT
Da war ich dann doch etwas gekränkt, als ich das las...
CHARLOTTE
...Wo der Herr Doktor sich all die Wochen so viel Mühe gegeben
hat.

Körner führt den Arzt zu einem Zeitungssauschnitt, der – eingerahmt – neben
dem Fenster an der Wand hängt. Es ist jene Todesanzeige Schillers, aus einer Berliner Zeitung. Körner küsst den kleineren Doktor dreimal auf die Stirn.

KÖRNER
Dank (schmatz!) und Dank (schmatz!) und wieder Dank (...),
dass Sie uns den Meister erhalten haben!

Schiller hat sich schon wieder so gut wie angezogen. Betrachtet sich im Spiegel.

SCHILLER
Liebe Schwägerin, auf die peinliche Fehlmeldung hin möchte
mir eine dänische Dichtervereinigung nun eine Rente aus-
schreiben. Da drüben liegt der Brief...
WOLZOGEN
Wie hoch?
SCHILLER
Das hab ich vergessen...
KÖRNER
Das ist doch das Einzige, das zählt!
CHARLOTTE
So, ich, möchte euch alle jetzt herzlich bitten, uns allein zu las-
sen. Bitte geht voraus. Es ist noch eine Stunde Zeit.

SCHILLER
Ja, geht vor. Ich werde nicht ausbüchsen, ich versprechs.

Alle verlassen den Raum. Lachend, ein wenig murrend. Außer unseren Drei: Charlotte, Caroline, Schiller. (Und Schwenke natürlich.)

CAROLINE
Ich bin Beulwitz entflohen! Er wollte mich im Turm in Rudolstadt festsetzen lassen, aber ich bin ihm im letzten Moment entkommen.

Und sie umarmt ihn und küsst ihn. Charlotte strahlt dazu.

106. JENA//UNIVERSITÄT   **AUSSEN/TAG**
entfällt.

107. JENA//UNIVERSITÄT GANG/ERSTER, KLEINERER HÖRSAAL
         INNEN/TAG
Schiller geht – allein – halbleere Gänge entlang. Liest die Nummern der Säle. Erkennt eine Saalnummer. „Kleiner Hörsaal". Macht die Tür auf und tritt ein. Niemand da. Schiller steht da, verdattert, enttäuscht. Da kommt der Pedell, der ihn vom Gang hat hineingehen gesehen:

PEDELL
Was suchen Sie?
SCHILLER
Die Antrittsvorlesung Schiller „Was heißt und zu welchem Ende studiert man..."
PEDELL (unterbricht ihn)
Ja, ist verlegt worden. 2. Stock, „Großer Hörsaal"

108. JENA//UNIVERSITÄT GANG ZWEITER STOCK/ZWEITER GRÖSSERER HÖRSAAL   **INNEN/ TAG**
Hier ist es heller, auch belebter. Schiller fragt nochmal, jemand weist ihm den Weg: „Großer Hörsaal". Er öffnet die Tür und sieht einen – rappelvollen Hörsaal.

Alles redet in Vorfreude durcheinander. Der Saal, unter einer herrlichen Glaskuppel gelegen, summt geradezu. Darüber der Frühlingshimmel.
Schiller ist überwältigt. Die Leute sind aus dem Häuschen, als er kommt. Langsam geht er nach vorne. Ein Ordinarius schüttelt ihm die Hände, noch ein anderer Uni-Würden-Mann.
Dann stehen alle auf und klatschen. Hier steht der Dichter der „Räuber", des „Don Karlos".
Die beiden Schwestern sind – beide als Männer verkleidet – auch dabei, relativ weit vorne. Wolzogen und Körner in der Nähe.
Erster Zeitsprung: Schiller beginnt zu sprechen. Er liest ab, sucht aber trotzdem beständig die Augen seiner Zuhörer.

> SCHILLER
> „Was heißt und zu welchem Ende studiert man Universalgeschichte? Erfreuend und ehrenvoll ist mir der Auftrag, an Ihrer aller Seite künftig ein Feld zu durchwandern, das dem denkenden Betrachter so viele Gegenstände des Unterrichts, dem thätigen Weltmann so herrliche Muster zur Nachahmung, dem Philosophen so wichtige Aufschlüsse, und jedem ohne Unterschied so reiche Quellen des edelsten Vergnügens eröffnet. Das große weite Feld der allgemeinen Geschichte, der Anblick so vieler vortrefflichen jungen Männer (hier blickt er kurz die beiden Schwestern an). die eine edle Wissbegierde um mich her versammelt, und in deren Mitte schon manches wirksame Genie für das kommende Zeitalter aufblüht, macht mir meine Pflicht zum Vergnügen. Groß ist das Geschenk, das ich Ihnen zu übergeben habe – und was hat der Mensch dem Menschen größeres zu geben, als Wahrheit? – (Beifall brandet kurz auf) Fruchtbar und weit umfassend ist das Gebiet der Geschichte; in ihrem Kreise liegt die ganze moralische Welt. Und zum Menschen redet die Geschichte unaufhörlich..."

Die Mädchen machen ihm Zeichen: nicht so laut, nicht so schnell. Er bremst unmerklich sein Sprechtempo ab.
Zweiter Zeitsprung: Schiller spricht immer noch. Er ist erhitzt. Blass. Die Schwestern schauen ihn an. Fasziniert, jede auf ihre Weise. Auch ein wenig beängstigt.

SCHILLER

…„Die Schweden kommen!" – so begrüßten also Generationen lang Menschen aus dem gemeinen Volk die Abenddämmerung, wenn sie sich als eigentlich schöner roter Streif auf den Horizont legte. „Die Schweden kommen" – eine Vorstellung des Grauens. Und wie eine Furche gräbt sich so das Grauen der Geschichte – hier ist es der dreißigjährige Krieg – ins Gedächtnis der Menschheit, in ihre Träume und in ihre Sprache, bewusst und unbewusst. Aber: unser menschlicheres Jahrhundert herbei zu führen, das haben sich – ohne es zu wissen oder zu erzielen – alle vorhergehenden Zeitalter ja angestrengt. Unser sind alle Schätze, welche Fleiß und Genie, Vernunft und Erfahrung im langen Alter der Welt endlich heimgebracht haben. Aus der Geschichte erst werden Sie lernen, einen Wert auf die Güter zu legen, denen Gewohnheit und Besitz so gern unsre Dankbarkeit rauben: kostbare Güter, an denen das Blut der Besten und Edelsten klebt, die durch die schwere Arbeit so vieler Generationen haben errungen werden müssen! –

Musik wird allmählich hörbar. Majestätisch, barock, wundervoll…

SCHILLER

Wie verschieden auch die Bestimmung sei, die Sie in der bürgerlichen Gesellschaft erwartet – jedem Verdienst ist eine Bahn zur Unsterblichkeit aufgethan, zu der wahren Unsterblichkeit meine ich, wo die That lebt und weiter eilt, wenn auch der Name ihres Urhebers hinter ihr zurückbleiben sollte.

Das wars. Frenetischer Jubel der Zuhörer. Die Musik brandet jetzt auf.

109. JENA//KNEIPE   INNEN/TAG

In einem gewaltigen Jenaer Biergarten in einem Hinterhof feiern sie alle zusammen, tanzen… Schiller tanzt mit Caroline. (Caroline inzwischen als Frau erkennbar). Dabei rempelt er – ungeschickter Tänzer, der er ist – versehentlich ein Paar an neben sich. Caroline bleibt spielerisch empört mit Händen in den Hüften und aufgeblasenen Backen stehen, so als habe das Paar schuld, dann tanzt sie weiter. Das ältere Paar lacht über die beiden, die so glücklich zusammen scheinen, tanzt weiter.

Charlotte sitzt am Tisch und strahlt in sich hinein. Sie trägt noch den Männerhut und Mantel. Die Freunde sind dabei. Als Schiller und Caroline an den Tisch zurückkehren, zu Charlotte, da kommt der ältere Mann nochmal vorbei mit seiner Ehefrau...

> ÄLTERER MANN (ruft über den Lärm!)
> Wissen Sie, was ich zu meiner Frau gerade gesagt habe? So ein glückliches Paar, das sieht man selten!!

Schiller und Caroline bedanken sich lächelnd für das Kompliment.
Charlotte lächelt mit. Ihre Schwester streicht ihr kurz über die Haare, nimmt ihr den Hut ab. Dass da ein bitterer Beigeschmack an dieser Bemerkung sein könnte, das merkt man kaum.

110. JENA//VOR SCHILLERS QUARTIER   AUSSEN/DÄMMERUNG

Schiller und Charlotte verschwinden den Freunden winkend in der Hofeinfahrt ihres Wirtshauses. Caroline hat sich wieder Mantel und Hut angezogen –und steigt eine Mauer weiter unter Gekicher und Gejohle und mit der Hilfe der Freunde Körner und Wolzogen usw. in das Gästehaus ein.
Auf dem Stadtplatz feiern indessen immer noch die Studenten. Die Kamera fährt über die jubelnden jungen Gesichter der Studenten und die werden aber allmählich, je weiter man fährt (ohne Schnitt) zu schreienden Volksmassen, die aus dem Bild in eine Richtung unterhalb der Bildgrenze zu strömen scheinen... Man sieht Blut auf dem Boden:

ERZÄHLER (OFF): „Am 14. Juli 1789 fand tausend Kilometer westlich von Thüringen, in Paris der Sturm auf die Bastille statt. Das ‚Erbe der Menschheit', der Drang zu ‚Wahrheit, Sittlichkeit und Freiheit' von dem Schiller gesprochen hatte, schlug an diesem Tag ein neues heldenhaftes Kapitel auf. Jedoch...“

111. MONTAGE/GESICHTER:

Schweigen. Wir sehen die Gesichter der Adligen dieses Films: die Fürsten Schwarzburg (die wir bislang nur einmal oben an ihrem Schloss gesehen haben), Mme Lengefeld, Frau von Stein. Sie blicken in die Kamera. Ein Zeitalter ist versunken und sie ahnen es alle. Am Ende der Gesichter-Reihe: Caroline von Beulwitz.

ERZÄHLER (OFF): „...dazu musste erst die alte Welt-Ordnung hingerichtet werden...“

112. JENA//SCHILLERS QUARTIER   INNEN/NACHT
In seinem Bett liegt Schiller allein. Er scheint zu schlafen.
Die Schwestern flüstern in der Stube. Caroline ist sehr aufgedreht. Hat Hut und
Mantel wieder abgelegt. Psst macht Charlotte immer, wenn sie zu laut ist.

> CAROLINE
> Wir können die Kleider tauschen, er wirds nicht merken. Und
> morgen sagen wir ihm dann, wer die Nacht bei ihm gewesen ist.

Charlotte lächelt mit. Sie findet scheinbar nichts dabei. Dann wird sie einen Moment ernst. Caroline rückt nah an ihre Schwester heran. Wir sehen noch einmal
Schiller in seinem Bett. Die Augen offen. Er wartet. Charlotte ist jetzt sehr ernst.

> CAROLINE
> Was ist?
> CHARLOTTE (sehr leise)
> Wir haben dich beide erwartet. Jeder auf seine Art. Ich wollte
> eine Brücke zwischen euch sein. Wir leben in einer Wohnung,
> aber wir leben nicht zusammen wie Mann und Frau. Wir leben
> wie Geschwister.
> CAROLINE (erschrocken)
> Warum?
> CHARLOTTE
> Ich hätte niemals den Mann, den du so sehr liebst, empfangen
> können. Du hast so viel für uns getan, Maman und mich. Für
> dich bin ich bereit, mein ganzes Leben im Schatten zu leben...
> (sie küsst Carolines Hand)
> CAROLINE (jetzt leise entsetzt, zögernd)
> Willst du ihn denn gar nicht --- bei dir?

Charlotte schüttelt den Kopf. (Aber wir glauben es ihr nicht recht.)

> CAROLINE
> Warum nicht? Ich dachte...

Caroline nimmt ihre Hand. Sie wendet sich ab, sie weint.

113. JENA//SCHILLERS QUARTIER   INNEN/TAG
Am nächsten Morgen steht Schiller neben Charlotte aus dem ehelichen Bett auf. Er öffnet die Tür ins große Zimmer und sieht sofort, dass Caroline weg ist. Nur ihre Herren-Kleider sind noch da. Aber ein Geschenk hat sie liegen lassen: Einen Ring des Vaters, den ursprünglich sie geerbt hatte. Und einen Brief hinterlassen.

CAROLINE (OFF): „Wir werden uns nun lange nicht sehen, liebste Schwester. Dieser Ring unseres Vaters, den Mutter mir vererbt hat, ist jetzt für dich. Du bist der beste Mensch der Welt. Aber ihr müsst von heute an zu euch selbst finden. Ich werde euch nicht mehr im Weg stehen. Der unmenschliche Pakt, den wir geschlossen haben, ist nichtig, Lollo. Ich war kurzsichtig, eigensüchtig und dumm. Verzeih mir, wenn du kannst."

114. KUTSCHE   INNEN/TAG
Wir sehen Caroline auf der Rückreise in der Kutsche. Ihr Gesicht ist wie versteinert.

Zurück in **113**: Charlotte ist dazu gekommen und liest mit. Charlotte bricht weinend zusammen. Schiller tröstet seine Frau, weil Caroline nun ihn und sie gleichermaßen verlassen hat.

> CHARLOTTE (ruft unter Tränen)
> Line! Line! Bleib doch bei mir!!

Die Kamera zieht sich aus der Stube zurück. Langsame Abblende.

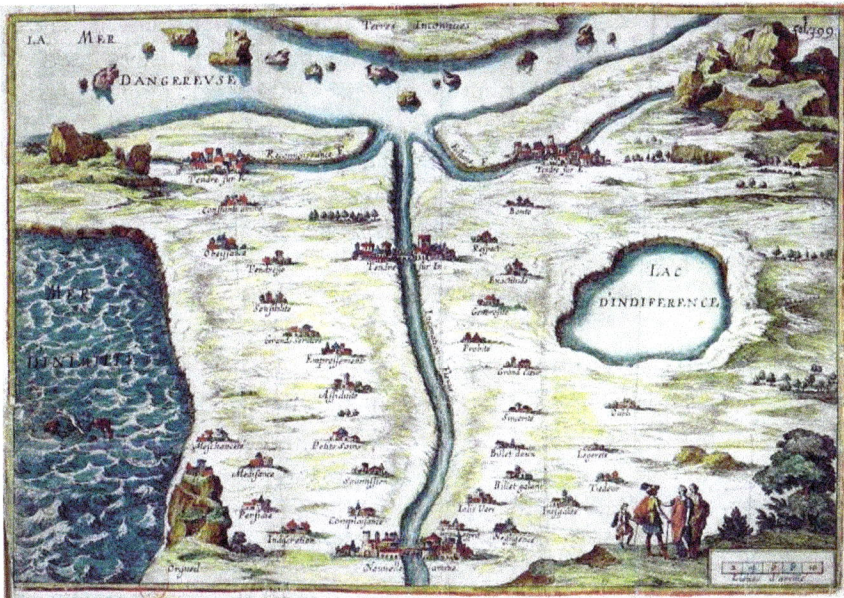

115. LANDSCHAFT TÜBINGEN LUDWIGSBURG   AUSSEN/TAG

Aufblende, eventuell als Kreisblende. Hochsommer Offene Landschaft. Weizen-
felder. Entfernt: Mittelgroße Post-Kutsche fährt. Nicht zu schnell.

116. TÜBINGEN//DRUCKEREI COTTA   INNEN/TAG

Im Vordergrund die Druckmaschinen in Handbetrieb. Schrift: „Tübingen – 5 Jah-
re später."
Ein Verlagsmitarbeiter führt Schiller durch die Maschinenstraße des Druckerei-
Raums. Schiller ist bepackt mit seinen ersten Manuskripten der „Horen" für den
Verlagsinhaber Cotta. Er hält sich einen Schal bzw. ein Tuch vors halbe Gesicht.
Zunächst denken wir vielleicht, er fürchte wegen seiner Gesundheit den Windzug
oder irgendwelche giftige Substanzen in der Luft. Der Verlagsmitarbeiter erklärt
Schiller vieles vom Buchstabensetzen, zur neuen Stereotypie, zur Matrizen-Her-
stellung (die eher wie eine Pizza-Bäckerei wirkt) bis hin zur Druckmaschine. Wir
hören wegen des Lärms wenig, sehen den Mann gestikulieren, verstehen nur Fetzen wie „ganz neue Erfindung", „wir können nun beliebig oft die gesetzte Matrize
verwenden...", „...die Politik der Flugblätter, die tausend und abertausenden Ko-
pien, die die Revolution in Paris befeuert haben, sind undenkbar ohne die Erfindung der Stereotypie."

Schiller sieht durch ein Fenster im Hintergrund des Druckereiraums, (ein – zum ersten Mal in diesem Film farbiges! – halbrundes Innenraumfenster) das in ein Treppenhaus führt: Caroline. Er ahnt sie nur verschwommen. In ihrer Begleitung ein gut 50jähriger, sympathisch wirkender Herr (es ist von Dalberg, der Theater-Mäzen, wir haben ihn in Rudolstadt im Sommer schon gesehen). Caroline nimmt Schiller nicht wahr, würde ihn vielleicht auch in seinem Aufzug nicht erkennen. Schiller zögert, dann wird er von dem Verlagsmitarbeiter zu Cotta weitergewinkt, der ihn in seinem von außen einsehbaren Büro erwartet.

117. TÜBINGEN//EMPFANGSRAUM COTTA   INNEN/TAG

Schiller – immer noch „verschleiert" – betritt den Raum. Der Mitarbeiter stellt ihn vor:

> MITARBEITER
> So, das isch jetzt der Herr Seeliger. Er war bei Ihnen angemeldet, sagt er...
> COTTA (beäugt Schiller)
> Ja, er war angemeldet. Bitte ... Herr Seeliger.

Cotta, ein noch recht junger Mann, bietet Schiller einen Stuhl an. Der lehnt ab.

> SCHILLER
> Ich muss nach der steinharten Postkutsche meine Knochen erst wieder in die richtige Ordnung bringen. Ich steh solang...

Der Mitarbeiter geht hinaus. Cotta zieht Vorhänge zum Büro zu. Sie sind jetzt unter sich.
Schiller lüftet jetzt seinen Schleier-Schal. Er übergibt Cotta seine geschriebenen Seiten.

> COTTA (kommentiert den Schal)
> Was für ein schöner Stoff. Woher?
> SCHILLER
> Von meiner lieben Frau. Chinesische Seide, sagt sie. Mein Inkognito. Sie hat ein FS hineingestickt. Ferdinand Seeliger...
> COTTA
> Ja – oder Friedrich Schiller. Wie ist das Befinden Ihrer Frau?

SCHILLER
Nur die Hitze macht ihr zu schaffen. Siebter Monat, alles verläuft regulär sagt der Arzt. Ich vertrau ihm, er hat schon meine jüngeren Schwestern zur Welt gebracht. Wir sind vor allem auch seinetwegen nach Ludwigsburg gekommen.
COTTA
Wie ist es, wieder zu Hause zu sein?
SCHILLER
Inzwischen, nach 4 Wochen, schon wieder ganz vertraut.

Cotta betrachtet währenddessen die Blätter, die ihm Schiller gegeben hat. Kommentiert mit der Mimik, was er sieht. Caroline kommt nach kurzem Klopfen mit Dalberg rein, entschuldigt sich, als sie das Büro besetzt findet. Schiller hat sich reflexartig das Tuch wieder vors Gesicht gezogen. Ein Blickwechsel. Erkennt sie ihn? Dalberg kommt dazu.

DALBERG
Verzeihung, Cotta, wir schneien bei Ihnen rein. Wir wussten nicht...

Und zieht die Tür nach außen hin wieder zu.

SCHILLER (sichtlich berührt durch die Begegnung mit C.)
Wer war der Mann?
COTTA
Das ist nicht Ihr Ernst? Dalberg – war er nicht ihr Gönner in Mainz und Weimar?
SCHILLER (steht auf)
Oh, Gott, ja. Ich muss mich bei ihm entschuldigen.
COTTA (hält ihn fest)
Bleiben Sie bei mir, er hat Sie hinter Ihrem Schleier sicher <u>auch</u> nicht wiedererkannt. (enthusiastisch – zu den Textblättern) Sagen Sie, das ist kolossal, was Sie mir hier bringen! Alle sind Ihrer Einladung gefolgt und haben Beiträge für unsere Zeitung verfasst: Fichte, Humboldt, Schlegel, Herder, Woltmann – und (glücklicher Seufzer) Goethe.
SCHILLER (zufrieden)
Ja. Ich weiß. Ich bin sehr froh über die Zusagen.

COTTA (begeistert)
Das wird ein großer Anfang für unsere ‚Horen', das wird enormes Aufsehen erregen ... Deutschlands Zukunft.
SCHILLER
Sie machen alle mit, weil jeder von ihnen spürt, daß die Seele der Menschheit im beschränkten Tumult der Gegenwart unterjocht wird. Nur die Beschäftigung mit der Schönheit kann uns wieder befreien. Es ist nicht ein einziger politischer Diskurs darunter. Alles ist Ästhetik und Historie. Kunst und Philosophie. Und so soll es sein...

Kurze feierliche Cembalo-Musik, die die Erhabenheit der Namen und der Absicht unterstreicht. Schiller ist stolz.
Jetzt betritt von Dalberg nochmals den Raum. Caroline nicht zu sehen.

DALBERG
Es tut mir leid, aber ich muss nochmal unterbrechen...
COTTA (servil)
...Ich bitte Sie...
SCHILLER
Verzeihen Sie, Herr Dalberg, dass ich Sie eben nicht erkannte...
DALBERG (fröhlich verblüfft)
Ja, Schiller! Wie kann das sein! Sie hier?! Mein lieber Schiller... (umarmt ihn beinahe) Wie lang sind Sie in Tübingen?
SCHILLER (versucht zu antworten)
Heute nur, für einen Abend...
DALBERG (hört gar nicht hin)
Es ist leider – ich hab gar nicht viel Zeit. Cotta, ich beabsichtige Ihnen einige von mir bearbeitete Stücke zu überlassen. Darf ich kurz dazwischen, lieber Schiller, ich muß dann gleich nach Mannheim...?
SCHILLER
Freilich...

118. TÜBINGEN//DRUCKEREI COTTA/GANG   INNEN/TAG

Ein enger Gang. Schiller hat das Büro verlassen, er schaut sich nach Caroline um. Und sieht sie: Sie liest. Sie wirkt sehr modern hindrapiert wie sie da auf einer Fensterbank sitzt. Zunächst Schweigen zwischen ihnen.

SCHILLER
Was lesen Sie?

Keine Antwort. Schiller zieht seinen Schal aus dem Gesicht. Noch ein Versuch:

SCHILLER
Du kennst mich nicht mehr, Line?
CAROLINE (blickt weiter stur ins Buch)
Wie soll ich Sie erkennen? Sie machens einem schwer. Maskiert.
Und kein Gruß...
SCHILLER
Ich muss mich verbergen. Der Herzog hat den Bann gegen mich
vor einem Jahr erneuert, Du weißt das...
CAROLINE
Der Herzog ist schwer krank...
SCHILLER
Ja. – Mir war nicht bewußt, dass du hier bist. Charlotte hat
nichts gesagt...
CAROLINE (unterbricht ihn)
Sie weiß es nicht. Auch nicht Maman. (Wechselt Thema) Der
Herzog ist derart krank, er wird seinen Bann gegen Sie verges-
sen haben.
SCHILLER
Das bezweifle ich. Er hasst mich bis zum letzten Atemzug.
CAROLINE (schaut ihn jetzt direkt an, lässt das Buch sinken)
So sehen wir uns also wieder. Ich im Exil, du heimgekommen.
SCHILLER
Wie gehts deinem Mann?
CAROLINE
Beulwitz will mich loswerden. Nein, ich will ihn loswerden.
Aber ich finde niemand, der mich nimmt.
SCHILLER
Dalberg?
CAROLINE
Er und ich – wir lehnen uns aneinander an. Er ist dankbar für
meine Anwesenheit. Vorübergehend. – Was hast du eingangs
gefragt?
SCHILLER
Ich fragte, was du liest?

CAROLINE
„Clélie" von Madeleine de Scudéry. Du kennst es?
SCHILLER
Nein, ich hab mich mit höfischer Frauen-Literatur nie beschäftigt.
CAROLINE (übergeht die Abschätzigkeit)
Es gibt darin eine Karte vom Reich der Liebe. (sie zeigt ihm kurz das aufgeschlagene Buch, darin tatsächlich eine Art Landkarte:) Entlang einem Fluss, der ins Meer der Gefahren mündet, finden sich Ortschaften. Die tragen Namen wie „Liebesbrief", „Ungeduld", „gemeinsame Freuden", „Sehnsucht", „Indiskretion", „geheime Nachricht", „Heimtücke", „Einsamkeit". Einen „See der Gleichgültigkeit" gibt es auch.

Die Namen hat sie vorgelesen wie Botschaften. Jetzt schaut sie ihn direkt an.

CAROLINE
Und jenseits des „Meeres der Gefahren" wartet „das unbekannte Land". Madame de Scudéry war eine Adlige aus der Bretagne, die in Paris vor 150 Jahren großen Ruhm erlangte. Sie hatte viele Amouren, war aber nur in ihrer Arbeit glücklich und plädierte für ein Reich der Liebe, in dem jede Leidenschaft auf immer gebändigt ist und wo stattdessen tiefe Sympathie der Seelen regiert...

Die beiden schauen sich an. Die Sehnsucht zwischen ihnen steht fast körperlich im Raum. Langsame Abblende, die uns sagt, daß die Situation danach weitergeht... (Wir kriegen es nachgeliefert.)

119. TÜBINGEN//DRUCKEREI COTTA/ DETAIL DRUCKMASCHINEN   I/T
Wir sehen: Die erste Ausgabe der Horen wird gedruckt...

Die Horen

eine Monatsschrift

herausgegeben von Schiller

Erster Band.

Tübingen
in der J. G. Cottaischen Buchhandlung
1795.

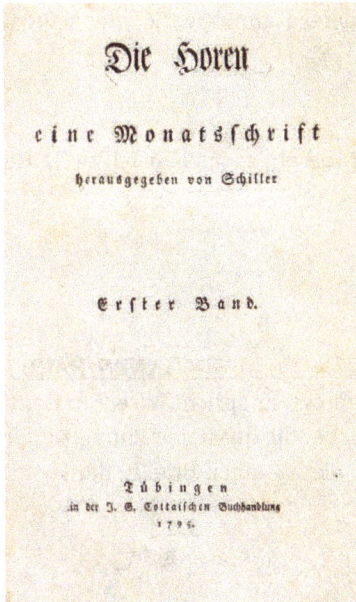

120. LUDWIGSBURG// STRASSEN/VOR WOHNUNG SCHILLER AUSSEN/TAG

Ludwigsburg: Reißschwenks von Kirchtürmen zu Kirchtürmen. Alle läuten.
Ein Reiter sprengt durch die Gassen.

> REITER/DIVERSE STIMMEN
> „Der Herzog ist tot!" – „Der Herzog Karl Eugen..."

Schiller reißt ein Fenster auf. Er wohnt im oberen Stockwerk eines Stadthauses.
Auch er hört die Rufe der Meldereiter...

> SCHILLER (ruft zurück in die Wohnung)
> Charlotte! Charlotte!!

Wir sehen hinter ihm eine hochschwangere Charlotte auftauchen.

> SCHILLER
> Schau ... komm...

Ihm gegenüber, am Fenster eines Hinterhauses, verbeugt sich ein Mann zu ihm
hin und zieht den Hut. Und ein paar Häuser weiter bleiben Menschen auf der

Straße stehen und blicken auf Schiller. Ein anderer Mann zeigt Schiller seinem Sohn und zieht ebenfalls den Hut.

> SCHILLER (glücklich)
> Jetzt muss ich mich nicht mehr verbergen, jetzt bin ich zu Hause angekommen.

Charlotte und er umarmen sich am Fenster.

121. LUDWIGSBURG//WOHNUNG//KÜCHE INNEN/NACHT

Schiller geht hin und her. Er ist ernst und aufgeregt. Er spricht leise. Charlotte sitzt sehr schwanger auf einem Stuhl in der Küche, die quasi das Entrée zu der kleinen Wohnung mit niedrigen Decken bildet. Sie hat einen Brief in der Hand. Sofort in den Dialog hinein:

> CHARLOTTE (schaut in den Brief)
> Sie sagt, sie ist dabei, einen Roman zu schreiben. Sie wünscht sich deine Hilfe...
> SCHILLER (teilweise dazwischen)
> Ja, natürlich, gleich einen Roman! Als ob das jeder kann! Und sie besteht darauf, ihn anonym zu veröffentlichen, das heißt, sie glaubt selbst nicht daran. Das Ganze ist nur eine Beschäftigung für Madame von Beulwitz, der es momentan gefällt, sich von ihrem Gemahl zu emanzipieren...
> CHARLOTTE
> Sie hat großen Respekt vor dem Schreiben und du hast ja selbst einmal zu ihr gesagt, dass sie Talent hat.
> SCHILLER (fährt herum)
> Das hat sie dir erzählt?
> CHARLOTTE
> Ja...
> SCHILLER
> Da gings um Kurzgeschichten, prägnante kleine Beobachtungen, ein Roman ist was ganz anderes...
> CHARLOTTE
> Ich will sie aber gern um mich haben, sie kann uns so viel helfen.

SCHILLER
Und warum schreibt sie mir das nicht alles selber? Wenn sie mich als Geburtshelfer für ihre Literatur zu gebrauchen beabsichtigt? Ich glaube, sie sucht ein Versteck bei uns, vor der Unordnung in ihrem Leben. Die geplante Scheidung, ihr beinah öffentliches Liebesverhältnis mit Dalberg in Mainz ...die neue Liebe hier, die neue Liebe da...

CHARLOTTE
...Davon darf ihr Mann nichts wissen...

SCHILLER
...ja, weil er sonst nicht in die Scheidung einwilligt. Nein, ich bin nicht dafür, dass sie zu uns kommt. Wenn deine Mutter uns endlich mal wieder die Schwenke ausleihen würde, oder wenn meine Schwester zu uns käme – dann hätten wir zuverlässige Hilfe im Haus und nicht eine Möchtegern-Dichterin...

CHARLOTTE
Es ist auch der Frieden, den sie bei uns sucht.

SCHILLER
Wir haben darum gekämpft.

Er hat Angst, dass Caroline sein Leben wieder durcheinanderbringen wird. Charlotte durchschaut das natürlich, will aber nicht nachgeben. Zu eng ist ihre Bindung an die Schwester.

CHARLOTTE
Vielleicht können wir Caroline von unserem Gleichklang etwas abgeben?

Schiller lächelt. Charlotte mal wieder wie sie leibt und lebt. Er küsst sie.

CHARLOTTE (jetzt ohne jede Ironie)
Ich freue mich so, dass sie wieder in meinem Leben sein wird.

122. LUDWIGSBURG//WOHNUNG/TREPPENHAUS   INNEN/TAG

Jemand trägt einen Koffer eine enge Treppe hinauf. Dahinter folgen Frauen-schuhe, ein Reisemantel. Sie gehen aus dem Bild. Man hört ein Klopfen. Eine Tür öffnet sich, Licht fällt auf die Treppe.

> CHARLOTTE (off)
> Sie ist da! Sie ist da!
> ARZT (off)
> Es ist nicht die Hebamme?
> CHARLOTTE (off)
> Nein! Es ist Line!!

Im Zimmer: Caroline steht im Reisekostüm in der Tür zur Küche. Im Reisekostüm. Ihr am Hals hängt Charlotte. Sehr schwanger jetzt, sie kann sich kaum noch be-wegen. Ist nur halb angezogen, hat sich offenbar zur Tür geschleppt. Die beiden halten sich fest umarmt.

> CAROLINE
> Liebste, leg dich hin...

Charlotte bedeutet Caroline leise zu sein. Psssst! Caroline versteht zunächst nicht. Der Arzt führt Charlotte zum Bett ins Nebenzimmer. Das Bett ist zerwühlt. Die Wehen haben schon eingesetzt.

> CAROLINE
> Ich komme rechtzeitig?

Caroline wirft sofort die Reisekleider ab. Charlotte unterdrückt vor ihr die Schmerzen.

> CAROLINE
> Was kann ich tun?
> ARZT
> Die Hebamme ist unterwegs. Machen Sie heißes Wasser. Wo sind die Tücher, die für die Geburt bereitgelegt wurden?
> CHARLOTTE (schwer atmend)
> Im Arbeitszimmer. Aber da liegt der Fritz und schläft. Hat die ganze Nacht gearbeitet. Weck ihn nicht, bitte.

Da hat Caroline ihre kleine Schwester wieder sehr lieb. Sie küsst sie auf die heiße Stirn und macht sich auf den Weg zu Schiller.

> ARZT (zu Charlotte)
> Legen Sie sich hin!
> CAROLINE (laut)
> So, wo ist denn der werdende Vater?

Sie geht in das Arbeitszimmer. Dort liegt Schiller, tief schlafend. Caroline nimmt die Tücher. Sie küsst Schiller plötzlich überraschend auf den Mund. Schaut ihn einen Moment zu lang an. Niemand hats gesehen.

123. LUDWIGSBURG//WOHNUNG/KINDERZIMMER   INNEN/TAG

> CHARLOTTE (flüstert mit schreckensgeweiteten Augen)
> Ich hab Angst... Geh nicht weg...

Caroline nimmt ihre Hände und ist zupackend und realitätsnah. Wir erleben jetzt die Geburt. Es ist harte Arbeit für beide Schwestern – und für den Arzt. Es ist ein Gebrüll, alle schreien lauter als am Ende das Baby. (Musik dazu: Bach – „ich ruf zu dir" in einer modernen Instrumentierung, der schönste aller Choräle. Aber polyphon dazu ahnt man zwischendurch böse Musik, grotesk symphonisch, wie aus der Hölle der Schmerzen...)

> CHARLOTTE (in einer kurzen Pause der Wehen)
> Ich darf nicht so laut schreien. Er wacht auf...
> CAROLINE (lächelnd aber befehlend)
> Du schreist so laut du kannst! Sonst zwick ich dich noch obendrein!

Charlotte muss sogar lachen. Dann gehen die Schmerzen wieder los...

124. LUDWIGSBURG//WOHNUNG/SCHLAFZIMMER   INNEN/TAG

Wie ein Blitz sehen wir eine kurze, überraschend heftige Liebesszene zwischen Schiller und Charlotte – oder ist es Carolines Vorstellung, während sie ihre Schwester in Schmerzen sieht?

125. LUDWIGSBURG//WOHNUNG/KINDERZIMMER   INNEN/TAG

Zurück im Jetzt: Es ist blutig.

> ARZT
> Wo ist die vermaledeite Hebamme!!!!?

...Aber alles geht gut. Und schließlich kommt auch die Hebamme.

126. LUDWIGSBURG//WOHNUNG//SCHLAFZIMMER   INNEN/ABEND

Schiller wacht auf und ist Vater. Er freut sich sehr. Ein paar Tränen. Nimmt seine Frau in den Arm. „Keine Infektionen sind im Augenblick zu befürchten" murmelt der erschöpfte Arzt und schlägt dem Vater auf die Schulter. Das Kind, ein Sohn, ist gesund. Charlotte und Caroline sitzen nebeneinander im Bett, verschwitzt, ein wenig blutig, sehen stolz aus. Schiller kriegt den schlafenden Säugling auf den Arm.

> ARZT (schwäbisch)
> Was für eine Frau habet Sie! Und was hat die für eine Schwester!!

Schiller nickt. Er blickt Caroline an, sein Gesicht ist bewegt. Er versucht es zu verbergen. Ein langer Blick. (Musik) Löst sich auf in eine dankbare schwägerliche Umarmung.

> SCHILLER
> Dank Dir, Line.

Es ist echte Dankbarkeit. Man sieht ihm an, daß er seinen Widerstand gegen ihre Anwesenheit jetzt aufgibt.

> SCHILLER
> Verzeiht mir, aber ich hab die zweite Nummer für die Zeitung heut Nacht komplett zu redigieren gehabt. Die Artikel der Freunde kamen diesmal so spät. Und das Ganze muss jetzt auch gleich mit hohem Tempo nach Tübingen...

Schiller geht hinüber in sein Schlafzimmer/Arbeitszimmer. Der Arzt schaut ihm nach.

>ARZT (leise, eher zu sich)
>Wisset Sie, dieser tiefe Schlaf in den Morgenstunden bei ihm, der gfällt mir nicht. Das ist nicht natürlich.

Das hat Caroline gehört. Kurzer Blick zwischen dem alten Arzt und ihr.

>CAROLINE (zu Schiller)
>Willst du nicht eine Geburtsanzeige deines Sohnes mit in das Heft setzen?
>SCHILLER (ruft)
>Ja! Warum nicht? Am 14. September des Jahres...

Wir sehen einen fröhlichen Schiller, der aus dem Stegreif eine Geburtsanzeige entwirft.

ERZÄHLER (OFF): „...Am 14. September 1793 wurde Charlotte und Friedrich nach vier Jahren Ehe ihr erster Sohn Karl Friedrich Ludwig Schiller geschenkt. Wie Caroline sofort anmerkte war das Datum gemäß dem brandneuen französischen Kalender der 22. Tag des Monats Fructidor im Revolutionsjahr 2."

Im Bild hat man derweil gesehen wie Caroline anbietet, Schiller bei der Fahrt nach Tübingen mit ihrer Kutsche behilflich zu sein. Der lehnt ab. Sie geht zurück ins Geburtszimmer und beginnt, sich umzuziehen. Viel Platz gibts in der Wohnung nicht.
Caroline beugt sich zu ihrer Schwester hinunter.

>CAROLINE (flüstert ihr ins Ohr)
>Ist alles gut bei euch?
>CHARLOTTE
>Ja. Es hat sich alles verwandelt.
>CAROLINE
>Liebste, was für ein Glück! So eine Freude! So eine Freude!!!

Schiller hat inzwischen der Hebamme aus einer Büchse im Küchenschrank etwas Geld gegeben (Caroline hat dabei mit einem Seitenblick wahrgenommen, dass das Haushaltsgeld sich dort befindet) und verlässt mit Gruß die Wohnung.

SCHILLER
Kutsche wartet unten schon! Wenn ich Glück hab bin ich morgen wieder bei euch!

Er poltert die Treppe hinunter. Sein Blick fällt auf eine kleine Tür unter der Treppe, er rennt nochmal hoch und ruft Caroline zu, die mit Hebamme, Söhnchen Karl und Charlotte beschäftigt ist.

SCHILLER
Das Zimmer unter der Treppe ist für dich hergerichtet.
CAROLINE
Für mich? Ein Zimmer ganz für mich?
SCHILLER
Willst du nicht bleiben?
CAROLINE
Ich muss morgen wieder nach Tübingen – zwei Tage. Aber wenn ich dann von dort aus immer wieder zu euch zurückkommen darf ... wäre ich glücklich.
SCHILLER (knapp/nach kurzer Pause)
Freilich.

Da schwebte Eifersucht in seinem Blick. Und mehr. Und Tür zu, weg ist er. Caroline freut sich. „Ich darf bei euch bleiben! Ich hab einen Hafen!!!"

127. LUDWIGSBURG//VOR HAUS SCHILLER **INNEN/ABEND**
Jetzt sehen wir das Haus auch von vorn. Schiller besteigt die wartende Kutsche...

ARZT (beim Weggehen)
In der Kalesche wirds aber heut Nacht gewaltig durch die Ritzen ziehen. Wollen Sie sich das antun mit Ihrer labilen Gesundheit, Schiller?
SCHILLER
Ich muss sichergehen, dass die Blätter in Tübingen ankommen. Ich kann nicht zu Haus' auf Nachricht warten, ob alles heil gegangen ist oder nicht, ich werd sonst irre.

128. KUTSCHE/LANDSTRASSE   AUSSEN/NACHT
Von außen: Schiller und der Kutscher jagen durch eine schwarze Nacht. Keine Lichter. Wind in den Baumkronen. Innen: Schiller friert.

129. LUDWIGSBURG//SCHLAFZIMMER   INNEN/NACHT
Charlotte ist fast eingeschlafen. Das Kind schläft neben ihr. Die Hebamme singt nebenan in der Küche. Caroline kommt kurz in das Schlafzimmer der Schillers.

> CAROLINE
> Ich hab ihr nochmal Geld gegeben.

Charlotte blickt sie nur an. In der Fröhlichkeit ist auch Nachdenklichkeit.

> CAROLINE
> Das Geld ist von Dalberg. Beulwitz zu Hause wird nichts erfahren. – Lotte, ich werd nicht zurückkehren zu ihm. Es geht nicht mehr. Der Respekt ist zwischen uns completement perdu, Mann und Frau sind wir ja längst nicht mehr. Aber er <u>will</u> absolut nicht in eine Scheidung einwilligen.
> CHARLOTTE
> Er wird. Hab Geduld. Bleib nur bei uns...
> CAROLINE
> Die Amme geht jetzt. Brauchst du sie morgen?

Charlotte nickt, murmelt nur leise was von „Ja, soll kommen..." Völlig erschöpft. Caroline flüstert draußen mit der Hebamme. Man hört eine Tür. Caroline kommt ins Zimmer zurück, legt sich neben ihre Schwester und das Baby. Jetzt starren beide an die Decke. Draußen heult der Wind.

> CHARLOTTE (leise)
> Ob er wohl gut angekommen ist?
> CAROLINE
> Sicher. Wollen wir beten für ihn?

Charlotte nickt und sie falten die Hände. Als Caroline mit „Lieber Herrgott" loslegen will. schaut Charlotte sie plötzlich an. Caroline bemerkt den Blick, schaut zurück.

Charlotte hätte viele Fragen zu stellen. Aber sie tut es nicht. Zwischen ihnen das Baby. Stattdessen beten sie nun um Schillers gute Heimkehr im Duett, jeweils einen Satz sagt die eine, dann die Andere: „Lieber Herrgott, lass ihn gut angekommen sein in Tübingen...“ – „Und mach dass er heil und gesund wieder...“ –„...zu uns“... „ja zu uns beiden“ – „...zu uns allen dreien“ – „ja, zu uns allen dreien zurückkommt.“ – „Amen.“

130. TÜBINGEN//DRUCKEREI　　　　　　　　　　　　INNEN/NACHT

Die Blätter der Horen, zweite Lieferung, werden gedruckt. Schiller schaut dabei zu. Fasziniert von den Druckvorgängen. Im Hintergrund das bunte Glasfenster. Das Treppenhaus dahinter leer.

131. LUDWIGSBURG//WOHNUNG/ KÜCHE　　　　　　　　　INNEN/TAG

Schillers Familie ist da. Schwester Luise (7 Jahre jünger), und die Mutter. Sie besuchen das Baby Karl. Geben Ratschläge. „Kommts au an die frische Luft?“ – „Frische Luft isch besser wie hier herin...“ usw. Der Ernährungsplan wird in der Küche begutachtet. „Und geschtern?“ – „Kartoffelbrei“ – „Au scho wieder? Mit Wasser?“ – „Mit Milch“– „Ou, könnt sei, dass es die Blähungen davo hat...“ etc. Mit Charlotte kommen sie offenbar gut zurecht. Wenden sich an Schiller, der in der Küche vorbeischaut.

> SCHWESTER SCHILLER
> Weißt was, du schaust aus als wärscht grösser gworden.
> CHARLOTTE
> Stolz ist er.
> MUTTER SCHILLER
> Ja, das kannsch au sei. So a liebs Knäble und so gsund...
> SCHILLER (auch ein wenig im Dialekt)
> Und es sind heut' 4 Wochen über die Zeit, in der ich die letzten drei Jahre jeds Mal krank wurde. Mein Sohn, und das Echo, den meine Arbeit jetzt findet. Auch Carolines Anwesenheit, die uns allen eine große Hilfe ist ... das macht mir alles Kraft.

Er nickt nochmal dazu und blickt zu Caroline hin, die mit Kochen beschäftigt ist. Charlotte geht zum ungeduldigen Kind ins Nebenzimmer. Gibt ihm dort die Brust. Aber die Milch reicht offenbar nicht (man hört dazu improvisierten Dialog) ...Kleiner Zeitsprung: Mutter Schiller redet mit dem Sohn.

MUTTER SCHILLER (leise)
Du solltscht halt a bissle a Geld von deiner Schwiegermutter
verlangen... Ehrlich.
SCHILLER (völlig konsterniert)
Warum?
MUTTER SCHILLER
Na, beide ihre Töchter wohnet jetzt hier, du verköschtigscht die
mit ... I moin...

Die Schwester macht hinter dem Rücken der Mutter dem Bruder ein Zeichen friedlich zu bleiben. Aber die Mutter kriegt den Blick mit.

MUTTER SCHILLER
Ja, darf i sowas net sage? – Die oine, die tut doch nix, sitzt bloß
rum.
SCHWESTER SCHILLER (jetzt doch ärgerlich)
Herrschaft, Mutter, so ein Schmarrn...
SCHILLER
Soll ich euch was sagen: die Caroline zahlt wöchentlich ...
(Summe) ein in unseren Haushalt. Seit sie hier ist.
MUTTER SCHILLER
Ja, woher hats denn des Geld?
SCHWESTER SCHILLER
Net von ihrem Mann, des isch klar...

Im Wohnzimmer will Caroline hinaus ins Treppenhaus in ihre Kammer. Legt die
Kochinstrumente und Tücher weg. Sie meldet sich bei Schiller militärisch ab.

CAROLINE
Der Brei ist fertig. Bitte, mich von der Hausarbeit für 2 Stunden
abmelden zu dürfen.
SCHILLER (aufgekratzt)
Es sei Ihnen gestattet, Fähnrich.
CHARLOTTE
Auf dem Herd steht noch Tee, Line.
SCHILLER (will aufstehen)
Ich heiz dir den Ofen im Zimmer an.
CHARLOTTE
Den hab ich vor 2 Stunden schon angemacht...

Schiller geht ins Schlafzimmer zu Charlotte und küsst sie. Wir folgen jetzt Carolines Weg ins Treppenhaus, wie sie in ihr Zimmer verschwindet. Tür zu.
Inzwischen sind sie oben bei Familie Schiller wieder bei Thema Nr. 1:

> SCHILLER (zu seiner Schwester)
> Herrschaft, Geld, Geld, Geld! Jetzt fängst du auch noch an!
> Meine Studenten in Jena waren in den letzten Monaten geschrumpft von 400 auf 30 Nasen. Bei jeder Vorlesung hab ich 5 Taler weniger als zu Beginn eingenommen. Die Zuhörer passten am Ende sogar in unsre kleine Wohnung...
> SCHWESTER SCHILLER (nicht so laut wie er)
> Aber jetzt bist du hier und könntst doch in Ruh arbeiten und warum lädst dir denn dann so viele Leut' hier auf...?
> SCHILLER (unterbricht)
> Ich hab Wolzogen und Körner bei meiner Abreise in Jena hoch und heilig in die Hand versprochen, innerhalb der nächsten 5 Jahre zwei klassische Tragödien und ein halbes Dutzend lange Gedichte zu schreiben, wenn sie mir einen reichen Mäzen besorgen. Ich bin die Bettelbriefe leid. Sie rauben mir meine Arbeitszeit...

Wir sehen: Die kleine Schiller-Wohnung ist voll mit Leuten. Ein wartender Kutscher ist noch dazugekommen. Das Baby schläft. Wir sehen kurz die gedruckte („Pilot")-Ausgabe der Zeitung „Die Horen" ... gestapelt neben dem Herd.

> SCHILLER (weist auf den Kutscher)
> Der Kutscher bringt alle 3 Tage die Abschriften der Artikel im Sturmritt nach Tübingen. Hast du die erste Ausgabe gelesen? Sogar Goethe hat darin etwas verfasst, Schwester! Hier, nimm sie mit heim. (Er weist auf die Tür der Kammer am Treppenabsatz:) Und meine Schwägerin arbeitet an ihrem ersten eigenen Roman, den ich beabsichtige, in Fortsetzungen zu veröffentlichen. (Charlotte schaut auf.) Außerdem übernimmt sie Hausarbeiten. Also, alle tun hier was für die Zukunft, siehst du: Schreiben, denken, lenken, Kinder kriegen. Irgendwann wird sich der Himmel öffnen und wird Geld auf uns runter regnen lassen. Solange verbrauchen wir das, was der Tag bringt. – Ich will nicht aus Not Dorflehrer werden. Der Geruch der Klassenzimmer allein würd mich krank machen.

Es hat währenddessen geklopft. Ein Mann hat einen Brief gebracht. Charlotte ist aufgestanden, gibt dem Mann Geld aus der Kasse. Sie stutzt einen Augenblick, weil da mehr drin ist als sie in Erinnerung hatte...
Schiller geht auf die kleine, schräge Tür am Treppenabsatz zu, Wir sehen für einen Moment Caroline am Schreibtisch. Sie blickt von der Arbeit auf. Vorher zwinkert Schiller Charlotte noch zu, weil seine Schwester etwas betreten und scheu im Exemplar seiner „Horen" blättert. Die Tür zu Carolines Zimmer schließt sich hinter ihm.

132. LUDWIGSBURG//WOHNUNG/ZIMMER CAROLINE   INNEN/TAG
Caroline läuft im Raum herum. Schiller schaut ihr zu.

> CAROLINE
> Charlotte sagt, du missbilligst meinen Lebenswandel.
> SCHILLER (will unterbrechen)
> Das steht mir doch gar nicht zu, Dich zu kritisieren...
> CAROLINE (redet durch)
> ...Du darfst mir sagen, was du möchtest, Schwager. Nur denk dran: Ich hab keinen Ausweg. Ich hab nichts, keinen Pfennig – ich hab nur einen Mann, den ich heiraten musste. Bei all deinem Einsatz für die Humanität, wo bleibt dein Engagement gegen die Zwangsverheiratung junger Mädchen?
> SCHILLER
> Jaaaaa – diesem zweifellos schlimmen Missstand muss sich ein anderer Schriftsteller annehmen, ich habe genug zu tun...
> CAROLINE
> ...Ich möchte bei dir Unterricht nehmen. Das Schreiben ist vielleicht meine Seelen-Rettung. Ich zahle mit dem Geld, das ich euch wöchentlich dazugebe.
> SCHILLER (eifersüchtig)
> ...Wenn du einmal die Woche aus Tübingen oder aus Mainz zu uns zurückkommst?
> CAROLINE
> Erinnere dich, wie wir Dalberg zu Hause schon genannt haben: den ,Goldschatz'.

SCHILLER (steht jetzt auch auf)
Aber du musst doch wissen, dass der Mann auch daheim in Thüringen gut bekannt ist. Was ist, wenn Beulwitz von euch erfährt...? Willst du eine Scheidung ohne jede Abfindung?
CAROLINE
Ich will nicht abreisen, bevor ich meinen Roman beendet habe. Ja, ich bin schlecht, beinahe täglich, ich gebe Dalberg, was er sich von mir wünscht...
SCHILLER (heftig, leise)
Ich wills gar nicht hören...
CAROLINE
...aber ich trinke doch von deinen Lippen, du bist Gott. Hilf mir.

Auf dem Tisch des kleinen Zimmers liegt in einem Detail zu sehen das handgeschriebene Deckblatt von Carolines Roman: „Agnes von den Lilien". Darunter der Autor: „Anonymus". Unter dem Deckblatt eine erhebliche Ansammlung von bereits dicht beschriebenem Papier.

SCHILLER
Warum „von den Lilien"?

Sie schaut ihn an. Ihr Blick sagt: „Du weißt, warum". Eine assoziative Rückblende:

133. TÜBINGEN//HOTELZIMMER　　　　　　　　　　　　　　　**INNEN/NACHT**
Eine kurze schlaglichtartige Liebesszene. Rückblende in ein Hotelzimmer in Tübingen. Wir sehen eine Nahaufnahme von Caroline und sehen ihren Blick auf eine Tapete mit Lilien. (Hier könnte auch zurück in **132** geschnitten werden, so als habe Schiller – gemeinsam mit uns – nun begriffen, warum „von den Lilien" und er lächelt.)
Wir sehen Caroline sehr leidenschaftlich und wollüstig wie sie mit Schiller schläft, wir sehen Schiller aber nicht: Nur das grüne Seidentuch, das wir schon kennen, liegt neben Caroline auf dem Bett.

CAROLINE (verzückt flüsternd)
Nur dies eine Mal noch gib mir Obdach in deinem Herzen, Schutz an deinem Körper. Nur noch ein letztes Mal! Verzeih meine Lust – ich werd nie wieder auf dich zurückkommen.

SCHILLER (OFF)
Nur das eine Mal noch...?

134. LUDWIGSBURG//WOHNUNG/ KÜCHE   INNEN/ABEND

Wir sehen in die Küche mit Charlotte und Schillers Mutter und Schwester und dem Kutscher. Charlotte schaut auf die geschlossene Tür im Treppenhaus...

135. LUDWIGSBURG//WOHNUNG/ZIMMER CAROLINE   INNEN/ABEND

Schiller hat begonnen, das Roman-Manuskript zu lesen – Und gibt bereits während des Lesens des Textes Tipps.

> SCHILLER
> Noch knapper die Sätze, hier, Caroline ... schau, da ist ein Relativsatz zu viel. Wie wärs, wenn du die Erzählung des alten Pflegevaters in direkte Rede setzt: hier...?
> CAROLINE
> Aber muss ich es dann nicht überall ändern, wo indirekte Rede vorkommt? Müsste ich nicht immer in direkte Rede wechseln, oder? Und das wäre ja dann wie in einem Theaterstück?
> SCHILLER (fällt ihr ins Wort)
> Ah, nein, bloß keine durchgängigen Konzepte, machs jedes Mal anders, die Literatur kann Inkonsequenz vertragen. Immer nur an den Augenblick denken, dens gerade zu erzählen gilt. Und nicht immer, wenn du denkst, du musst Spannung machen, gleich so einen weibisch-schicksalhaften Ton anschlagen! In der Szene zu Beginn am Kamin, da bekommt der Leser bereits alle dunklen und alle sehnsüchtigen Ahnungen, die er braucht, um die nächste Fortsetzung zu erwarten. Und zwar ungeduldigst. Vertrau auf dein Talent.

Seine Stimme wird leiser, wir sehen: Caroline steht neben ihm, und ihr Kopf sinkt an seine Schulter. Fahrt von innen auf die geschlossene Tür. Was würde Charlotte sagen, wenn sie sie so sähe?

136. TÜBINGEN//DRUCKEREI COTTA   INNEN/TAG
Die Druckfahnen der ersten und der zweiten Fortsetzung des Romans „Agnes von den Lilien" laufen durch die Presse. Schiller ist wieder in Tübingen und blickt auf die Blätter.
(**137** – wie 133: Jetzt sieht auch Schiller in der Erinnerung die Lilien des Hotelzimmers. Und er sieht die Liebe mit Caroline aus seiner Sicht. Es ist sozusagen der Gegenschnitt zu 133, die Komplettierung ihrer beider Erinnerung an das, was nach ihrem ersten Wiedersehen bei Cotta in Tübingen geschah. Fast kann er sich von der Erinnerung nicht losreißen. Er hört Carolines Stimme: „Nur dies eine Mal noch...") Er wirft plötzlich inmitten der Druckereiarbeiter die Hände vor die Augen.
Großaufnahme der Blätter „Agnes von den Lilien"...

138. RUDOLSTADT//VOR SCHLOSS/SALON   AUSSEN/INNEN/TAG
...Eine kleine Montage verbindet die nächsten Szenen: Eine Totale des Schlosses von außen. Dann innen im Salon: Die Gräfin Schwarzburg liest ihrem Mann, dem Fürsten aus den „Horen" Teile des Romans „Agnes von den Lilien" vor...

> GRÄFIN SCHWARZBURG
> „Ein großes erleuchtetes Haus glänzte mir aus der finsteren Nacht entgegen, es lag einsam und war nur von wenigen Nebengebäuden umgeben... Hier werden Sie Ihre Mutter sehen, sagte mir Charles..." Hörst du zu?
> FÜRST SCHWARZBURG (sehr gespannt)
> Ah, die Mutter! – Ja, natürlich hör ich zu...

Beide sind begeistert...

139. RUDOLSTADT//DOPPELHAUS LENGEFELD/BEULWITZ   INNEN/NACHT
Beulwitz liest seinem Vater und Mme Lengefeld und Knebel ebenfalls die direkt fortsetzende Stelle des Romans aus den „Horen" vor:

> BEULWITZ (liest)
> „„Liebes, liebes Mädchen, haben Sie keine Angst, wir sind bald an dem Ort unserer Bestimmung' Die kleine Türe führte zu einem langen schmalen Gang, den eine Lampe nur sparsam be-

leuchtete. Charles öffnete eine Seitentüre und hieß mich hineingehen..."

140. WEIMAR//SALON VON STEIN   INNEN/TAG

...und Frau von Stein liest die darauf folgende Textstelle aus dem Roman der al-
ler-aller-größten deutschen Geistesgröße (den wir nur von hinten sehen) vor.

> FRAU VON STEIN
> „Ich trat in ein dunkles Zimmer. Charles schloss die Tür hinter
> mir ab und befahl mir zu warten. Nach wenigen Augenblicken
> öffnete sich eine Tür mir gegenüber, aus welcher ein mattes
> Licht zu mir drang und eine Stimme rief zu mir: ‚Komm herein,
> meine Agnes, deine Mutter erwartet dich mit Ungeduld!'..."
> Fortsetzung folgt. (Sie zeigt die „Horen")
> GOETHE (Overshoulder)
> Nein! Nein!!

Frau von Stein lässt die Zeitung sinken und wendet sich scherzhaft an Goethe:

> FRAU VON STEIN
> Mais si donc! Dieses Spiel mit dem Schicksal und mit den Her-
> zen der Leser, das könnte von Ihnen sein, n'est pas?
> GOETHE (Overshoulder/leicht hessisch)
> Na, offen gesagt: ich wünschte, es wäre von mir...

141. RUDOLSTADT//DOPPELHAUS LENGEFELD/BEULWITZ   INNEN/NACHT

Wie eben sieht man die 4 im Rudolstädter Salon, direkter Anschluss:

> BEULWITZ (begeistert, zu Mme Lengefeld und seinem Vater))
> Herrgott, ich bin süchtig nach den Fortsetzungen. Muss ich nun
> wieder eine Woche warten, wie es weitergeht!!
> VATER BEULWITZ
> Einen <u>Monat</u> musst du warten, Söhnchen...
> MME LENGEFELD
> Ich bin zutiefst aufgewühlt. Was für ein Meister diesen Roman
> wohl verfasst hat...?

VATER BEULWITZ
Wer auch immer, er war sich seiner Sache wohl selbst nicht so sicher, sonst hätte er nicht mit einem Anonymus unterschrieben.

Knebel war zunächst unerwartet sprachlos. Dann steht er abrupt und federnd auf.

KNEBEL
Darf ich das Fenster öffnen, um den unerträglichen Druck der Spannung und Anteilnahme von unseren versammelten Atmungsorganen zu nehmen...

Er darf. Wie eh und je zuckt sein Mundwinkel ungewollt ironisch. Als wüsste er mehr über den Verfasser. Für eine Sekunde lang sehen wir, dass Mme Lengefeld ihm ein Zeichen macht, zu schweigen. Sie wissen wohl, wer diese Geschichte verfasst hat.

142. BERLIN//WHG.KÖRNER   **INNEN/NACHT**
Vor einem anwesenden Freundeskreis – 12 Leute, Wolzogen u. a. – lässt Körner, Schillers Freund, die Zeitung sinken.

KÖRNER
Und das wars für diesen Monat, Freunde...

Enttäuschung der Anwesenden, Lachen.

WOLZOGEN
So eine charmante Unverschämtheit. An der Stelle aufhören! Wie verflucht modern! (wendet sich an die anderen um Zustimmung) He?
JUNGE DAME (Tränen in den Augen)
Wie großartig, packend, glänzend geschrieben!!!
KÖRNER
Ich geh jede Wette ein, dass der Autor wirklich ein Großer ist. Ein ganz Großer.
WOLZOGEN
Ach, Körner. Ich glaub, es ist vielleicht einer, den wir alle kennen – und der sitzt jetzt irgendwo und lacht sich ins Fäustchen.

Aber alle wissen sie nicht, wer sich dahinter verbirgt:

143. LUDWIGSBURG//WOHNUNG/ZIMMER CAROLINE   INNEN/TAG
Charlotte kommt zu Caroline in ihr sehr kleines Zimmer, weil sie ihr Tee zu trinken bringen möchte. Es ist kalt in ihrem kleinen Zimmer.

> CHARLOTTE
> Ist der Ofen wieder ausgegangen?

Dann dreht sie sich zu Caroline um, die in Tränen am Tisch sitzt und sie ansieht.

> CAROLINE
> Ich bin so glücklich hier zu sein. Ich kann schreiben, er hilft mir. Behaltet mich noch eine Weile, bitte...

Die Schwestern umarmen sich.
Schiller oben im Wohnraum scheint sich im Geschnatter seiner Familie und dem fröhlichen Geschrei seines Söhnchens – das er nun selbst mit dem Brei füttert – wohlzufühlen. „Wo soll man sich denn hier hinsetzen? Überall Zeitungen... Stuhl ist voll. Bank ist voll.", sagen Mutter und Schwester. „Tuts halt unter die Bank!" – „Das ist auch alles voll!!" Von schräg oberhalb der Treppe kann Schiller aus seiner Position durch die geöffnete Tür auf das kleine Zimmer schauen.

> SCHILLER
> Lollo, lass sie die Arbeit fertig machen. Es fehlt noch ein halbes Kapitel. Heut Nacht muss sie druckreife Blätter nach Tübingen bringen.
> CHARLOTTE
> Auf den vereisten Straßen?
> CAROLINE
> Das ist mir gerade recht. Ich kenn doch den Weg.

144. LUDWIGSBURG//WOHNUNG/TREPPENHAUS
AUSSEN/INNEN/NACHT
Dunkelheit. Von draußen hört man ein Pferd schnauben. Caroline auf dem Weg zum Treppenhaus, fertig angezogen. Etwa 4o Seiten beschriebenes Papier unter dem Arm. Unten am Fuß der Treppe wartet der Kutscher, er hält die Türe offen.

Schiller – nur im Hemd – taucht im Treppenhaus auf mit Lampe. Er sieht Caroline an. Sie weicht seinem Blick nicht aus. Berührt er sie mit der Hand? Fast ängstlich? Er leuchtet ihr den Weg ins Treppenhaus.

> CAROLINE
> Danke.
> KUTSCHER (von unten, leise)
> Sie könntet hierbleiben, Madame, und i fahr das Manuschkript allein nach Tübingen.

Caroline bleibt einen Moment unschlüssig stehen. Blickt zu Schiller. Schüttelt unmerklich den Kopf.

> CAROLINE
> Nein, das ist meine Kutsche, mein Pferd, ich lenke selber und Sie sind nur zur Sicherheit dabei.
> SCHILLER flüsternd zum Kutscher)
> Sie wird erwartet.
> KUTSCHER
> Um die Nachtzeit?

Schiller legt die Hand vor den Mund. Psst. Sie verschwinden alle 3 vor der Tür in der Nacht. Schiller schließt leise die Haustür hinter sich.

145. LUDWIGSBURG//WOHNUNG/KINDERZIMMER/KÜCHE   INNEN/NACHT

Charlotte wird wach, das schlafende Kind neben sich. Wieder hören wir das Geräusch des schnaubenden Pferds. Charlotte steht nicht auf. Kamerafahrt auf ihr Gesicht zu.

146. LUDWIGSBURG//STRASSE VOR WOHNUNG   AUSSEN/NACHT

Währenddessen unten. Der Kutscher sitzt auf dem Bock und wartet geduldig. Wir erkennen Carolines Einspänner aus Rudolstadt. Natürlich ist das Dach wegen der Kälte geschlossen. In der Seitentasche noch immer die vertrocknete Handvoll Heu vom Sommer 1788.

> SCHILLER (leise)
> Ist der Dalberg jetzt grade von Mainz aus nach Tübingen zu dir unterwegs? Wartet er auf dich? Seht ihr euch noch heute Nacht?

> Im immer gleichen Hotelzimmer? Mit den Lilien. Er hat dieses
> Zimmer für euch beide gemietet, für eure Treffen, ich hab mich
> erkundigt.

Caroline schweigt dazu.

> SCHILLER
> Das ganze gebildete Deutschland fragt sich seit 3 Monaten, wer
> der Verfasser von „Agnes" sei und niemand weiß, dass dieser
> Anonymus mit dem Mainzer Theaterdirektor Dalberg im Bett
> liegt.
> CAROLINE
> Du weißt nicht, was das heißt, in einer Ehe wie ich zu leben. Ihr
> beide seid ein Herz und eine Seele. Ich will nicht zurück nach
> Rudolstadt. Erst wenn ich geschieden bin.
> SCHILLER
> Ich werde deinem Mann schreiben. Er muss doch sehen, dass es
> so nicht weitergeht...
> CAROLINE
> Fritz, wir drei kommen uns aus großer Entfernung wieder ent-
> gegen. Ihr habt mir so unendlich gefehlt. Als ich auf euch ver-
> zichtet habe, in Jena, da hab ich mir alles aus dem Herz geris-
> sen, alles, mein Leben.

Meint sie wirklich Charlotte und ihn oder meint sie doch eigentlich nur ihn?

> CAROLINE (umarmt ihn)
> Wenn der Roman fertig ist, dann werd ich auch frei sein. eine
> ledige Frau, und dann geben wir zusammen einen Empfang in
> Weimar, wir drei, ja? Und Du sagst dort allen, wer „Agnes" ge-
> schrieben hat. (Pause) Ich könnte stundenlang so mit dir ste-
> hen.
> SCHILLER (schlingt ihr auch die Arme um die Schultern)
> Wird es nochmal so sein mit uns? Wie in Tübingen?
> CAROLINE (reißt sich los)
> Nein, nein, nicht, nie mehr hier – warte bis wir alle wieder in
> Weimar sind, bis wir endlich zusammen leben werden. Bis ich
> Beulwitz los bin. Ich will mit euch zusammen die Dichter dort
> empfangen, die grössten, die besten, in unserem Haus, zu

dritt... Und... (wacht wie aus einem Traum auf) Geh hinein. Mir
wird Angst um dich. Denk an letztes Jahr, an deine Krankheit...

147. LUDWIGSBURG//WOHNUNG   INNEN/DÄMMERUNG

Kurzes Hörspiel aus Charlottes Perspektive: Der Kutscher redet unten beruhi-
gend. Dann hört man Schritte. Die Kutschentüre schließt sich. Dann setzt sich die
Kutsche in Bewegung.
Zeitsprung: Etwas heller. Charlotte ist in der lichtlosen Schnee-Dämmerung
nochmals erwacht. Geht aus dem Schlafraum zur Küche. Schiller schläft im Sitzen am Tisch. Im Wohnraum und Arbeitszimmer liegen Verwandte. Eine von
ihnen schnarcht.
Die Tür zu Carolines Zimmer auf der Treppe ist geschlossen.

148. TÜBINGEN//HOTELZIMMER   AUSSEN/INNEN/DÄMMERUNG

Gleichzeitig: Die Tür zu einem Hotelzimmer von innen. Es klopft. Es ist noch Morgen, Herr Dalberg ist noch zu Bett und liest.

> DALBERG (OFF)
> Eintreten.

Caroline kommt herein. Sie kommt zu Dalberg, geht dabei auf die Kamera zu, tritt
aus dem Bild. Die Kamera fährt zurück und wir sehen, es ist das Lilienzimmer.
Jetzt kurzer Zeitsprung: Es ist völlig hell. Caroline kaum bekleidet im Bett. Dalberg steht im Raum. Sie haben offenbar gesprochen. Dalberg nickt.

> DALBERG (Ohne Bitterkeit)
> Ich verstehe – aber warum so förmlich, Madame? Nur Mut.
> Auch beim Beenden einer Sache. Haben wir nicht einander ge-
> sagt: ein Wink genügt und unsere kleine Verbindung ist ad acta.
> Einen letzten Wunsch hab ich aber: zeigt euch mir noch einmal.

Caroline schlägt die Bettdecke zurück. Wir sehen nicht, was Dalberg sieht. Nur
ihrer beider Gesichter. Dalberg öffnet den Fenster-Vorhang. Das hereinströ-
mende Tageslicht läßt Caroline die Augen zusammenkneifen. Dalberg betrachtet
sie.

DALBERG
Wissen Sie, was ich zu meiner Frau sagte, als sie schwanger war
und ich wußte ja, diese Leibesfrucht kann nicht von mir sein.
Da sagte ich zu ihr, ich bezahle immer nur für die <u>ganze</u> Wahrheit, Madame. – Zeig' mir die ganze Wahrheit, Caroline Beulwitz. Einmal noch.

Schnitt: Er bezahlt. Beide lächeln. Ein wenig melancholisch. In Carolines Gesicht:
Tränen.

DALBERG
Das Zimmer ist für die nächsten 2 Jahre bezahlt, es steht zu Ihrer
Verfügung. So lange Sie es benötigen.

149. TÜBINGEN//DRUCKEREI   **INNEN/TAG**
Ein Bild, das für die vergehende Zeit steht: Wieder die Zeitschrift, die in der Druckerei in Tübingen weitergedruckt wird: „Agnes von den Lilien", Teil 7 mit Kapi-
telüberschriften.

150. VOR LUDWIGSBURG//WOHNUNG   **INNEN/NACHT**
Caroline kommt mitten in der Nacht zurück. Ist leise. Fahrt auf die Haushalts-
kasse im Küchenschrank zu. Caroline legt Geld hinein.

151. LUDWIGSBURG//WOHNUNG/ARBEITSZIMMER SCHILLER
                                                      INNEN/TAG
Schiller schreibt an Beulwitz. Kein Off-Text dazu. Den Namen Beulwitz können
wir lesen auf dem bereit gelegten Kuvert...

**152. RUDOLSTADT//DOPPELHAUS LENGEFELD/BEULWITZ/WOHNUNG BEUL-
WITZ**   **INNEN/TAG**
Selbst das Eintreffen der neuen Ausgabe der „Horen" – die Schwenke bringt sie
gerade – kann Beulwitz nach der Lektüre des Briefs von Schiller nicht mehr er-
freuen.

BEULWITZ (liest Mme Lengefeld empört vor)
„...Geben Sie Ihre Frau, Caroline, geborene Lengefeld frei! Tauschen Sie doch zum Besten aller Beteiligten eine notorisch Flüchtige ein gegen eine andere, Ihnen treu ergebene Bett- und Tischgenossin. Gegen eine, die willens ist, Ihnen den ersehnten Nachkommen zu gebären.' Entschuldigung, chère Mère, ist das nicht zu direkt? Was sagen Sie? Ist der Brief-Schreiber übergeschnappt? Liegt er vielleicht mit meiner Frau im Bett? Was?
MME LENGEFELD
Ich kann Ihnen mit Sicherheit sagen, dass absolut niemand dem Schiller diesen Brief aufgetragen hat. Er spricht für sich, er wollte etwas Gutes tun, er ist aber – wie so oft – übers Ziel „completement" hinausgeschossen.

Beulwitz kann das nicht so recht beruhigen.

BEULWITZ
Bei mir erreicht er damit eher das Gegenteil. Soviel ist gewiss.

153. RUDOLSTADT/DOPPELHAUS LENGEFELD/BEULWITZ/WOHNUNG LENGEFELD   INNEN/NACHT

In ihrer Wohnung angekommen schreibt Mme sofort zornentbrannt einen Brief an Caroline. (dh. die Schwenke schreibt ihn)

MME LENGEFELD (diktiert:)
„Mein Kind, Linchen, warum kannst du deinen Schwager nicht daran hindern, dir in Privatdingen auf derart täppische Weise behilflich sein zu wollen? Bei Beulwitz und dir handelt es sich um eine Zweck-Ehe-Verbindung – wir beide wissen das – und nicht um eine lächerliche bürgerliche Liebes-Heirat, die sich erledigt, wenn die Liebe sich erst einmal davongestohlen hat! Schillers Brief ist auf Dienstboten-Niveau! Und Deine Ehe ist ernstlich in Gefahr gebracht! Das hat Beulwitz nicht verdient! Und mir ist auch gar nicht wohl bei eurer Ménage zu dritt da in Ludwigsburg!..."

154. WEG TÜBINGEN/LUDWIGSBURG//KUTSCHE   AUSSEN/INNEN/TAG
Caroline liest in ihrer Kutsche den Brief ihrer Mutter. Die Kutsche steht. Allein irgendwo in der Landschaft. Winter.

155. TÜBINGEN//DRUCKEREI   INNEN/TAG
Ein Bild, das wieder für die vergehende Zeit steht: Wieder die Zeitschrift „die Horen", die in der Druckerei in Tübingen weitergedruckt wird. Die Setzer holen die gebackene Matrize aus dem Ofen.

156. TÜBINGEN/HOTELZIMMER   INNEN/TAG
Caroline allein in dem Lilienzimmer.

157. LUDWIGSBURG//VOR WOHNUNG/GARTEN   AUSSEN/TAG
Frühling. Caroline trägt das Baby Karl auf ihrem Rücken durch den kleinen Garten hinter dem Haus. Sie rennt mit gebeugtem Rückgrat (nichts für Bandscheibengeschädigte!) und lacht. Schiller schaut ihr vom Fenster aus zu. Winkt, schließt das Fenster.
Man sieht jetzt: Caroline ist ernster zumute als sie zeigen wollte.

158. LUDWIGSBURG//WOHNUNG/ZIMMER CAROLINE   INNEN/TAG
Carolines Arbeitszimmer. Schiller und Caroline feilen an einer Formulierung.

> SCHILLER (schnell, brillant, insistierend)
> „Sie sind großzügig, bestes Kind, sagte der Prinz gerührt, da Sie die Unabhängigkeit und die Freiheit seines Auftrags ernst nehmen und ihn ziehen lassen..." Hm ... ‚Seines Auftrags' ... das geht alles knapper. Es geht ja um Agnes. Nein? Eine Seite später schreibst du so etwas, schau: „Hell wie die Natur sei unser Gemüt im Abschied" – wundervoll! Dir muss doch verdammt eine andere Lösung für dies kleine Problem einfallen.
> CAROLINE (wirft ihre Schreibfeder weg und steht auf)
> Ich versteh nicht, was du meinst. Ich finde es gut so wie es ist. Was ist falsch an ‚die Unabhängigkeit und die Freiheit seines Auftrags...'?! Ich möchte, dass es so bleibt.

>   SCHILLER (völlig unbeeindruckt, ruhig)
>   Doch, doch, es geht besser, ich weiß es: „das freie Feld seiner
>   Tätigkeit" nein, noch besser: „der freie Kreis seiner Tätigkeit".
>   Das klingt offener, und der Kreis sagt uns, dass er zu ihr zurück-
>   kommen wird. So muss es sein!

Caroline setzt sich. Schiller ist doch recht überzeugend.

>   CAROLINE (trotzig)
>   Ich fühl mich unterlegen. Ich hasse das Gefühl!
>   SCHILLER
>   Was kann ich dagegen tun?

Pause. Sie schaut ihn an. Sagt nichts. Er schaut zurück. Da ist etwas an ihrem
Blick... Von oben hört man Geschrei. Die Treppenhaustür geht schnell auf und
wieder zu.

>   SCHILLER
>   Komm! Wir machen weiter. Soll ich schreiben?

Caroline nickt und steht von ihrem Stuhl auf. Schiller kniet auf dem Boden und
holt die Feder unter ihrem Bett heraus. Streicht sie glatt und setzt sich an ihrer
Statt auf den Stuhl...

159. LUDWIGSBURG//WOHNUNG/ KÜCHE   **INNEN/TAG**
Wolzogen tritt ein. Eine immer wieder stattliche Erscheinung. Offenbar unerwartet.

>   SCHILLER (steht begeistert auf)
>   Wer ist das?! Ja, wer ist das?! Na sowas!!?
>   WOLZOGEN
>   Komm her, Jung-Vater, Beschützer der Herde, komm in meinen
>   Arm!

Und sie herzen sich. Über Schillers Schulter blickt Wolzogen zu Caroline und
Charlotte und begrüßt sie mit den Augen. Dann geht er zu ihnen und umarmt
auch sie. Bewundert das Kind.

SCHILLER (immer noch freudig verblüfft)
Wo kommt der Mann plötzlich her?
WOLZOGEN
Aus Paris, 5 Tage Gerüttel in einer verfluchten Nussschale. Ich werde grössere Kutschen entwickeln lassen.
CAROLINE
Für dich züchten sie schon größere Pferde, die dich tragen.
SCHILLER
Wer wusste, dass er kommt?

Caroline hebt lächelnd den Finger wie in der Schule.

CAROLINE (charmant)
Es sollte eine Überraschung sein.
SCHILLER
Das will ich aber meinen! Eine Überraschung!!

Es wirkt ein wenig wie ein Auftritt. Trotzdem freuen sich alle. Wolzogen ist herzlich willkommen.

160. LUDWIGSBURG//WOHNUNG/ARBEITSZIMMER SCHILLER
INNEN/ABEND

Zeitsprung am selben Ort: Wolzogen ist jetzt sehr ernst.

WOLZOGEN (zu Schiller)
Es ist nicht zu schildern, was vor sich geht. Massaker, Mord – das sind keine Worte, die auch nur annähernd treffen, was passiert. Schuldig – unschuldig, egal. Alle kommen aufs Schafott. Oder werden auf der Straße aufgeschlitzt bei lebendigem Leib. Totgetreten. Von Pferden zerrissen wie im Mittelalter. Es regiert ein Mob, dessen Bosheit abgrundtief ist und dessen Blutgier schauriger als je in der Menschheitsgeschichte.

Plötzlich läuft ihm die Nase und die Augen tränen.

SCHILLER (legt ihm die Hand auf die Schulter)
Und hätten wir das nicht wissen müssen, Wilhelm?

WOLZOGEN (weinend)
Ja. Alle, die an diesem Glockenseil mit zum Sturm geläutet haben, hätten das wissen müssen. Das glaube ich fest, seitdem ich dort war. Schau dir die Gesichter der Menschen von niedrigem Stand heute an. Ich sehe nichts Gutes mehr in ihren Visagen, keinerlei Bescheidenheit, nur noch Niedertracht und Hoffnung auf neuen Blutrausch. In Paris wird die Revolution hingerichtet. Hier (gibt Schiller ein kleines Buch), Kann man in der ganzen Stadt kaufen. Nach der Wahrheit gezeichnet. Ohne Talent – aber im Einklang mit der Realität, kann man sagen. Für den Revolutions-Tourismus. Die Auflage geht in die zigtausende. Der Kaufpreis geht in die Taschen der Mörder.

Schiller blättert im grob gebundenen Bändchen mit Zeichnungen, wie man sie damals in Paris auf der Straße kaufen konnte. Furchtbare Details der Gräuel. Er legt es gleich nach wenigen Seiten weg.

SCHILLER
Krude. Ich wills nicht haben.
WOLZOGEN
Hast du uns nicht damals über die Inquisition vorgelesen? Genau so ist es wieder. Es gab Abende, da wollte ich nicht mehr leben. Ich habe mich in meinem Hotel im Keller versteckt. Ich hatte meinen aristokratischen Namen geändert – aus Angst.

Im Treppenhaus gibt es ein Gezänk zwischen den beiden Schwestern. Caroline scheint sich zu ärgern, dass sie ihre Wäsche nicht getrennt vom Rest der Familie waschen kann. Sie macht es auch selbst, sagt sie, sie brauche keine Wäscherin... Charlotte ist eher verblüfft als streitsüchtig. Caroline laut, Charlotte leise wie immer. (Dialog improvisiert)

SCHILLER
Sie zanken zurzeit öfter. Das ist mir ganz neu.

Wolzogen nickt. Schaut Schiller an. Jetzt hat man bereits das sichere Gefühl, er ist aus einem ganz anderen Grund hier als einem Routine-Freundschaftsbesuch. Schiller schöpft Verdacht.

161. LUDWIGSBURG//WOHNUNG/ZIMMER CAROLINE   INNEN/NACHT

Dies bewahrheitet sich am selben Abend. Die Kamera fährt zunächst wieder auf Carolines geschlossene Kammer-Tür zu. Dann im Raum selbst auf Carolines Nacken zu. Sie beugt sich scheinbar in Gedanken über ihre Schreib-Papiere für „Agnes". Hinter ihr steht Schiller, ebenfalls mit Korrektur-Papieren in der Hand. Er berührt ihren Nacken. Die Tür öffnet sich und Wolzogen kommt herein, ein Weinglas in der Hand. Und einem Glas für Schiller und einem für Caroline.

> WOLZOGEN
> Ich komme zu euch. Darf ich? Der Kleine muss einschlafen.
> SCHILLER
> Ich weiß, die Küchendielen knarzen...

Wolzogen bietet jedem einen Zigarillo an. Beide lehnen ab.

> CAROLINE (übergangslos, mit dem Rücken zu den beiden Männern)
> Ich erwarte ein Kind, Fritz. Ich bin wohl im vierten oder fünften Monat. Ganz genau kann ichs nicht sagen, weil meine Regel manchmal auch schon ausblieb, wenn ich Krämpfe hatte.

Schiller schaut sie an. Caroline dreht sich zu ihm um.

> CAROLINE
> Mein Zustand muss geheim bleiben. Wegen Beulwitz.
> WOLZOGEN
> Er könnte sonst die Scheidungsformalitäten wieder rückgängig machen.
> SCHILLER (der kapiert, dass Wolzogen bereits im Bilde war)
> Ja... Ist er denn ansonsten jetzt bereit?
> WOLZOGEN
> Er hat mir schriftlich mitteilen lassen, dass er keine Aussprache mehr will, sondern gleich die Trennung. Wenn er aber wüsste, dass Line schwanger geworden ist – und nicht von ihm – dann könnte er einen Rückzieher machen.
> SCHILLER
> Ja, das ist wahr. Es ging ihm ja immer um die Nachkommenschaft. Ja...

Schiller schaut Caroline weiter an.

> SCHILLER
> Was wäre mit eurer Mutter? Wird sie ausziehen aus dem Beul-
> witz-Haus?
> CAROLINE
> Sie ist schon dabei.
> SCHILLER
> Ah. Da wohnt man unter einem Dach – und weiß doch so wenig
> voneinander. (zu Wolzogen) Und deine Ankunft hat – auch un-
> mittelbar damit zu tun?

Wolzogen nickt. Schiller kommt sich hier zum ersten Mal ein wenig übertölpelt
vor.

162. LUDWIGSBURG//WOHNUNG/KÜCHE   INNEN/TAG

Nächster Morgen: Großer Kriegsrat nach dem Frühstück. Charlotte ist von allen
vor vollendete Tatsachen gestellt worden: Caroline wird ein Kind bekommen und
sie muss es verheimlichen. In die Pause nach dieser Eröffnung hinein beginnt die
Szene.

> CHARLOTTE (blickt Caroline an)
> Du willst das Kind bekommen?

Caroline nickt. Charlotte nickt ebenfalls: „Aha". Pause, dann:

> CHARLOTTE (überraschend/leise)
> Warum?
> WOLZOGEN
> Warum nicht?
> CAROLINE (fällt Wolzogen ins Wort)
> ...Weil ich nicht sicher bin ob ich noch einmal im Leben
> schwanger werde, Lollo. Unser lieber Arzt hier hat mir eine Dis-
> position zur Lungenentzündung prophezeit. Wie allen Rothaa-
> rigen, sagte er. Ich möchte nicht sterben ohne das gleiche Glück
> wie du erlebt zu haben.
> CHARLOTTE (übergeht die Doppeldeutigkeit des Satzes)
> Und wo willst du das Kind kriegen? Hier?

CAROLINE
Bist du feindselig?
CHARLOTTE (ruhig)
Nein.
SCHILLER
Wir haben beschlossen, dass in der Schweiz der beste Ort sei.
Ich kenne einen Dorflehrer bei Schaffhausen, den Herrn Roll.
Ich werde ihn anschreiben, er müsste die Pflege des Säuglings
und die Erziehung übernehmen, zumindest solange bis die
Scheidung unterschrieben ist.
CHARLOTTE
Aber du bist erst im fünften Monat.
WOLZOGEN
Die endgültige Scheidung wird ein Jahr noch auf sich warten
lassen. Hat mein Advokat gesagt. Bis dahin sollte Caroline kein
Risiko eingehen. Es geht für sie um zu viel. Vor allem auch lei-
der um viel Geld.
CHARLOTTE
Du fährst nicht alleine...?
WOLZOGEN
Ich werde mitreisen. Ich hab keine Verpflichtungen. Ich möchte
die Erlebnisse in Paris vergessen. Als hilfreicher Samariter einer
jungen schwangeren Frau finde ich vielleicht den Glauben in
die Menschheit wieder.
CHARLOTTE
Und was zahlt Dalberg?
CAROLINE
Dalberg? Nichts. Er weiß nichts. Ich hab mit ihm gebrochen. Wir
werden von jetzt an ohne den Goldschatz auskommen müssen.

Auch Charlotte fragt nicht genauer nach, wer denn der Vater sein könnte, müsste.
Sie steht auf und geht auf die Tür des Schlafzimmers zu. Sie dreht sich nochmals
um.

CHARLOTTE
Wir hatten einen Pakt, Line. Dieser Pakt wollte, dass wir uns alles sagen. Immer. Dass wir uns näher sind als wir unseren Män-
nern je sein werden. Du und ich. Unser Schwur gilt nicht mehr.

Für ihre Verhältnisse eine Explosion. Dann geht sie ins Schlafzimmer. Leise. Caroline will ihr nach, bemerkt aber, dass die Türe abgeschlossen ist. Wolzogen scheint nicht alles zu verstehen. Stille.

163. LUDWIGSBURG//WOHNUNG   INNEN/NACHTS
Nachts im Treppenhaus treffen Schiller und Caroline noch einmal aufeinander.

> CAROLINE
> Hab ich dich zu sehr vor vollendete Tatsachen gestellt?
> SCHILLER
> Ich tauge nicht fürs praktische Leben. Hab auch die Geburt meines Sohnes verschlafen. Wilhelm ist aus anderem Holz. Pragmatisch. Zuversichtlich. Lebensnah.
> CAROLINE
> Er ist froh, dass er einer Freundin helfen kann.
> SCHILLER (sieht sie an)
> Ja. Ja, ja. Wie wird es mit unserer „Agnes" weitergehen?
> CAROLINE
> Ich versuche, die letzten Kapitel in der Schweiz allein anzufangen. Ich hatte einen guten Lehrer. Ich schick sie dir.
> SCHILLER
> Ist das eine Flucht?
> CAROLINE (Kopfbewegung Richtung Wohnung)
> Ich kann nicht bleiben. Ich spüre, dass sie mich verachtet.
> SCHILLER (ehrlich erstaunt)
> Nein, warum? Nein...

Caroline sieht ihn nur an, zuckt mit den Achseln. Ihre Augen beginnen zu zucken.

> CAROLINE
> Ich hab ihr nichts erzählt von Tübingen. Unserem Wiedersehen dort im Sommer. Trotzdem fühlt sie sich wie hintergangen.
> SCHILLER (leiser)
> Es gibt eine Frage, die ich dir sicher nicht stellen werde...
> CAROLINE
> Dann tus auch nicht.
> SCHILLER
> Warum nicht?

CAROLINE
Ich würde sie dir womöglich beantworten. Und würde laut schreien dabei!
SCHILLER (vielleicht nur ganz leise)
Mein Gott.
CAROLINE (sie packt ihn, plötzlich lustvoll aggressiv)
Wenn du Sanftmut suchst, die liegt oben in der Kammer.

Schiller hat begriffen, dass es sein Kind ist. Carolines Augen zucken immer mehr. Und die Kamera fährt noch einmal auf die geschossene Tür ihrer kleinen Kammer zu. Schiller berührt ihre Wange, er küsst sie. Sie nimmt seine Hand. Küsst sie. Er macht sich los und kniet plötzlich vor ihr nieder.

SCHILLER
Du bist mein Leben. Ich will nur dich.
CAROLINE (schroff und klar)
Nein, du willst nicht nur mich. Und ich bin nicht gut genug. In Tübingen hat mich vor Wochen einer auf offener Straße angesprochen. Etwas an mir riecht inzwischen wie nach Prostitution. Ich weiß schon gar nicht mehr: hat mir der Dalberg den Laufpass gegeben – oder ich ihm (sie lacht freudlos)? Mit wem war ich alles zusammen in den letzten Monaten? Ich weiß es nicht mehr.

Spürbar will sie ihn von sich abstoßen. Aber er nimmt sie und drängt sie zu sich hinunter. Jetzt knien sie voreinander. Er streichelt sie.

SCHILLER
Tu dir nicht weh.
CAROLINE
Ich muss doch. Sonst kann ich nicht gehen.
SCHILLER
Es ist aber nichts Ehrenhaftes daran, sich schuldig und schmutzig und unglücklich zu fühlen. Zu versuchen, glücklich zu sein, das lohnt die Mühe.

Er streichelt sie weiter und geht dann wieder in Stehposition, mit ihr gemeinsam.

SCHILLER

Ich werde jetzt den Brief an den Lehrer in Schaffhausen schreiben. Du findest ihn morgen auf dem Küchentisch. Weckt mich auf, wenn ihr fahrt. – In einem halben Jahr seid ihr wieder hier, ja?

CAROLINE

In Weimar, Fritz ... wenn ich frei bin. In Weimar,

SCHILLER

Wir schreiben uns täglich. Ich muß wissen wie es dir geht. Du bist immer willkommen. Mit dem Kind erst recht. – Lass uns zu dritt den Traum leben. Ich bitte dich.

CAROLINE

In Weimar... Dann sind wir wieder alle zusammen.

164. LUDWIGSBURG//VOR WOHNUNG/WOHNUNG   INNEN/AUSSEN/TAG

Im Haus: Schiller schläft noch. Niemand hat ihn geweckt. Der Brief an den Herrn Roll ist fertig, er liegt auf dem Tisch. Carolines Hand nimmt ihn.

Vor dem Haus: Caroline fährt mit Wolzogen ab (in ihrer Hand immer noch der Brief). Knappe Umarmungen der Schwestern, keine Tränen, nur gute Wünsche und kleine vielsagende Blicke. Dann verschwindet die Kutsche...

165. LANDKARTE OSTSCHWEIZ/DIV. MOTIVE   AUSSEN/INNEN/TAG/NACHT

MONTAGE: Über einer alten Landkarte zunächst des Bodensees, dann der Umgebung Schaffhausens sieht man in Doppelbelichtung die Kutsche von Wolzogen und Caroline fahren... Tags und nachts. Einmal sieht man, wie sie die Kutsche tauschen. Der Eindruck einer Odyssee sollte entstehen. Und einmal sehen wir sie mit dem Schulmeister Roll aus Schaffhausen Hände schütteln vor einem appetitlichen Schweizer Schulmeister-Häuschen.

166. LUDWIGSBURG//WOHNUNG   INNEN/TAG/NACHT

MONTAGE: In drei vier kurzen Bildern sieht man Schiller Briefe an Caroline und Wolzogen schreiben. Man hört Fetzen seiner Formulierungen. Unterschiedliche Tage...

SCHILLER: (OFF) „....dennoch wüsste ich zu gerne ob du wohlauf bist, ob Wilhelm dir eine Hilfe ist, was ich aber nicht bezweifle..."

und:

SCHILLER (OFF): „Hier ist alles gut, Line, der Junge hatte einen Wespenstich und zwei Tage Fieber. Charlotte hat einen schönen Namen für euch beide gefunden: Maria und Joseph. Auf der Suche nach einem Stall."

und:

SCHILLER (OFF): „Wilhelm, ich wende mich jetzt direkt an dich. Ein wenig kommen Charlotte und ich uns hier vor als würden wir eure Namen in den dunklen Kosmos hineinrufen... Sag Caroline, ich habe die letzten Kapitel der „Agnes" nun selbst geschrieben, wenn auch mit großen Skrupeln, denn ihrem Erzähl-Stil kann ich nicht das Wasser reichen. Ihr wart beim Herrn Roll, das hat er mir geschrieben, ihr seid aber wieder weitergefahren und ihr wolltet im Oktober wiederkommen. Stimmt das?"

Von Caroline hört man aber nichts, keine Antwort. Auch nicht von Wolzogen.

167. NÄHE RHEINFALL/KUTSCHE   INNEN/AUSSEN/TAG

Caroline, jetzt deutlich schwangerer in der Kutsche. Wir sehen nicht nach draußen.

Sie pocht ans enge Fenster zum Kutschbock, bittet den Kutscher anzuhalten. Sie bleiben stehen. Irgendwo in der Natur. Vögel zwitschern. Wolzogen schaut sie fragend an.

> CAROLINE
> Hörst du es? Die Kraft? Die Natur?

Ja, Wolzogen hört ein gewaltiges Rauschen. In einiger Entfernung noch. Caroline ist euphorisch. Sie springt fast aus der Kutsche...

168. RHEINFALL   AUSSEN/TAG

Wir sind am Ort ihres Schwurs mit der Schwester von damals als junges Mädchen angekommen. Wir springen an die Wasserfluten heran. Caroline versinkt aus der Euphorie in eine tiefe Verzweiflung. Sie weiß, dass es mit dem ewigen Traum der Ménage a trois in Ludwigsburg (oder wo auch immer) nicht mehr weitergehen kann...

Der Rheinfall fungiert wieder als Ort des Schicksals. Es kommt über sie wie ein Zusammenbruch: Sie weint und schreit. Zunächst denkt Wolzogen, die Wehen würden viel zu früh beginnen – aber stattdessen:

> CAROLINE
> Ich liebe ihn. Ich liebe ihn doch so sehr! Er gehört doch zu mir!!!

Wolzogen ist überfordert mit dieser Wucht, aber andererseits auch genau der richtige Mann für diesen Moment. Ruhig, abgeklärt, ein Fangnetz. Caroline klammert sich an ihn...

> CAROLINE
> Rette mich, Wilhelm ... bring mich in Sicherheit...
> WOLZOGEN
> Wovor?
> CAROLINE
> Vor mir selbst. Vor meiner Leidenschaft. Rette mich...
> WOLZOGEN
> Ja...
> CAROLINE
> Heirate mich. Willst du? Ich brauche Frieden. Versprich es mir. Wenn das Kind auf der Welt ist und wenn ich geschieden bin. Heirate mich...
> WOLZOGEN
> Ich verspreche es.

Und das Wasser rauscht...

169. SCHWEIZ//GASTRAUM   INNEN/NACHT

...sozusagen bis in die Wehen. Ein sehr einfacher Gastraum. Caroline gebärt einen Knaben. Großer Schmerz. Nur blitzartige Schnitte, nicht wie bei Charlottes Geburt.
Schillers Brief-Stimme darüber, wieder nur bruchstückhaft.

SCHILLER (OFF): „...Hast du große Beschwerden? Bist du wohlauf? Du müsstest doch jetzt niedergekommen sein. Gib mir Antwort. Auch Charlotte ist jetzt ernstlich beunruhigt... Ist euch etwas zugestoßen?"

170. SCHWEIZ//AMTSZIMMER INNEN/TAG

Ein Detail: Ein Eintrag im Geburtsregister einer kleinen Gemeinde. Eine Feder kratzt über Papier. Eine Stimme mit Schweizer Akzent sagt: „...wurde am 2 Oktober 1794 ein Knabe geboren. Getauft auf den Namen Adolph. Die Mutter: Caroline von Lengefeld, der Vater Wilhelm von Wolzogen."

171. SCHWEIZ//HAUS ROLL/VOR HAUS ROLL INNEN/TAG

Der etwas ältlich und trocken wirkende Schulmeister Johannes Roll und seine nette Frau nehmen Carolines Kind entgegen. Sie trennt sich nicht leicht von dem kleinen Jungen. Wolzogen – ganz Freund – geleitet sie sanft aus dem Schlafzimmer der Beuls hinaus.

Das Kind schläft. Wolzogen gibt Geld. Die Kamera fährt von dem Haus zurück. Der Schulmeister und seine Familie winken. Caroline kann die Tränen nicht zurückhalten.

> CAROLINE
> Wenn er alt genug ist, es zu verstehen, dann sagen Sie ihm, ich komme. Seine Mutter holt ihn. Bald.

Darüber hört man SCHILLER (OFF): „...Wie mir Roll mitteilte, ist alles bei der Geburt gut gegangen. Warum höre ich nichts von euch selbst? Hast du das Schreiben verlernt? Ist Wolzogen dir abhanden gekommen? In den Berg-Dörfern der Schweiz gibt es ja wie bei uns auch Schreiber, die denen, die es selbst nicht können, ihre Briefe formulieren. Sucht doch so einen Mann. Caroline, verflucht, wo seid ihr, wo bist du? Caroline, warum kommt ihr nicht zurück?"

172. LUDWIGSBURG//VOR WOHNUNG AUSSEN/TAG

Und so kommt dann doch ein Brief von Caroline nach Ludwigsburg. Wir sehen wie der Postbote ihn bringt...

173. LUDWIGSBURG/WOHNUNG INNEN/TAG

Der Brief liegt auf dem Küchentisch. Auf dem Absender ist „z. Z. Genève" angegeben. Beide Schillers rühren den Brief nicht an, laufen drum herum. Der kleine Sohn kann übrigens schon tapsig gehen.

174. LUDWIGSBURG//WOHNUNG   INNEN/NACHT

Schiller in der Küche, hat sich Mut angetrunken, öffnet den Brief heftig und liest ihn.

Und ist sichtlich wie vor den Kopf geschlagen...

175. LUDWIGSBURG//WOHNUNG/KÜCHE   INNEN/TAG

Nächster Morgen. Selber Ort. Auch Charlotte liest den Brief. Schiller sitzt daneben.

> CHARLOTTE
> Wenigstens ist ihnen nichts zugestoßen.
> SCHILLER
> Ja. Aber was für ein Theaterstück, das Ganze.

Schiller ist auch am nächsten Morgen noch stocksauer. Er kommt sich vor wie ein betrogener Liebhaber. Sein Zorn ist diesmal groß. Er knallt mit der Tür. Das hat er (zumindest in diesem Film) noch nie getan. Sie geht wieder auf. Charlotte kommt ihm nach. Hinter den beiden schließt sie betont leise die Tür. Und die Kamera fährt darauf zu...

ERZÄHLER (OFF): „Beulwitz hatte sich inzwischen mit der Scheidung einverstanden erklärt. In den offiziellen Akten in Rudolstadt war als Begründung zu lesen: ‚Zehnjährige Ehe-Unverträglichkeit'. Caroline von Lengefeld erhielt keinerlei Abfindung von ihrem ersten Mann. Aber im gleichen Atemzug wie sie den Schillers von ihrer Scheidung Kenntnis gab, kündigte sie ihnen ihre baldige Heirat mit Wolzogen in der Schweiz an. Sie schrieb: ‚Wilhelm hat sich mir als ein treuer und liebender Gefährte erwiesen, er ist der Mann, der Beschützer, den ich immer gesucht habe. Freut euch mit mir...' Auffällig war, dass Caroline nichts von ihrem Kind mitteilte. Das Kind, von dem die Schillers ja wussten, dass es zur Welt gekommen und beim Schulmeister Beul untergekommen war. Schiller nannte seine Schwägerin von diesem Tag an nur noch ‚die Frau, die nicht ja sagen kann'.“

176. SCHWEIZ//EIN RAUM IN EINEM RATHAUS   INNEN/NACHT

Schrift: **1795**. In Schaffhausen wird bei Kerzenlicht die schon gesehene Geburtsurkunde offensichtlich gefälscht. Das Kind Adolph – zu diesem Zeitpunkt bereits über ein Jahr alt – wird unter einem späteren Geburtsdatum als das tatsächliche

eingetragen. Adolph von Wolzogen wird zeitlebens immer um fast über ein Jahr zu jung erklärt werden.
Abblende. Es folgt der Epilog. Schrift: **7 Jahre später!**

177. RUDOLSTADT//NEUE WOHNUNG LENGEFELD   **INNEN/TAG**
Spätfrühling **1802**. Wir sehen die älter gewordene Mme Lengefeld mit der – auch nicht jünger gewordenen – Schwenke ihre Koffer packen. Mme sitzt in einem Sessel, sieht wirklich geschwächt und krank aus und ordnet an, was gepackt werden soll. Schwenke heult.
Madame hält ein Bildnis ihres Mannes fest in den Händen während sie ihre Anweisungen gibt. Auf einem Tisch sehen wir ein kleines Bildnis Knebels. Mit einem schwarzen Rand...

> MME LENGEFELD
> Dieses Kleid muss auch mit. Wenn mich der Tod in Weimar holen kommt, dann soll man mich in diesem Kleid aufbahren. Ich werde das alles noch schriftlich niederlegen, Schwenke, damit Sie sich im Ernstfall nicht mit meinen Töchtern herumstreiten muss wegen Details bei meinem Begräbnis, ja?. Ich möchte meine zehn Lieblingsbücher um mich haben – den Voltaire, die Ausgabe der Schriften meines Mannes, das Neue Testament. Und Schwenke (sie verrenkt ihren Rücken schmerzverzerrt) Ah!
> SCHWENKE
> Madame?
> MME LENGEFELD (noch unter Schmerz)
> Es gibt ein Service, das ich Charlotte vermachen will. Pack Sie das sorgfältig in Zeitungspapier und putz' Sie vorher die beiden silbernen Kännchen, die dazu gehören und stell Sie das Service dann kurz auf den Balkon. Damit der Gestank des Putzmittels bis Weimar schon verflogen ist...

Während man die beiden Frauen packen sieht hören wir Mmes Stimme aus dem OFF:

> MME LENGEFELD (diktiert)
> „Meine lieben Kinder, ich schreibe an euch beide denselben Brief, damit es nicht im Nachhinein zu Unstimmigkeiten kommt: mein Arzt hat mir noch eine kurze Lebensfrist gesetzt.

Aufgrund eines unheilbaren Nierenleidens, das er mit hundert-
prozentiger Sicherheit analysiert hat, hat er mich aufgefordert,
meine irdischen Dinge zu ordnen, solange ich dazu in der Lage
bin. Neben allem Finanziellen und Materiellen möchte ich auch
unsere Verhältnisse geklärt sehen. Vor allem eures zueinander,
meine Kinder. Ich werde in zwei Tagen nach Weimar kommen
und erwarte euch beide – Charlotte und Caroline – zusammen
zu sehen." Heul Sie nicht, Schwenke, sonst muss Sie das Ganze
noch einmal schreiben.

178. WEG RUDOLSTADT/WEIMAR//KUTSCHE
INNEN/AUSSEN/DÄMMERUNG

Zoom die uns schon bekannte, verregnete, matschige Straße entlang. Am Ende
der Straße steckt die Kutsche im Dreck. Es regnet ununterbrochen. Die Fahrgäste
strecken ihre Köpfe heraus. Wir sehen auch Schwenke und Maman. Durcheinan-
dergeschnatter allenthalben. Der Kutscher rennt aufgeregt um den Wagen
herum. Nichts scheint gebrochen.

> KUTSCHER
> Bleiben Sie im Wagen! Bleiben Sie im Wagen! Nichts ist gebro-
> chen...

179. WEIMAR//HAUS SCHILLER — INNEN/NACHT

Montage: Im Haus Schillers warten alle auf die Ankunft der Mutter. Schiller
– nicht sehr gesund aussehend –, Charlotte, Caroline, Wolzogen (der um einiges
dicker wirkt als früher). Bei Schillers gibt es inzwischen auch noch 3 Kinder mehr.
Die Schillerkinder sind, je nach Alter, noch wach oder schon im Bett. Wir sehen
eine Uhr. Es ist beinahe Mitternacht.
Adolph, Carolines Sohn, ist auf einer Couch eingeschlafen. Wir ahnen durch die
Art, wie die Kamera interessiert auf ihn zufährt, dass er das Kind aus der Schweiz
sein muss...
Niemand redet. Die Schwestern schauen sich auffällig nicht an. Dann:

> WOLZOGEN
> Frappant, wie selten man sich in Weimar zu Gesicht bekommt,
> auch wenn man nur fünfhundert Schritte voneinander entfernt
> lebt.

CHARLOTTE (nimmt Schillers Hand)
Ja, Weimar ist ein Labyrinth. Davon kann Fritz ein Lied singen...
(Sie spielt auf ihr Kennenlernen damals an)

180. WEG RUDOLSTADT/WEIMAR//KUTSCHE
INNEN/AUSSEN/DÄMMERUNG

Ein Reiter kommt verdreckt aus Richtung Rudolstadt herangeprescht. Der Kutscher hält ihn an. Es gibt ein nicht hörbares Gespräch mit dem Kutscher. Viele Gesten und Zeichen. Auch aus der Kutsche, in dem frierend die Insassen sitzen. Der Reiter hat verstanden, prescht in Richtung Weimar weiter...

181. WEIMAR//HAUS SCHILLER   INNEN/NACHT

Weiter im Rhythmus einer Montage: Alle warten immer noch.
Ein Diener kommt rein. Geht zu Schiller.

DIENER HANS (leise)
Der Herr Geheimrath Goethe lässt sich nach dem Befinden Ihrer Schwiegermutter erkundigen und ob sie gut angekommen ist. Was soll ich sagen?
SCHILLER
Die Wahrheit. Wir warten noch und sind beunruhigt. Ich schreib ihm – holst du mir einen Stift, Hans?

Der Diener holt einen Stift. Schiller schreibt etwas – an Goethe. Ja, sie sind nun gut befreundet, die großen Geister.

SCHILLER (gibt seine Zeilen dem Diener)
Danke. Bringst dus selber hin? Es regnet...

Schiller nimmt Charlottes Hand. Caroline verzieht zu all dem kaum das Gesicht. Nur ihr Auge zuckt heftiger und häufiger als früher.
Der Diener Hans zieht sich im Entrée hektisch einen Mantel an. Als er die Tür nach draußen aufreißt steht dort der Reiter von der Landstraße wie ein Geist und hat auch im selben Moment geklingelt. Hans kehrt zurück in den Salon. Bittet um Aufmerksamkeit mit einer Geste:

> HANS
> Die Kutsche von Madame Lengefeld ist im Dreck auf halber Strecke steckengeblieben. Alle darin sind wohlauf und mit warmen Getränken versorgt. Aber sie werden ihre Fahrt erst morgen früh fortsetzen.
> WOLZOGEN
> Sie übernachten in der Kutsche?
> HANS
> Ja, das scheint so zu sein.

Allgemeines Aaah! und „Gottseidank ist nichts Schlimmeres geschehen" und „Ja, in diesem Fall..." Alle stehen auf als wäre in eine Wachs-Puppen-Ausstellung plötzlich Leben gekommen. Man trennt sich, ohne weiter viel zu reden. Adolph wird aufgeweckt. Nur Schiller und Wolzogen sind herzlich miteinander und umarmen sich.

> SCHILLER
> Dann also auf morgen...
> WOLZOGEN
> Selbe Uhrzeit. Selbe Prozedur nehme ich an.
> CHARLOTTE (lächelt ihm zu)
> So ist es.

Hat Charlotte da im Hinausgehen von ihrer Schwester eine schnippische Bemerkung zum Geschmack der Einrichtung gehört? Ungefähr so:

> CAROLINE (leise)
> Warum stellt sie denn die Vitrine hier ins Entrée? Absurd. Das ist petit bourgeois, so als hätte sie sie in der Lotterie gewonnen.

Charlotte ist sich nicht sicher, blickt ihren Mann an, aber der tut so, als habe er nichts gehört. Also schweigt sie lieber.

182. WEIMAR//VOR HAUS SCHILLER   AUSSEN/TAG

Nächster Tag. Louise von Lengefeld ist vor dem Haus Schiller angekommen. Großes Hallo. Alle vom Vorabend wieder zusammen. Kleider gewechselt. Kinder in Reih und Glied.

Der Chère Mère muss aus dem Wagen geholfen werden. Sie wirkt nicht stabil. Schwenke und Hans tragen sie halb ins Haus. Schiller will behilflich sein, den Koffer auszuladen, ein gewaltiges Ding. Hans kommt gleich zurückgelaufen und nimmt mit Schwenke den Koffer vom Kutscher in Empfang.

Und jemand fährt vielleicht auf einer eleganten Damenkutsche vorbei: Frau von Kalb. Älter geworden, wie sie alle. Ohne Mann. Kurzes Zunicken.

183. WEIMAR//HAUS SCHILLER   INNEN/TAG

Mme Lengefeld sitzt mit Wärmflaschen im Rücken auf einem ähnlichen Riesen-Sessel wie in Rudolstadt ihrem Enkel Adolph von Wolzogen gegenüber. Nicht zum ersten Mal sicherlich. Sie sieht ihm heute besonders lange ins Gesicht, macht artig Shakehands mit dem 6jährigen (eigentlich siebenjährigen).

> MME LENGEFELD
> Ich stelle fest, dass du noch immer niemand anderem wirklich ähnlich siehst als nur deiner Mutter. Bedauert dein Vater das nicht?

Adolphe sieht lächelnd hoch. Wolzogen steht hinter ihm und zuckt die Achseln. Alle anderen sind ebenfalls im Raum. Lächelnd, wohlerzogen, gute Miene.

> WOLZOGEN (legt seinem Sohn die Hände auf die Schultern)
> Er ist schon richtig, so wie er ist.
> MME LENGEFELD
> Wie alt bist du, Adolph?
> ADOLPH (unsicher)
> 6, chère mère.
> MME LENGEFELD
> Ja. Groß für 6 Jahre. Hast Du noch Erinnerungen an deine ersten vier Lebensjahre in der Schweiz? Bevor deine Mutter dich hier-her geholt hat?

Adolph schüttelt wortlos den Kopf.

> MME LENGEFELD
> Nein? Nicht mal an den großen Rheinfall? Warst du niemals da?
> ADOLPH
> Doch, an den schon, chère Mère...

MME LENGEFELD
Ich auch. Ich habe auch Erinnerungen an den Rheinfall. Und
daran, dass deine Mutter und deine Tante noch sehr jung waren
und sich innig geliebt haben. Immer haben sie zusammen getu-
schelt und deine Mutter hat endlos geschwatzt und deine Tante
hat immer dazu genickt. So. (Macht es vor) Weißt du dein Groß-
vater – dort drüben hängt er an der Wand – ist früh gestorben.
Und die beiden haben einander deshalb sehr gebraucht. Deine
Tante hat mich nach dem Tod deines Großvaters immer gefragt
ob wir jetzt arm seien und ich habe immer geantwortet, nein,
noch nicht, aber wenn wir nur noch eines von dreizehn Porzel-
lan-Services zum Speisen oder Teetrinken <u>nicht</u> verkauft haben – erst dann sind wir arm.

Wir haben auch hier an einer Wand im Salon die Bildnisse vom alten Lengefeld
(kennen wir schon), von Knebel gesehen. Louise Lengefeld wendet sich an Charlotte.

MME LENGEFELD
Erinnerst du dich, Liebe? (Charlotte nickt) Und heute, sieh mal,
da hab ich dir jetzt mein letztes Service aus Rudolstadt mitge-
bracht, das ich habe – Schwenke zeigs mal... (Schwenke wurs-
telt mit Papieren herum und fördert das Service aus einer kleinen Holzkiste zu Tage) Jetzt bin <u>ich</u> arm. Aber ich brauchs ja
wohl auch nicht mehr. Und der liebe Gott wird mich schon bald
wieder reich machen...

Charlotte freut sich sehr. Caroline lächelt sphinxhaft. Schiller sieht sie unver-
wandt an.

CHARLOTTE
Oh, liebe Maman...
MME LENGEFELD
Ja, --- aber ich möchte, dass du mit deiner Schwester gemeinsam daraus trinkst. Dass ihr oft sprecht und euch lieb habt wie
früher. Und dass der Herr Schiller, mein lieber Schwiegersohn,
über dessen täglich wachsenden Ruhm ich alte Frau sehr, sehr
glücklich bin und gleichzeitig sehr, sehr beschämt bin, dass ich
diesen Ruhm nicht vorausgesehen habe damals als er erstmalig

zu uns nach Rudolstadt kam... Im Sommer vor 13 Jahren... (Sie kann nicht mehr weiter. Um ihre Rührung abzuhalten, haut sie plötzlich auf die Lehne ihres Stuhls mit der Faust:) Ich will, dass das Gezänk zwischen euch ein Ende hat!
CAROLINE und CHARLOTTE (beinahe gleichzeitig)
Wir zanken uns nicht...
MME LENGEFELD
Nein, ihr redet gar nicht mehr miteinander. Ihr schreibt euch artig Grußkarten und Einladungen und sagt genauso artig gegenseitig ab und seht zu, dass ihr euch auf den Straßen dieser Stadt aus dem Weg geht. Das muss ein Ende haben. Ich will nicht aus dem Leben gehen mit dem Gefühl, ein Schlachtfeld hinterlassen zu haben. Deshalb bin ich hier.

Und haut nochmal auf die Stuhllehne. Alles schweigt. Ins Schweigen hinein:

ADOLPHE
Jetzt hast du dir aber wehgetan.

Die reibt sich ihr altes Fäustchen und grinst wie heimlich ihm zu.

MME LENEGEFELD
Ja, jetzt hab ich mir wehgetan... (und streicht ihm über den Kopf)

Und alle lächeln ein wenig schüchtern. Und die Schwestern fangen ebenso schüchtern an zu weinen. Und nehmen sich erst bei der Hand, dann beim Arm, dann in den Arm...

184. WEIMAR//HAUS SCHILLER   INNEN/ABEND

ZEITSPRUNG. Selber Ort. Ein bisschen Hausmusik. Ein Schiller-Kind fiedelt und Charlotte spielt dazu auf dem Spinett. Caroline geht leise hinaus. Im Vorbeigehen streift sie Schillers Arm. Schiller findet in seiner Hand einen Zettel.

CAROLINE (OFF)
„Hast du mir verziehen?"

Charlotte hört auf zu spielen und folgt ihrer Schwester.

Die Fiedel fiedelt alleine weiter. Irgendwie Anspannung im Raum.
Plötzlich fällt im Hintergrund etwas herunter. Es ist ein Stück des Service.

> CAROLINE
> Warum hast du nie gefragt?
> CHARLOTTE
> Was hätte ich fragen sollen?
> MME LENGEFELD (aus dem Sessel)
> Ich sagte schon, es ist unser letztes Service! Bitte bedenkt das...
> CHARLOTTE (lauter/wiederholt)
> Was hätte ich dich fragen sollen?
> CAROLINE
> Eine Frage...
> CHARLOTTE
> Und welche?
> CAROLINE
> „Caroline – wer ist der Vater von Adolphe"?
> CHARLOTTE
> Warum sollte ich das fragen? Wenn du es offensichtlich selbst
> nicht wusstest. Bei deinem Umgang damals. Dalberg. Dann die-
> ser dänische Dichter...
> CAROLINE
> Doch, ich weiß es.
> CHARLOTTE (verzweifelt)
> Nein, du weiß es nicht!
> CAROLINE
> Doch ich weiß es. Willst dus nicht auch wissen?
> CHARLOTTE
> Nein.
> CAROLINE
> Warum nicht?
> CHARLOTTE
> Weil es mich nichts angeht!!
> CAROLINE
> Und wenn es dich mehr angeht als du denkst?
> CHARLOTTE
> Ich will es nicht hören. Es geht mich nichts an.

Und der zweite Teil des mütterlichen Services fliegt durch den Raum Richtung Caroline. Zerschellt an der Wand. Nie hat irgendjemand Charlotte so erlebt.

> CAROLINE
> Ja, die Kluge, die gute Charlotte – da muss sie sich die Ohren zuhalten, gelt? Die liebe Charlotte! Außen so weich. Aber innen hart wie ein Kirschkern. Du hast mir das Kind nicht gegönnt! Dein Gesicht in Ludwigsburg als wir darüber sprachen, das werd ich nie vergessen!! Nie!! Und was ist jetzt? Du hast doch gewonnen! Du hast ihn für dich allein!

Charlotte ist mit zugehaltenen Ohren unterwegs zur Treppe, um zu fliehen. Caroline ist ihr gefolgt und hat sie festgehalten. Ihre Augen zucken. Fast wird es nun zur Schlägerei.

> CAROLINE
> Wie kannst du nur solch einen Mann zeitlebens mit deinen vulgären kleinen Liebesvorstellungen belästigen!!
> CHARLOTTE
> Wie konntest du so lange so leidenschaftlich dumm an der Wirklichkeit vorbei leben! Du hast meinen Mann – meinen Mann – immer im Stich gelassen, wenn es ernst wurde. Du hast dich an ihn geworfen und dann bist du immer getürmt. Du hast Fritz ein halbes Leben lang bei mir zur Lagerung aufgehoben, um ihn wieder abzuholen, wenn du dazu Lust hattest...
> CAROLINE (unter Tränen)
> Wir hatten einen Schwur! Wir beide hatten einen Schwur! Alles wollten wir teilen!
> CHARLOTTE
> Ja!!! Was soll ich denn mit dir teilen!? Eure gemeinsame Nacht in Tübingen!! Deine Männer, die du wie ein Hündchen hinter dir herziehst? Du führst das Liebesleben einer bankrotten Feudalherrin! So benimmt man sich heutzutage nicht mehr. Du lebst nicht in der Gegenwart. In Frankreich kämst du noch unter die Guillotine.
> CAROLINE
> Ja, und zwar, weil sie dort die Freiheit begraben haben, statt sie an die Regierung zu bringen – wie es versprochen war. – Fritz,

sag was! Die Bürger, die Bürger, immer die Bürger – sie waren eben zu klein für die echte Freiheit!
MME LENGEFELD (geht unter)
Tut doch bitte mal einer etwas!
CHARLOTTE (weiter)
Damit war aber sicherlich nicht die Freiheit im Bett gemeint. Schau doch deinen Mann an! Traurig! Dieser starke, selbstbewusste Mensch! Er hält den Mund, wenn du wie eine Furie dich auslebst...
WOLZOGEN
Hallo!! Die Damen! Hallo, hallo! Gerne sind wir alle Zeugen...
SCHILLER (will unterbrechen)
Wilhelm!

Sein Gesichtsausdruck ist sehr alarmiert. Wolzogen achtet aber nicht darauf. Niemand...

WOLZOGEN (fährt unbeirrt fort)
...eurer Leidenschaft. Wenn ihr euch aufs kurzweiligste gegenseitig zu beschimpfen geruht – aber lasst eure Männer bitte aus dem Spiel...

Zack, Caroline haut ihm glatterdings eine runter. Niemand hat eine Chance, den Krach zwischen den beiden Schwestern zu beenden. Wolzogen lächelt nach der Ohrfeige tatsächlich ein wenig hilflos und traurig. Die Ehe mit Caroline hat ihn – den einst so blühenden, souveränen Mann – doch sehr mitgenommen.
Bis Schiller plötzlich wie aus heiterem Himmel zusammenbricht. Er klappt einfach wie in einer scheinbaren Ohnmacht zusammen, bleibt aber bei Besinnung und liegt mit offenen Augen am Boden. Schwer atmend. Der Streit hört schlagartig auf. „Eine Decke!" – „Wärmt ihn!" Die Kinder werden aus dem Zimmer gebracht...

CHARLOTTE
Er scheint schlimmer noch als voriges Jahr zu kollabieren.
MME LENGEFELD
Das war doch immer so...
CHARLOTTE
Nicht so ... nicht so ... Fritz!!!
SCHILLER (unter Zähneklappern)
Immer wenn der Schnee schmilzt, habe ich Angst...

CHARLOTTE
Liebster, er schmilzt ja noch gar nicht, er kommt ja erst...
MME LENGEFELD
Einen Arzt! Einen Arzt!!!

Schüttelfrost, wahnsinnige Schmerzen in Schillers Körper. Der Anfall ist erschreckend. Hans läuft los. Ein Arzt wird geholt. Caroline und Charlotte tragen Schiller auf ein Sofa, lassen niemand anderen ran.

185. WEIMAR//WOHNUNG SCHILLER   **INNEN/NACHT**
Nochmals kleiner Zeitsprung, derselbe Abend: Der akute Anfall ist vorbei, Schiller im Bett. Der Arzt bleibt über Nacht zur Sicherheit da. Die Frauen Lengefeld zu dritt um Schiller herum. (Ein wenig erinnert die Szenerie an den Anfang mit der alten Caroline.)
Die Mutter dirigiert die Tätigkeiten der Töchter. Alle sind sanft und lieb zueinander. Alles Gift ist aus der Luft gewichen.

MME LENGEFELD
Siehst du nochmal, dass Schwenke die Wärmflaschen auch für die Nacht alle gefüllt hält, Liebe...

Sie wirkt längst nicht mehr so krank wie noch am Nachmittag. Der Schock hat alle zueinander finden lassen. Sie flüstern. Mme Lengefeld macht schschscht als Adolph einmal zu laut lacht.

SCHILLER (leise zur chére Mère, die sich weit zu ihm hinunter beugen muss)
Nein, bitte, Reden und Gehen und Klappern sollen sie alle, ich hör das gern. Und Singen vielleicht nochmal...

„Oh, wie wohl..." singen die 3 Lengefeld-Frauen, den Kanon. Schiller schließt jetzt friedlich die Augen und genießt den Moment. Der Film endet, wenn alle 3 Frauen sich um ihn bemühen, so als sei dies ihr eigentliches Lebens-Ziel gewesen: für sich selbst zu dritt wieder ein Zuhause zu finden – um einen Mann herum. Wolzogen (der zu diesem Zeitpunkt auch bereits ein wenig kränkelt) sagt nun zum anwesenden Arzt:

WOLZOGEN (sanft ironisch)
Die Frauen der Familie von Lengefeld haben allesamt ein seltsames Talent, sich Männer auszusuchen, die ihnen ins ewige Leben vorangehen. Am Ende werden sie als Witwen wieder zu dritt zusammen sein – und werden gemeinschaftlich ihrer geliebten verstorbenen Männer innig gedenken.

Pause. Der Arzt macht sich sein Bett auf einer Couch. Wolzogen hilft ihm dabei.

WOLZOGEN
Vielleicht ist es das, was sie dann doch immer zusammenhält. Etwas, was sie selbst gar nicht verstehen, weil es ihnen nämlich trotz allem so selbstverständlich ist. Es ist ihre Dreisamkeit, die Schiller stets wieder gesucht hat. Ihre Frauen-Gemeinschaft, in die sie ihn ganz und gar hineingelassen haben, damals im Sommer 1788 – und aus der sie ihn dann aber statt in ein Paradies in die Einzelhaft einer Ehe geschickt haben. Jetzt, in diesem Moment, in seiner Todkrankheit vor Augen begreifen sie wieder: Er ist der Flüchtling auf einem eisigen kahlen Planeten, fremd in der Welt und einsam. Er hat ein Zuhause nie gesucht – aber bei ihnen gefunden.

Das war das letzte Wort der Schauspieler in diesem Film.

186. WEIMAR//WOHNUNG SCHILLER   **INNEN/DÄMMERUNG**
Früher Morgen. Schiller sieht zwei Frauen an seinem Bett sitzen.
Im dämmrigen Gegenlicht kann er nicht erkennen, wer wer ist. „Lotte"? fragt er. Line? Keine Antwort. Er lächelt.

ERZÄHLER (OFF): „Friedrich von Schiller erkrankte zwei Jahre darauf im Spätwinter, den er immer so fürchtete, derart schwer, daß er im Mai 1805 mit nur 44 Lebensjahren starb. Caroline von Wolzogen schrieb noch als sehr alte Frau eine Biographie ihres Lebensfreundes. Die Buchdruck-Verfahren hatten zu diesem Zeitpunkt längst ihren Siegeszug durch die ganze Welt angetreten und die Auflagen stiegen in Höhen, die nicht einmal Schiller sich hätte träumen lassen. Vielleicht fürchtete Caroline angesichts der enormen Leserscharen die Indiskretion, jedenfalls verschwieg sie in ihrem Buch jegliches intime Detail ihres gemeinsamen Lebens. Und kurz vor ihrem Tod verbrannte sie auch noch alle Briefe,

Notizen, und anderen Zeugnisse der Vergangenheit. Zu wissen, daß keine Nachwelt jemals würde genau in Erfahrung bringen können, was zwischen ihnen wirklich gewesen war – das war ihr wohl ein Trost. – Gegen ihren Willen blieb ein einziges Billet übrig, das sie im Sommer 1788 in Rudolstadt erhalten hatte..."

Die Kamera gleitet von den Figuren auf dem Bett weg über den Boden und findet ein angebranntes Billet. Als sei es den Flammen entkommen. Mit dem Detail dieses Billet in Schillers Handschrift endet der Film:

SCHILLER (OFF): „...Heute Nacht oder vielmehr heute Morgen war ich nicht Herr meines Tuns und am Abend bin ich zwar eingeladen auf einem lange geplanten, spät beginnenden Diner bei Rengmann, dem Arzt, der mich hier behandelte, aber ich werde mich nachher zu Ihnen wegzustehlen versuchen..."

187. JENA//HAUS CAROLINE   **AUSSEN/TAG**
entfällt.

Abbildungsverzeichnis

https://doi.org/10.1515/9783110987591-010

Autorenverzeichnis

Frieder von Ammon ist Professor für Neuere deutsche Literaturwissenschaft an der LMU München. Ausgewählte Publikationen: *Johann Wolfgang Goethe/Friedrich Schiller: Xenien. Eine Auswahl.* Stuttgart 2022 [als Hg. mit Marcel Lepper]; *Fülle des Lauts. Aufführung und Musik in der deutschsprachigen Lyrik seit 1945: Das Werk Ernst Jandls in seinen Kontexten.* Stuttgart 2018.

Hans Richard Brittnacher ist Professor für Neuere deutsche Literaturwissenschaft an der Freien Universität Berlin. Ausgewählte Publikationen: *Tote Städte, Geisterstädte, Städte aus der Retorte.* München 2022 [als Hg.]; *Leben auf der Grenze. Klischee und Faszination des Zigeunerbildes in Literatur und Künsten.* Göttingen 2012.

Astrid Dröse ist Akademische Rätin a.z. am Deutschen Seminar der Eberhard Karls Universität Tübingen sowie Marie Skłodowska-Curie Fellow an der Università degli Studi di Verona. Ausgewählte Publikationen: *Georg Greflinger und das weltliche Lied im 17. Jahrhundert.* Berlin/Boston 2015; *Journalpoetik. Literatur im Medienwandel (1770–1840). Mit Studien zu Wieland, Goethe, Schiller, A. W. und F. Schlegel, Mereau, Hölderlin, Kleist, Droste-Hülshoff* [De Gruyter; ersch. 2024].

Markus May ist Professor für Neuere deutsche Literaturwissenschaft an der LMU München. Ausgewählte Publikationen: *Heroen – Helden. Eine Geschichte der literarischen Exorbitanz von der Antike bis zur Gegenwart.* Göttingen 2022 [als Hg. mit Christopf Petersen]; *„Ein Klaffen, das mich sichtbar macht". Untersuchungen zu Paul Celans Übersetzungen amerikanischer Lyrik.* Heidelberg 2004.

Gaby Pailer ist Professorin für Deutsche Literatur an der University of British Columbia. Ausgewählte Publikationen: *Charlotte Schiller. Leben und Schreiben im klassischen Weimar.* Darmstadt 2009; Charlotte Schiller: *Literarische Schriften.* Darmstadt 2016 [als Hg. mit Andrea Dahlmann-Resing/Melanie Kage]; *The Queen's Two Bodies: Maria Stuart und Elisabeth I. von Schiller bis Jelinek.* Bern [u. a.] 2021 [als Hg. mit Elena Agazzi/Gesa Dane];

Jana Piper ist Lehrerin für Deutsch und Geschichte am Wilhelm-Gymnasium in Hamburg. Ausgewählte Publikationen: *Goethe und Schiller in der filmischen Erinnerungskultur.* Würzburg 2019.

Friedrich Vollhardt war Professor für Neuere deutsche Literaturwissenschaft an der LMU München. Ausgewählte Publikationen: *Friedrich Heinrich Jacobi (1743-1819). Romancier – Philosoph – Politiker.* Berlin/Boston 2021 [als Hg. mit Cornelia Ortlieb]; *Gotthold Ephraim Lessing. Epoche und Werk.* Göttingen 2018.

Personenregister

https://doi.org/10.1515/9783110987591-012

www.ingramcontent.com/pod-product-compliance
Lightning Source LLC
Chambersburg PA
CBHW071010140426
42814CB00004BA/181